인공지능,
권력변환과 세계정치

인공지능, 권력변환과 세계정치

2018년 6월 29일 초판 1쇄 펴냄

펴낸곳 도서출판 **삼인**

지은이 조현석·김상배 외
펴낸이 신길순

등록 1996.9.16 제25100-2012-000046호
주소 03716 서울시 서대문구 연희로 5길 82(연희동 2층)

전화 (02) 322-1845
팩스 (02) 322-1846
전자우편 saminbooks@naver.com

디자인 디자인 지폴리
인쇄 수이북스
제책 은정제책

©2018,
ISBN 978-89-6436-143-6 93340

값 16,500원

인공지능,
권력변환과 세계정치

조현석 · 김상배 외 지음

삼인

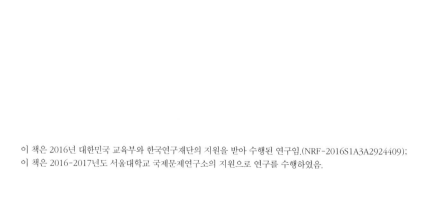

이 책은 2016년 대한민국 교육부와 한국연구재단의 지원을 받아 수행된 연구임.(NRF-2016S1A3A2924409);
이 책은 2016-2017년도 서울대학교 국제문제연구소의 지원으로 연구를 수행하였음.

이 책은 2004년 9월에 시작해서 어언 14년 동안 공부모임을 진행하고 있는 〈기술사회연구회(기사연)〉의 세 번째 글모음이다. 〈기사연〉 공부의 첫 번째 성과는 2008년 4월 『인터넷 권력의 해부』(한울)라는 이름으로 엮어 나왔고, 두 번째로 2014년 2월에는 『소셜 미디어 시대를 읽다: 인터넷 권력의 해부 2.0』(한울)이라는 책을 출판했다. 그리고 이제 2018년 6월을 맞아 인공지능을 화두로 한 세 번째 책을 내놓게 된 것이다. 대략 4-5년을 주기로 〈기사연〉 공부모임의 결과물을 묶어서 낸 이유는, 당시 기술사회의 변화와 이를 이해하는 지적 고민의 흔적을 남기고 싶었기 때문이다. 인터넷 사용이 보편화되던 시기에 그 권력적 함의를 탐구했으며, 이른바 웹 2.0의 맥락에서 소셜 미디어의 관계변환적 성격을 천착했다면, 이번 작업에서는 인공지능의 발달이 가져올 인간

권력과 사회구조의 변화가 주제이다.

사실 인공지능에 대한 〈기사연〉의 독회와 토론은 2016년 초에 시작되었는데, 2016년 1월 다보스 포럼에서 문제제기를 한 이후 국내를 강타했던 4차 산업혁명 담론의 부상과 2016년 3월 인공지능 알파고와 프로 바둑기사 이세돌 9단이 바둑 대결을 벌인 이후 인공지능에 대한 세간의 관심이 확산된 것이 계기가 되었다. 그 이전부터 SNS(social network service), 빅데이터, 사물인터넷, 클라우드 컴퓨팅, 가상현실(VR) 또는 증강현실(AR), 3D 프린팅, 로봇, 자율주행차, 드론 등 각기 다른 이름으로 기술발달이 창출하는 사회변화에 대한 논의들이 한창 진행되었지만, 2016년에 들어서 관심을 끈 4차 산업혁명과 인공지능에 대한 논의가 오늘날 기술사회 담론에 정점을 찍은 것이 아니냐는 〈기사연〉 회원들의 인식이 작용했다.

사실 지난 2-3년에 걸쳐서, 이전에는 로봇이나 사이보그 정도로만 이해되던 인공지능이 갑자기 우리 삶에 다가온 느낌이다. 마치 여러 갈래로 각기 발달을 거듭해온 기술들이 인간에 도전하는 객체(또는 주체)의 탈을 뒤집어쓰고 새로이 융합되면서 한층 더 확산되고 더욱더 발달하는 계기를 마련했다고나 할까? 이러한 기술들이 발전, 융합, 확산되면서 현재와 미래의 모든 산업과 비즈니스의 혁신이 예견되고 있으며, 더 나아가 정치, 경제, 사회 전반을 크게 변화시키고, 우리의 삶에 전례 없는 변화를 가져다줄 것으로 전망된다. 컴퓨터를 '언제 어디서나' 사용하는 차원을 넘어서, 컴퓨터가 인간 지능과 신체의 일부를 대신하는 과정이 진행되고 있으며, 더 나아가 기계가 인간을 대체하는 특이점(singularity)의 도래가 우려되기도 한다. 제1부 '인공지능의 성찰적 이해'에서 문제제기를 하였듯이, 인공지능의 사회적 구성과 자본주의의 본질적 변화에 대한 성찰이 필요한 대목이다.

컴퓨터나 소프트웨어 공학 분야에서 인공지능 기술은 이미 1950년 대부터 시작되어 큰 부침을 겪어온 논란거리였지만, 이에 대해 사회과학은 최근에서야 관심을 갖기 시작한 것이 사실이다. 뒤늦게나마 인공지능이 주로 사회과학자들인 〈기사연〉 회원들의 관심을 끈 이유는 그 권력적 함의 때문이었다. 사실 오늘날 인공지능은 "누가, 무엇을, 어떻게 지배할 것이냐?"라고 하는 권력과 거버넌스의 문제와 밀접히 연관된다. 제2부 '인공지능과 권력변환'에서 다룬, 인공지능을 활용한 정보생산이나 인공지능을 매개로 한 인간관계의 변화 등의 사례에서 보듯이, 이러한 지배와 거버넌스의 권력정치에 참여하는 주요 행위자들은 인간 행위자 중에 누군가일 가능성이 크다. 그런데 인공지능 알고리즘의 책무성에 대한 이 책의 논의가 제기하듯이, 인공지능의 권력정치에서 그 누군가가 인간이 아니라면 어떻게 할 것인가?

다수의 국제정치학자들이 참여하고 있는 〈기사연〉에서 인공지능과 관련하여 특별히 주목한 또 다른 주제는 인공지능의 세계정치이다. 무엇보다도 국제경쟁이라는 차원에서 인공지능을 촉진 또는 규제하는 정책과 제도가 관건인데, 최근에는 세계 주요국들이 미래 국가전략의 모색 차원에서 접근하고 있다. 이러한 맥락에서 제3부 '인공지능과 세계정치'에서는 무인무기체계와 미래전쟁의 관점에서 본 인공지능과 인공지능 시대의 글로벌 생산 네트워크의 변화에 대한 논의를 펼쳤다. 인공지능이 세계정치에 미치는 영향에 대한 관심은, 이 책에서 포스트 휴머니즘과 인간중심주의에 대한 논의에서 다루고 있듯이, 미래 세계정치의 구성원리와 작동방식의 변화에까지 이른다. 아직까지는 선진국들이 주도하고 있는 현실 속에서 인공지능의 세계정치에 대비하는 것은 한국과 같은 중견국에게도 중요한 사안이 아닐 수 없다.

빠르게 진행되는 기술발달은 조만간 또 다른 사회적 화두를 생성할

지도 모른다. 한때 세간에 회자되던 '인공지능'의 자리에 '4차 산업혁명'이 밀고 들어오더니, 빅데이터, 사물인터넷, 클라우드 컴퓨팅 등도 옛말이 되어가는 듯하다. 최근에는 바이오·나노 기술 담론이 세勢를 얻으면서 소재과학, 유전자가위, 양자컴퓨터, 블록체인 등의 기술에 대한 관심도 부쩍 커지고 있다. 이러한 세태를 보면, 사회과학은 항시 뒤차를 타는 느낌으로 기술발달의 빠른 추세를 쫓아갈 수밖에 없다는 생각마저 든다. 사실 〈기사연〉의 공부모임도 황혼녘에나 나는 미네르바의 부엉이처럼, 인터넷에서부터 시작해서 소셜 미디어와 4차 산업혁명, 그리고 인공지능에 이르기까지 이러한 행보를 밟아왔다. 이 책의 작업을 마무리하고 올해부터 〈기사연〉에서 새로이 시작한 '바이오 기술 패러다임'과 미래 기술문명에 대한 공부도 그러한 궤적을 따라갈 운명인지도 모르겠다.

　이 책이 나오기까지 많은 분들의 도움을 얻었다. 무엇보다도 2018년 1학기를 끝으로 정년퇴임을 맞으시는 서울과학기술대학교 조현석 교수님의 헌신적 참여에 감사드린다. 지난 30여 년간 국내 기술사회연구의 제1세대 주자로서 후배들을 위한 든든한 대부 역할을 맡아주신 조 교수님께 드리는 기념논문집의 의미를 이 책에 부여해보고 싶다. 아울러 또 한 번의 지적 협업에 기꺼이 동참해주신 필자 선생님들께 감사드린다. 직접 집필에 참여하진 않았지만 지난 2년 동안 독회와 토론에 참여해주신 〈기사연〉의 다른 선생님들께도 감사의 말씀을 전한다. 이 책이 편집되는 과정에서 '신흥권력의 부상과 중견국 미래전략'이라는 주제로 진행되고 있는 '2016년도 한국사회기반연구사업(Social Science Korea, SSK)'과 서울대학교 국제문제연구소의 재정적 지원을 받았음도 밝혀야 할 것 같다. 이 책의 작업이 진행되는 동안 〈기사연〉의 조교를

맡아준 서울대학교 정치외교학부 대학원 박사과정 이종진, 유신우, 석사과정 조문규의 수고에도 고마움을 표한다. 또한 성심껏 이 책의 출판 작업을 맡아주신 삼인 출판사의 관계자 선생님들께도 감사한다.

2018년 6월 8일
김상배

3부 인공지능과 세계정치

PART 1

인공지능의
성찰적 이해

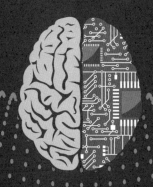

1장

인공지능, 권력변환, 세계정치
새로운 거버넌스의 모색

김상배

이전에는 로봇이나 사이보그 정도로만 이해되던 인공지능이 최근 갑자기 우리 삶에 다가왔다. 기술공학 분야에서는 이미 오래전부터 진행되고 있던 현상이지만, (국제)정치학에서도 뒤늦게나마 인공지능에 대해 관심을 갖기 시작했다. 우리 삶에서 사이버 공간을 매개로 이루어지는 부분이 급속히 늘어나면서, 컴퓨터를 '언제 어디서나' 사용하는 차원을 넘어서 컴퓨터가 인간 지능과 신체의 일부를 대신하는 과정이 진행되고 있다.

인공지능이 (국제)정치학의 관심을 끄는 이유는 새로운 '권력현상'과 연관되기 때문이다. 인공지능은 누가 어떻게 지배할 것인가와 밀접히 연결된 문제이다. 이러한 지배와 대항의 권력정치에 참여하는 주요 행위자들은 인간 행위자 중에 누군가일 가능성이 크다. 그런데, 인공지능의 게임에서는 그 누군가가 인간이 아닐 가능성이 있다. 이러한 인공지능 게임의 특성은 (국제)정치학으로 하여금 이를 어떻게 다스릴 것이냐, 즉 거버넌스의 문제를 고민케 한다.

국내적으로는 인공지능을 촉진 또는 규제하는 제도와 규범을 어떻게 만들 것이냐의 문제가 관건이다. 대외적으로도 미래 국가전략을 모색하는 차원에서 인공지능에 대응하는 정책을 마련하는 문제가 중요해지고 있다. 사실 선진국들이 인공지능을 주도하고 있는 현실 속에서 인공지능의 권력현상에 대비하는 것은 한국과 같은 중견국에게도 중요한 국가전략적 사안이다. 인공지능은 세계정치의 경쟁과 협력, 그리고 제도와 규범 형성의 문제이며, 더 나아가 세계정치의 구성원리와 작동방식의 변화와 연관되는 문제이기 때문이다. 이 글은, 이러한 문제의식을 바탕으로 인공지능이 야기하는 권력변환의 내용을 살펴보고 이에 대응하는 거버넌스의 모색 방향을 짚어보았다.

1. 들어가며

2016년 3월, 인공지능 알파고가 프로기사 이세돌과 벌인 바둑 대결에서 4 대 1로 승리한 사건은 인공지능에 대한 대중적 관심을 높이는 계기가 되었다. 이전에는 로봇이나 사이보그 정도로만 이해되던 인공지능이 어느새 급성장하여 결국에는 우리의 삶을 압도할지도 모른다는 우려마저 제기되었다. 컴퓨터나 소프트웨어 공학 분야에서 인공지능 기술은 이미 1950년대부터 시작되어 큰 부침을 겪어온 논란거리지만, (국제)정치학에서는 최근에 들어서야 뒤늦게나마 겨우 인공지능에 대해 관심을 갖기 시작했다. 물론 기술발달이 미치는 영향에 대한 (국제)정치학계의 관심은 그 이전부터 시작되었다. 이 책의 저자들이 참여한 작업만 보더라도, 인터넷에서부터 시작해서 소셜 미디어에 이르기까지 기술발달이 미치는 영향에 대해 관심을 키워왔으며, 이러한 관심은 4차 산업혁명에 대한 논의로 접맥된바 있다.(김상배, 2008; 김상배·황주성, 2014; 김상배, 2017)

최근 진행되고 있는 기술발달의 과정을 면면이 들여다보면, 인공지능이 우리 곁에 한층 다가와 있음을 절감하게 된다. 우리의 삶에서 사이버 공간을 매개로 이루어지는 부분이 급속히 늘어나는 현상과 병행하여, 컴퓨터를 '언제 어디서나' 사용하는 차원을 넘어서 컴퓨터가 인간 지능의 일부를 대신하는 과정이 진행되고 있다. 더 나아가 컴퓨터는 책상 위의 데스크톱에서부터 무릎 위의 노트북을 거쳐서 인간 신체의 안으로 침투하고 있는 중이다. 최근 손쉽게 착용하는 웨어러블 컴퓨터를 개발하려는 시도가 한창 진행되면서, 미래의 컴퓨터는 아예 우리 신체의 일부로 이식될 것으로 예견되기도 한다. 결국에는 인간보다 지능이 우월한 컴퓨터가 출현하여 오히려 인간을 그 컴퓨터의 일부로 흡수하고, 그 인간(human)을 포스트 휴먼post-human으로 변신시킬지도 모른다는 전망마저도 나오고 있다.

이러한 일반적인 전망과는 달리, 인공지능이 (국제)정치학의 관심을 끄는 이유는 새로운 '권력현상'의 출현을 엿보게 하기 때문이다. 사실 인공지능의 기술발달은 누가 어떻게 지배할 것인가의 문제를 되돌아보게 한다. 인공지능은 지배 메커니즘의 정교화를 의미하는 동시에 이에 대한 대항의 메커니즘을 구성하는 문제와도 연결된다. 이러한 와중에 인공지능 분야의 경쟁력을 확보하는 것이 국내외 정치에서 새로운 권력게임의 핵심으로 부상하고 있다. (국제)정치에서 이러한 지배와 대항의 권력정치를 주도하는 행위자들은 기존의 인간 행위자 중에 누군가일 것이다. 그런데 인공지능의 게임이 지니는 독특성은 그 누군가가 인간이 아닐 가능성도 있다는 데서 발견된다. 과연 이렇게 인간 및 비非인간 행위자들이 참여하면서 벌어지는 인공지능 게임의 와중에 새로운 (국제)정치질서는 어떻게 출현할까?

인공지능과 이를 둘러싼 권력 메커니즘을 (국제)정치학에서 주목하는 또 다른 이유는 이를 어떻게 다스릴 것이냐, 즉 거버넌스의 문제 때문이다. 우선, 인공지능의 권력적 함의가 커지면서 이를 확보하기 위한 정책과 제도의 거버넌스를 정비하는 문제에서부터, 비대해지고 있는 인공지능 자체의 권력을 규제하는 제도와 규범을 만드는 문제가 관건이다. 이와 관련해서는 개별국가 차원에서 인공지능 경쟁에 효과적으로 임하기 위해 국내환경을 정비하는 문제 이외에도 이 분야의 국가 간 경쟁을 적절하게 규제할 국제 규범의 도입에도 관심이 집중되고 있다. 이런 점에서 보면 인공지능의 부상은 단순한 기술현상에만 그치는 것이 아니라 이를 둘러싼 국내외 정치의 '게임의 규칙'을 새로이 세우는 거버넌스의 문제라고 할 수 있다.

인공지능의 권력에 대한 기존의 논의는 다소 이분법적인 구도에서 단순하게 설정된 감이 없지 않다.(김대식, 2016) 한편으로, 인공지능 기술의 발달은 인간의 지능과 육체의 힘을 증대시켜 인간의 삶을 풍요롭게 하는 세상을 앞당길 도구로 그려진다. 인공지능은 인간의 지적 극한을 확장하고 인간의 수명을 연장하는 유토피아적 미래를 상징한다. 이에 비해 인공지능 기술의 발달은 기계와 인간이 대결하는 극단적 상황도 떠올리게 한다. 인공지능이 인간의 의도와 능력을 초월하여 그 창조자인 인간에 대해서 권력을 발휘하는 디스토피아를 초래할지도 모른다는 우려이다. 인공지능에 대한 대중적 인식을 반영하는 이러한 두 가지 시각은, 자칫 인공지능에 대한 지나친 기대감이나 막연한 불안감을 조장할 가능성이 있으며, 더 중요하게는 인공지능이 야기하는 권력변환을 이해하는 데 별다른 도움이 되지 않는다는 문제점이 있다.

이 글은 이러한 이분법적 구도를 넘어서 인공지능이 야기하는 권력변환의 내용을 따져보고, 이에 대응하는 거버넌스의 방향을 고민하였다. 이러한 문제의식을 바탕으로 이 글은 크게 세 가지 질문을 던졌다. 첫째, (국제)정치학의 시각에서 문제시되는 '인공지능'이란 무엇을 지칭하며, 이러한 인공지능을 어떻게 이해할 것인가? 둘째, 인공지능의 부상은 권력의 성격과 구조 변화에 어떠한 영향을 미치고 있으며, 이러한 변화에 어떻게 대응해야 할 것인가? 끝으로, 인공지능을 둘러싼 국가 간 경쟁과 협력의 양상은 어떻게 나타나고 있으며, 이러한 와중에 세계정치는 양적·질적으로 어떠한 변환을 겪고 있는가? 이 글은 이러한 질문에 대한 답을 찾는 과정에서 인공지능이 야기하는 권력변환과 거버넌스에 대한 탐구가 향후 (국제)정치학 연구의 핵심 어젠다가 되어야 함을 주장하였다.

2. 인공지능의 개념적 이해

**인공지능의
진화와 유형**

(국제)정치학의 시각에서 볼 때, 인공지능으로 대변되는 현상이 중요한 이유는 인공지능 관련 기술이 이른바 미래 선

도 부문(leading sector)의 향배를 극명하게 보여주는 사례이기 때문이다. 인공지능이 주목을 끌기 이전에도 1980~90년대에는 반도체와 소프트웨어 기술이 이러한 관심의 대상이었으며, 2000년대에는 인터넷과 디지털 콘텐츠에 대한 관심이 부각되었고, 2010년대에는 소셜 미디어나 스마트폰과 같은 대상들이 (국제)정치학자들의 관심을 끌었다. 최근에는 선도 부문의 현황을 보여주는 화두로 클라우드 컴퓨팅, 사물인터넷, 빅데이터, 자율주행자동차, 드론, 로봇 등이 거론되고 있다.(로스, 2016) 그러던 와중에 알파고-이세돌 대국 이후에는 인공지능이라는 말에 초점이 맞춰졌으며, 최근에는 '4차 산업혁명'이라는 용어하에 이상의 모든 논제들이 집합되는 모양새를 보이고 있다.(하원규·최남희, 2015; Schwab, 2016; 김상배, 2017)

이 글은 이러한 상황 인식을 염두에 두면서도, 미래 선도 부문에서의 기술발달이 야기하는 권력변환과 이에 대응하는 거버넌스의 방향에 대한 논의를 이 책의 주제인 '인공지능'에 초점을 맞추어 펼쳐보고자 한다. 이런 점에서 이 책에서 사용하는 인공지능이라는 말은 그 자체가 지닌 말뜻보다는 좀 더 포괄적인 외연과 내포를 지닌다고 할 수 있다. 역사적으로 좁은 의미에서 본 인공지능은 지금까지 두 차례의 붐을 겪었다. 1956년에서 1960년대가 제1차 붐이었다면, 1980년대가 제2차 붐이었다. 이러한 두 차례의 붐이 일었던 기간 인공지능이 가능케 할 장밋빛 미래에 대한 기대가 고조되었으며, 많은 기업들은 인공지능 연구에 뛰어들었고 막대한 정부 예산이 투입되었다. 그러나 인공지능이 조만간 가능하리라는 기대는 쉽사리 실현되지 않았고, 그다음에 찾아온 세상의 반응은 더할 나위 없이 냉랭했다. 그러던 것이 2010년대에 들어 인공지능은 세 번째의 붐을 맞이하고 있다.([그림 1] 참조)

[그림 1] 인공지능 부침의 사이클

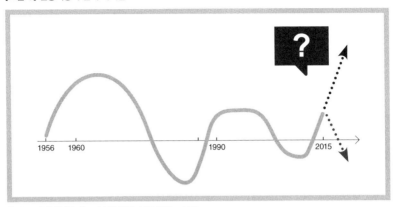

출처: 조성배, 「인공지능 기술의 원리, 현황, 전망」, 2015.

　이러한 부침의 사이클에서 논의되는 인공지능의 범위와 차원은 매우 다양하지만, 이 글의 논의와 관련해서는 크게 '약한 인공지능(weak AI)'과 '강한 인공지능(strong AI)', 둘로 나누어 이해할 수 있다. 약한 인공지능은 도구를 활용해온 연장선에서 인간의 인지능력이나 육체능력을 향상시키는 기술이다. 인간의 인지능력 전반을 수행하는 것이 아니라 구체적인 문제해결이나 추론기능을 수행하는 소프트웨어를 의미한다. 또는 디바이스의 신체이식이나 웨어러블 기술의 활용을 통해서 인간처럼(humanlike) 행동하는 기계를 만드는 기술이다. 한편 강한 인공지능은 단순한 도구를 넘어서 기계의 인지능력과 육체능력을 높여서 인간이 할 수 있는 지적 업무를 수행할 뿐만 아니라 이성적으로 사고하고 행동하는 시스템을 만드는 기술이다. 강한 인공지능에 대한 논의를 담는 가장 대표적 사례는 AGI(artificial general intelligence)이다. 인공지능 기술의 발전은 이러한 과정을 거쳐서 인간의 '의식'을 보완 · 대체하고, 인간의 '신체'를 보완 · 대체하는 단계로 발전하고, 더 나아가서 결국에는 '생명'을 불어넣는 단계로 진화할 것이 예견된다.

이렇게 다양한 양상으로 전개되는 인공지능 기술의 발달 과정에서 어느 부분을 강조하고 이를 어떻게 활용할 것이냐의 문제는 나라마다 다르게 나타난다. 다시 말해, 인공지능에 대한 정책적·사회적 담론은 각기 다르게 구성될 가능성이 크다. 예를 들어 이 책의 제2장은 알파고-이세돌 대국 이후 한국에서 출현한 인공지능 담론을 크게 셋으로 구분하여 소개하였다. 첫째는 '산업담론'으로 인공지능에서 새로운 산업의 기회와 새로운 사회구성을 기대하는 담론이다. 둘째는 '생존기술담론'인데, 인공지능의 위력이 드세지는 환경에서 기계가 대체할 수 없는 인간만의 독특한 영역을 모색하겠다는 담론이다. 끝으로, '비관적 담론'은, 지능과 육체의 차원에서 기계가 인간을 대체 또는 능가하는 우울한 미래를 그리는 담론이다. 이러한 담론들에 의해서 구성되는 인공지능의 현실이 누구의 이익을 반영하는 방향으로 귀결될지를 분석하는 문제는 권력변환을 탐구하는 (국제)정치학의 중요한 논제가 아닐 수 없다.

인공지능을
보는 시각

인공지능을 어떻게 볼 것인가에 대한 논의는, 좀 더 근본적인 차원에서 인공지능을 보는 인식론과 존재론의 시각 차이에 따라서 크게 다르게 펼쳐진다. 이러한 이론적 시각의 차이는 인공지능의 현실적 발현에 영향을 미치는 기본 프레임을 규정한다는 점에서 주목할 필요가 있다. 이 글에서는 인공지능을 바라보는 시각을 크게 둘로 나누어 보았다. 이러한 구분은 인공지능 연구의 경향과도 맥을 같이 하는데, 인공지능을 '개체적인 행위자'로 볼 것이냐, 아니면 '환경적인 시스템'으로 볼 것이냐의 문제이다. 이러한 두 가지 시각 내에서도 인공지능을 '도구적 변수'로 볼 것이냐, 아니면 '구성적 변수'로 볼 것이냐를 구분해서 보는 것도 의미가 크다. 이들 시각의 차이를 간략히 살펴보면 다음과 같다.

첫째, '개체적인 행위자'로 인공지능을 보는 시각이다. 이러한 시각에서 보면 인공지능은 기술발달로 인해서 생산된 새로운 산품이다. 자동장치(automata)와 같은 스마트 기기나 로봇을 떠올리면 이해하기 쉬울 것 같다. 이렇게 이해된 인공지능은 기술발달의 성과를 적극적으로 활용하여 인간 또는 기계의 능력을 향상시키는 차원에서 개발된 개체이다. 이렇게 인공지능을 개체로 보는 시각은 벤 괴르첼Ben Goertzel의 AGI 접근에서 전형적으로 나타난다. 이는 인공지능 기술이 발달 속도가 폭발적으로 가속되어 인간의 지능을 훌쩍 뛰어넘는 순간, 즉 기술적 특이점(technological singularity)을 논한다. 그 시점으로는 대략 2050년경이 거론된다. 이러한 시각은 인공지능 기술의 발달로 탄생할 '초지능(superintelligence)'의 개체로서 포스트 휴먼을 논한다. 즉, 인공지능의 발달로 인하여 인간의 생물학적 몸은 도태되더라도 첨단 기술에 의해 완전히 성능이 증강된 새로운 존재가 출현한다는 것이다.(Goertzel, 2015; Goertzel and Goertzel eds. 2015)

이러한 논의는 트랜스휴머니즘trans-humanism의 구성적 논의와 연결된다. 트랜스휴머니즘은, 인간 본성은 끊임없이 보다 나은 상태로 변화 가능하기 때문에, 인류는 기술발달을 적극적으로 활용하여 인간의 인지 및 육체 능력을 바람직한 방향으로 개선하여 인류의 무병장수를 지향해야 한다는 주장이다. 이러한 주장은 진화의 자연선택 메커니즘의 한계로 인간의 육체와 마음은 여러모로 불완전할 수밖에 없기에 생명공학이나 컴퓨터 공학기술을 활용하여 인류를 현재 상태보다 훨씬 더 진보된 '초인류'로 변화시켜야 한다는 사회운동으로 이어진다.(이상욱, 2015, p.23) 이러한 트랜스휴머니즘의 사회운동은 옥스퍼드 대학의 철학자인 닉 보스트롬Nick Bostrom의 주도하에 1999년 '트랜스휴머니즘 세계연합'이 결성됨으로써 공식적으로 출범하였다.(Bo-strom, 2014)

21세기 들어 트랜스휴머니즘은 그 세력을 확대하고 있다. 트랜스휴머니스트들은 저명한 과학자이거나 첨단기업의 경영진으로 활동하면서 관련 기술의 개발과 상용화를 이끌어가고 있다. 따라서 이들의 입장은 미래 기업의 비전을 제시하는 데에서 경험과 이론 측면에서 상당한 설득력을 발휘하고 있다. 또한 트랜스휴머니즘은 교육 영역의 시장화를 매개로 교육을 변혁하고 있으며, 정부의 교육정책에도 영향을 미치고 있다. 이와 관련된 가장 상징적인 사례로는 구글의 지원 아래 트랜스휴먼의 미래 비전을 선도하며 교육의 미래지향적 대변혁을 외치는 싱귤러리티 대학(Singularity University)을 들 수 있다. 이 대학의 총장은 바로 트랜스휴머니즘 분야의 거물인 레이 커즈와일Ray Kurzweil이다.(커즈와일, 2007)

이러한 과정에서 인공지능은 단순한 도구적 변수가 아니라 인간관계의 변환을 야기하는 구성적 변수이다. 이 책의 제6장은 인공지능의 도입이 야기하는 사람들 사이의 관계, 즉 인공지능을 매개로 하는 인간-인간 관계와 인간 정체성의 변화를 논했다. 여태까지 문제시된 인간의 사회적 관계가 인간-인간의 관계였다면, 새로운 개체적인 행위자로서 인공지능이 출현함에 따라 이러한 관계는 변화의 가능성을 맞고 있다. 인간-인간의 관계에 인공지능이라는 인간과 대단히 유사한 존재가 끼어들면서 생기는 변화이다. 제6장은 이렇게 인공지능을 매개로 한 인간-인간 관계 또는 인간-인공지능 관계의 변화를 가상현실(virtual re-ality) 기술의 사례를 통해서 살펴보았다. 이러한 변화는 다른 사람과의 거래적인 계약관계뿐만 아니라 감정적으로 소통하는 관계의 변화도 야기한다.

둘째, '환경적인 시스템'으로 인공지능을 보는 시각이다. 이러한 시각에서 보면, 인공지능은 빅데이터, 사물인터넷, 클라우드 컴퓨팅, 로봇, 바이오 기술, 나노기술 등이 융합되면서 출현하는 사이버 물리 시스템(CPS, cyber physical system) 또는 인간과 기술 사이의 커뮤니케이션 시스템으로 이해할 수 있다. 여기서 인공지능은 가상현실이나 시스템에 편재한 행위 주체로서의 알고리즘의 형태로 그 모습을 구현한다. 이러한 시각에 입각하면 인공지능을 단순한 개체적인 행위자라고 묻는 발상에는 문제가 있으며, 오히려 인공지능은 시스템에 배태된 프로그램으로 보아야 한다. 이렇게 이해한 인공지능은 행위자-네트워크 이론(ANT, actor-network theory)에서 말하는 행위자-네트워크(actor-network)인 존재라고 할 수 있다.(Latour, 2005)

이러한 시각은 프란시스 하일리겐Francis Heylighen이 제기한 글로벌 브레인Global Brain의 관념에서 나타난다.(Heylighen, 2015) 그에 의하면 초휴먼 지능은 '어느 하나의 인공지능 시스템'으로 귀결되는 것이 아니라, 인터넷으로 연결되어 모든 사람과 인공물을 가로질러서 분산되어 나타날 것이라고 주장한다.(Heylighen and Bollen, 1996) 글로벌 브레인이란, 지구상의 인간들에 의해서 구성된 컴퓨터와 지식정보, 그리고 이들을 연결하는 네트워크로 구성되는, 자기조직화의 논리를 따르는 '집합지성'의 네트워크를 은유적으로 부르는 말이다. 이러한 글로벌 브레인의 관념은 인터넷의 폭발적 성장으로 인해 현실화되고 있다.(Heylighen, 2011) 하일리겐의 글로벌 브레인은, 괴르첼류의 AGI론에서 말하는 기술적 특이점과 대비되는 개념으로서, 분산적 특이점(distributed singularity)을 제시한다. 하일리겐에 의하면, 향후 미래의 기술 주도의 지능성장은 어느 한 장소나 개체에 집중되는 것이 아니라 지구 전체의 인간들과 인공물에 편재할 것이라고 한다.

　네트워크 시대의 인공지능은 인간보다 뛰어난 지능을 갖고 인간의 신체와 통합됨으로써 항시 도처에서 사용되는 편재성(ubiquity)을 실현할 가능성이 있다. 이러한 과정에서 인간의 생물학적 몸은 도태되고, 첨단 기술에 의해 완전히 성능이 증강된 포스트 휴먼으로서 '포스트 호모 사피엔스post-homo sapiens'라는 새로운 종의 출현이 예견된다.(하라리, 2015) 여태까지 인간은 선택의 여지없이 숙명적으로 신체를 통해 구현되었지만, 포스트 휴먼은 사이버 공간에서 자기가 처할 여러 가상현실들을 자유롭게 선택할 수 있다. 이렇게 복수의 가상현실 속에 사는 포스트 휴먼은 마치 현재의 개인용 소프트웨어가 하드웨어를 바꾸어도 작동하는 것처럼 인간과 같은 생체적 몸에만 의존하지 않고 여러 가지 물리적 기반을 바꾸어가며 삶을 지속한다. 이러한 과정에서 신체가 생물학적 수명을 다해 소멸한다 해도, 인간은 다른 컴퓨터로 자신의 삶을 업로드하여 영생하는 '신체 없는 종'이 된다는 것이다.(이종관, 2015, p.5)

　사실 새로운 행위자 또는 편재하는 포스트 휴먼 시스템으로서 인공지능의 출현은 다양한 방면에서 정치사회질서가 질적으로 변화할 가능성을 전망케 한다. 인공지능의 시대를 맞이하여 인간사회의 기본적인 구성원리나 작동방식의 변환에 대한 논의가 나오는 것은 바로 이러한 이유이다. 예를 들어 이 책의 제3장은 인지자본주의론의 관점에서 인공지능의 발달로 인한 자본주의의 변환을 살펴보았다. 구성적 변수로서 인공지능의 발달은 디지털 공유와 P2P 생산을 기반으로 하는 새로운 자본주의, 즉 '확장된 인지자본주의'의 출현을 부추긴다는 것이다. 이렇게 구성적 변수로서 인공지능을 보는 시각은 국제정치의 영역에도 적용된다. 이 책의 제9장은 인공지능의 발달이 인간중심주의에 기반을 두고 있는 근대 국제정치의 구성원리와 작동방식 자체의 변화에 영향을 미칠 가능성을 논하고 있다.

3. 인공지능, 권력변환, 거버넌스

인공지능과
권력변환

　　　　　　　　인공지능의 발달과 도입은 여러 가지 측면에서 우리 삶에 변화를 야기하고 있다. (국제)정치학의 시각에서 인공지능이 미치는 영향을 탐구한 이 글이 특별히 주목한 주제는 권력변환이다. 인공지능 기술의 발달과 이로 인해서 발생하는 변화는 관련 행위자들에게 불균등하게 영향을 미치며 그 결과로 행위자들의 관계적 배열과 자원배분의 방식, 그리고 권력구조의 내용을 바꾼다. 여기서 주목할 것은 인공지능의 부상 과정에서 문제시되는 권력자원의 내용과 이를 둘러싸고 벌어지는 권력 게임의 성격이 종전과는 질적으로 상이하게 나타날 가능성이 있다는 점이다. 권력론의 관점에서 보았을 때, 인공지능과 관련하여 논하는 권력변환의 개념은 적어도 세 가지의 복합적인 의미를 가진다. 이 글은 주로 권력성격의 변화, 새로운 권력자의 부상, 권력구조의 변동의 세 가지 측면에 주목하였다.(김상배, 2010)

　　첫째, 인공지능의 부상은 (국제)정치적인 의미에서 관건이 되는 권력의 성격 변환을 야기한다. 기존의 (국제)정치권력과 비교해 보았을 때 인공지능과 관련하여 관심을 끄는 권력은 군사력이나 경제력 등과 같은 물질적 '자원 권력'의 시각을 넘어서는 종류의 것이다. 인공지능 권력은 이를 개발하는 기술과 지식을 확보하는 능력과 관련되며, 여기서 더 나아가 인공지능의 작동 과정에서 활용되는 데이터를 다루는 능력에서 비롯된다. 다시 말해, 인공지능 권력은 데이터를 구성하는 '기술의 구조'에 해당하는 알고리즘을 설계하고, 이를 활용하여 '보이지 않는 데이터의 구조', 즉 패턴을 읽어서 좀 더 교묘한 방식으로 감시하고 규율하는 지식권력을 의미한다. 이는 디지털 시대의 구조적 권력 또는 설계권력이라고 개념화할 수 있을 것이다. 이러한 점에서 인공지능의 부상은 (국제)정치권력의 구성요소와 작동방식을 변화시키고 있다.

최근에는 인공지능 권력 중에서도 알고리즘 권력 또는 코드 권력에 대한 관심이 늘어나고 있다. 이러한 인공지능 권력에 대한 논의는 알고리즘이 설계되는 과정에 작용하는 권력을 문제시한다. 알고리즘은 중립적으로 작동하는 것이 아니라 이용하는 사람 혹은 객체와의 상호작용 속에서 끊임없이 수정 및 조정되며, 알고리즘의 통제 논리는 이를 설계하는 사람에 따라 다르다. 따라서 알고리즘은 이데올로기의 산물로서 다분히 정치적으로 편향될 가능성을 지닌다. 이러한 시각에서 보면 가치중립적인 알고리즘이란 존재하기 어렵다. 제4장에서 상술하듯이, 알고리즘 편향성은 포털 사이트의 뉴스 노출 알고리즘, 콘텐츠 큐레이션과 필터 버블, 유색인종에 대한 불리한 예방적 치안, 재범 위험성을 평가하는 컴파스COMPAS, 우버 택시의 요금결정 알고리즘 등의 사례에서 나타난 바 있다. 제5장이 다루고 있는 인공지능에 의한 가짜뉴스의 생산 문제도 이러한 편향성을 보여주는 사례이다.

이러한 인공지능 권력이 작동하는 과정에서는 알고리즘이 규정하는 지배권력의 질서를 어떻게 볼 것이냐가 문제로 떠오른다. 이러한 알고리즘 권력은 중립이라는 이름으로 행사되지만, 이는 지배권력의 강화 및 재생산, 정교화 등에 봉사하는 경우가 많다. 이런 점에서 공적인 정치권력이 부당하게 인공지능을 장악하여 활용할 가능성에 대한 우려가 제기된다. 최근에는 시장권력이 인공지능의 힘을 활용하여 사적 권력을 행사하는 것이 더욱 주목을 끌고 있다. 인공지능을 활용한 빅데이터 권력의 빅브라더화가 주목을 받는 것은 바로 이러한 맥락이다.(슈나이어, 2016) 이는 미셸 푸코Michel Foucault가 말하는 감시권력과 권력/지식, 거버멘털리티governmentality에 대한 논의와도 맥이 닿는다.(Foucault, 1980; 1991)

둘째, 인공지능이 권력변환에 미치는 영향은, 인공지능을 둘러싸고 다양한 행위자들이 경합하는 가운데 새로운 권력자가 부상하는 현상으로 나타난다. 인공지능의 신흥권력 게임에 민첩하게 적응하고 더 나아가 이러한 게임의 방향을 주도하는 행위자가 새로운 권력자가 되는 세상이 도래했다. 이러한 과정은 기존 권력자들 간의 '권력이동'으로 나타나기도 하지만 새로운 행위자가 권력을 얻는 '권력분산'의 형태로 나타나기도 한다. 예를 들어, 인공지능 분야의 권력게임은 전통적인 국가 행위자들이 벌이는 자원권력 게임의 양상을 넘어서, 주로 초국적 인터넷 기업들이 벌이는 신흥권력 게임으로 나타난다. 이러한 과정에서 (세계) 정치 신흥권력의 주체가 국가 행위자가 아닌 비국가 행위자들이 될 가능성이 거론된다. 사실 최근 인공지능 분야의 권력은 공적 영역이 아닌 사적 영역의 시장 권력 또는 자본 권력에 의해서 주도되고 있다.

이러한 권력분산의 과정은 인공지능이 야기하는 지식권력 관계의 재편에서 극명하게 드러난다. 일반적으로 전문가들은 자신들의 지식을 토대로 하여 위계적인 권력관계를 형성한다. 예를 들어, 전문가들은 자신들만 이해할 수 있는 '언어'를 통해 일반인들과의 관계에서 우위를 점해왔다. 이를테면, 의사와 환자, 판사와 일반인의 관계에서처럼 말이다. 그러나 인공지능이 우리 삶에 적극적으로 도입되는 과정에서 이러한 '전문적인 언어'들이 '일반적인 언어'로 치환될 가능성이 높아진다. 전문가와는 달리 인공지능은 쉬운 말로 처방하고 판결하기 때문이다. 이러한 현상이 지식의 대중화와 천박화를 불러오는 것처럼 보일 수도 있다. 그러나 겉으로 보기에 점점 쉬워 보이는 현상 뒤에 숨어 있는 알고리즘의 프로그램은 점점 더 어려워진다는 사실을 명심해야 한다.

더 나아가 인공지능이 야기하는 권력분산은 인간이 아닌 행위자, 즉 비인간(non-human) 행위자로서 인공지능에 권력을 부여하는 현상을 야기한다. 이는 앞서 살펴본 새로운 권력자로서 인간 행위자들 간의 경쟁의 문제를 넘어서, 비인간 행위자인 인공지능이 '주체'가 되어 역으로 인간을 지배할 위험성에 대한 논의를 의미한다. 인공지능이 인간들의 집합지성을 넘어서는 초지능(super intelligence)을 갖게 된다면, 그리고 인공지능이 인간의 의지를 넘어서 자의식을 갖게 된다면, 인공지능이 인간을 소외시키고 더 나아가 인간을 통제하는 세상이 도래할지도 모른다. 이러한 우려는 스스로 '프로그램을 설계하는 프로그램(pro-grammable program)'의 출현에 의해서 현실화될 것이다. 어쩌면 탈인격화된 존재로서 인공지능과의 관계가 더 민주적으로 작동할 가능성도 있지만, 권력을 남용할 가능성이라는 점에서 인공지능이 사람보다 낫다는 기대 자체가 또 하나의 '신화'일 수도 있다.

끝으로, 인공지능의 힘을 등에 업은 새로운 권력자의 부상은 궁극적으로 기성 권력구조의 변동 가능성을 낳는다. 인공지능의 부상을 둘러싸고 벌어지는 권력게임은, 제6장에서 설명하듯이, 인간 사회의 질서를 변화시킨다. (국제)정치 차원에서 보면 인공지능의 부상은 정치권력의 구조 또는 세력분포의 변동을 야기할 가능성이 있다. 이러한 현상은 당연히 신구 세력 간의 갈등을 야기하는데, 휴고 드 가리스Hugo de Garis

는 이러한 갈등을 인공지능을 옹호하고 그 도입을 주도하는 '우주론자 (cosmists)'와 인공지능의 도입에 저항하고 그 도입 과정에서 도태된 '지구론자(terrans)'의 갈등으로 묘사하고 있다. 이들의 갈등은 단순한 이해갈등의 차원을 넘어서 핵심적인 가치체계들 간의 갈등을 보여준다는 점에서 흥미롭다.(Garis, 2015)

이러한 갈등은 선진국들이 벌이는 세계 정치의 패권경쟁으로도 나타난다. 제8장에서 강조하듯이 인공지능으로 대변되는 선도 부문 경쟁의 승패는 패권의 향배에 영향을 미친다. 이런 점에서 최근 인공지능 분야에서 미국과 중국, 그리고 독일, 일본 등이 가세하여 벌이는 경쟁에 주목할 필요가 있다. 제7장에서 제시하였듯이, 인공지능 분야, 좀 더 넓게는 4차 산업혁명 분야에서 벌어지는 경쟁의 승패는 산업과 경제의 영역을 넘어서 군사·안보·외교 분야를 포함하는 미래 세계정치 구조 전반의 패권 변동에 영향을 미칠 것이다. 인공지능과 4차 산업혁명 분야에 대응하는 미래 국가전략의 마련에 각국이 열을 올리는 것은 바로 이러한 이유 때문이다.(김상배 편, 2017) 요컨대, 인공지능을 둘러싼 경쟁은 세계정치에서 권력의 목표와 수단 및 성격을 변화시키고, 결과적으로 권력구조의 변환을 야기할 것으로 전망된다.

이러한 권력구조의 변동은 인공지능과 관련된 법제도의 형성 과정에도 반영될 것이다. 최근 인공지능 기술의 잠재력을 최대한 살리고 부정적 파급 효과를 최소화하기 위한 법제도적 방안의 모색이 한창이다. 예를 들어 인공지능을 활용한 무인자동차의 법적 책임 문제가 논란거리이다. 무인자동차가 사고를 내면 제조사, 자동차 제작사, 관련 공학자, 차 판매자, 운전자, 차 소유자 중에서 누가 어떤 방식으로 법적 책임을 질 것인가? 그 법적 책임을 밝히는 문제는 관련 당사자들의 합리적 협의를 통해서 해결 가능할 수도 있지만, 인공지능과 무인자동차의 개발 과정에 투영된 관련 행위자들의 이해관계와 이를 관철하는 권력의 구조적 현실이 반영될 가능성이 크다. 물론 이러한 과정에서 무인자동차가 특정 국가에서 활용되는 범위나 도입된 역사, 사람들의 인식 등이 작용할 것이다.(이원태, 2015)

인공지능과
거버넌스

새로운 권력현상으로서 인공지능의 부상은 이를 어떻게 다스릴 것이냐의 문제, 즉 거버넌스의 문제를 제기한다. 사실 인공지능과의 관계에서 거버넌스의 문제는 다각도로 이해할 수 있다. 일단 도구적으로 인공지능을 설정하고 이를 달성하기 위한 거버넌스 체제를 정비하거나 인공지능을 도구적으로 활용하여 지배 거버넌스를 강화하는 문제를 생각해볼 수 있다. 그러나 현재 인공지능 거버넌스와 관련하여 관건이 되는 부분은 좀 더 구성적인 변수로 인공지능을 설정하고 인공지능이 거버넌스의 주체가 될 가능성을 경계하고 이를 방지하기 위해서는 무엇을 어떻게 할 것이냐의 문제로 집중되고 있다. 다시 말해, 인공지능에 대한 인간의 통제를 확보함으로써 더 나아가서는 인간과 인공지능이 함께 어우러지는 세상을 만들기 위해서 어떠한 종류의 거버넌스를 구축할 것인가가 관건이다.

최근 쟁점이 되는 것은 앞서 언급한 알고리즘 권력의 편향성을 규제하기 위한 거버넌스의 문제이다. 제4장에서 다루고 있는 바와 같이, 알고리즘이 지배하는 정치, 즉 알고크라시algocracy의 과도화에 대한 견제 차원에서 제기된다. 알고리즘 지배의 공정성과 알고리즘 규제의 문제, 특히 코드 권력을 규범적으로 통제하여 알고리즘의 책무성(account-ability)을 묻는 문제이다. 인공지능 기술의 잠재력을 최대한 살리고 부정적 측면을 최소화하기 위해 관련 법적 방안을 새로이 마련할 필요성이 발생한다. 그런데 인공지능 알고리즘의 책임 문제는 그리 간단하지는 않다. 개체적인 행위자로 인공지능을 간주하고 그 책임을 묻는다는 이분법적 발상 자체가 논란이 될 수도 있다. 인공지능의 알고리즘을 책임지는 주체로 설정할 수 있느냐의 문제에서부터 인공지능의 코드 권력을 규범적으로 통제하는 것만이 대안인가에 이르기까지 다양한 문제가 제기된다.

그렇다면 점차로 더 지능적으로 되고 자율적으로 되는 기계, 즉 자율기계(autonomous machines)를 어떻게 규제할 것인가? 게다가 '개체적인 행위자' 차원이 아니라 '환경적인 시스템'으로 이해되는 인공지능에 대해서도 책임을 물리고 규제하는 것이 가능할까? 여러 곳에 편재하면서 인간 수준의 판단과 추리 능력을 발휘하는 '버추얼 인간(virtual person, virson)'으로서 인공지능에게 어떻게 책임을 물릴 것인가? 이러한 버추얼 인간이 갖는 도덕적 책임 또는 기계윤리(machine ethics)는 무엇을 내용으로 해야 하는가? 여하튼 기계가 점점 더 인간의 판단과 지능에 유사한 능력을 획득하게 됨에 따라서 기계에 대해서 자율성과 넓은 의미의 의사결정 권한을 주라는 압력이 늘어나고 있다.(Burke, 2015)

향후 기계에 권한을 부여하는 문제는 인간사회, 좀 더 정확하게는 인간-기계 사회에 좀 더 깊게 통합될 것이다. 이러한 과정에서 의사결정의 주체와 위임의 문제가 제기된다. 진화론의 맥락에서 보는 인간의 고유영역은 어디까지이며, 기계에게 끝내 위임하지 말아야 하는 영역은 어디인가? 인공지능에게 얼마만큼의 의사결정 능력과 권한을 위임하는 것이 적절할까? 연산능력과 처리속도, 알고리즘, 데이터의 패턴 읽기 등과 관련된 부분에서는 인간이 기계를 따라갈 수는 없다. 의료나 법조 업무처럼 '경계가 정해져 있는 지식을 다루는 분야'도 인공지능의 몫으로 간주된다. 그렇다면 위임하지 말아야 하는 영역은 어디일까? 인간의 정체성을 위협하지 않는 정도로 기계에게 권한을 위임하는 문제가 향후 쟁점이 될 것이다.(이원태, 2015)

사실 인공지능의 사실상 코드 권력에 대한 시민권력의 통제가 최근 주목받고 있다. 이러한 사례로 '오픈소스 네트워크 권력'으로서 블록체인 기반의 거번테크govern-tech에 대한 논의에 주목할 필요가 있다. 최근 블록체인은 기업뿐만 아니라 정치조직에도 적용·확산되며 조직 변화를 이끌고 있다. 세계경제포럼(WEF)은 블록체인이 개별 및 국가 간 금융거래에서 사용하고 있는 보안 시스템보다 더 안전하고 투명하며 효과적인 거래방식이 될 수 있다고 역설하였다. 블록체인은 제3자의 중개가 필요 없는 P2P 네트워크를 가능케 하며, 경제, 금융뿐만 아니라 정치와 정부의 역할 변화 등에 영향을 미칠 것으로 예상된다. 이는 블록체인 기반의 분산자율조직(DAO, Decentralized Autonomous Organization)의 부상을 의미하는데, 인공지능의 '집중형 권력'을 통제하는 '분산형 권력'의 가능성을 전망케 한다.

이러한 논의는 인공지능과 민주주의에 대한 논의로 연결된다는 점에서 정치학의 관심거리이다.(이원태, 2015) 사실 인공지능의 부상은 다양한 측면에서 민주주의의 실현과 관련된 여러 가지 문제들을 제기한다. 이념으로서의 민주주의라는 시각에서 볼 때, 인공지능을 투표권을 가진 행위자로 인정하는 민주주의 이념이 등장할까? 이러한 와중에 인공지능을 둘러싼 또는 인공지능을 매개로 한 인간과 인간 사이의 이익갈등은 인공지능 시대의 민주주의에 어떻게 반영될까? 그리고 궁극적으로 인공지능 민주주의 이념과 이익의 갈등을 제도화하는 과정을 누가 어떻게 주도하여 진행할 것인가? 향후 인공지능과 관련된 민주주의 비전은 기술 발달에 따른 비용 감소의 긍정적 측면과 알고리즘 권력의 일상화에 따른 지배의 정교화라는 위험 사이에서 모색될 것이며, 이 과정에서 '인공지능 정치'에 대한 민주주의적 성찰은 반드시 필요하다.

이러한 성찰의 과정에서 최근 강조되는 것이 '사전주의 원칙(precautionary principle)'의 도입 문제이다. 특히 약한 인공지능의 실현과 관련하여 '사전주의 원칙'을 적용하는 거버넌스가 논의된다. 사전주의 원칙은 다양한 위험성이 제기되는 과학기술에 대해 충분한 사전 대책을 수립하고 연구개발 과정 중에는 끊임없는 모니터링을 통해 기술 발전 과정을 적절하게 관리해나가야 한다는 입장을 대변한다. 인간능력의 강화를 목적으로 하는 약한 인공지능 분야는 이러한 사전주의 원칙이 잘 적용될 수 있는 사례이다. 예상되는 이익만큼이나 잘못 확산된 포스트 휴머니즘 기술이 가져올 부작용도 무척 크기 때문이다. 가까운 미래에 실현될 약한 인공지능 기술은 이러한 사전주의 원칙에 입각하여 선제적 정책과 끊임없는 모니터링을 시행하며 생산적으로 관리해나갈 필요가 있다.(이상욱, 2015, p.24)

먼 미래에 실현될 강한 인공지능 기술에 대한 거버넌스 원칙을 단일하게 제시하기는 쉽지 않다. 예를 들어, 미래의 어떤 시점에 정말로 기계가 자의식을 갖거나 인간을 뛰어넘는 지적 존재가 되는 상황이 발생한다면 어떻게 대응해야 할까? 매우 발전한 인공지능이 인간과 평화롭게 공존할 것이라고 전망하기에는 너무 막연하다. 결국 미래에 특이점을 넘어설지도 모르는 인공지능이라는 존재가 얼마나 인간과 가치를 공유하는지가 중요하다. 일부 논자들이 지금부터라도 공감 능력이나 상호 신뢰, 복지 등과 같이 인간에게 중요한 개념을 인공지능에게도 주입하자고 제안하는 이유는 바로 여기에 있다. 궁극적으로 먼 미래에 실현될 강한 인공지능 기술과 관련해서는 인간이란 무엇인가, 그리고 인간적 가치는 왜 소중한가 등에 대한 보다 근본적인 성찰과 그에 근거한

거버넌스 체제의 모색이 필요하다.(이상욱, 2015, pp.24-25)

궁극적으로 인공지능 거버넌스를 위해서는 인간에 대한 근본적인 성찰이 병행되어야 한다. 이는 이른바 '네오휴머니즘neo-humanism'의 논의와 연결된다. 네오휴머니즘은 포스트 휴먼의 도래를 향해 가는 첨단기술의 거침없는 발전 과정에서 인간이 직면하고 있는 실존적·존재론적 허무를 극복하고 인간존재의 의미를 회복시키려는 철학적 움직임을 일컫는다. 근대 휴머니즘의 변종이라고 할 수 있는 네오휴머니즘은 인간의 계산적 도구적 합리성을 중심으로 한 근대 휴머니즘이 과학기술과 공모 관계를 형성하며 결국 인간 스스로를 포스트 휴먼이라는 이름 아래 도태시키는 역설적 상황을 지적한다. 구체적으로 네오휴머니즘은 인간을 디지털화함으로써 영생의 포스트 휴먼 미래로 향하는 트랜스휴머니즘에 반하여 인간의 고유한 가치를, 몸, 예술적 몰입, 나아가서 죽음 등에서 발견한다. 네오휴머니즘은 인공지능이 시뮬레이션할 수 없는 인간적 부분들을 긍정적으로 해석하는 철학적 작업을 수행한다.(이종관, 2015, p.7)

4. 인공지능의 국가전략과 세계정치

인공지능 분야의
국가 간 경쟁

인공지능 관련 기술과 산업의 중요성이 커지면서 국가 차원의 경쟁이 가속화하고 있다. 좁은 의미에서 본 인공지능뿐만 아니라 좀 더 넓은 의미에서 본 무인자동차, 사물인터넷, 드론산업, 빅데이터, 클라우드 컴퓨팅 등을 둘러싼 경쟁은 해당 산업 분야에서 벌어지는 기업 간 경쟁인 동시에 국가 간 경쟁의 양상을 띠고 있다. 예를 들어, 제7장에서 살펴본 바와 같이, 미국, 영국, 러시아, 중국 등 군사 강대국들을 포함해 세계 주요국들이 인공지능을 접목한 무인전투기와 살상 및 정찰용 로봇 개발에 열을 올리고 있다. 미국은 2015년 무인무기 시스템 개발에 53억 달러(약 6조 원)를 지출하였다. 러시아는 2020년까지 기관총과 감시 카메라, 센서를 장착한 로봇을 만들어 미사일 기지에 배치할 계획이다. 이스라엘은 민간 기업이 개발한 '자폭용 드론'을 구입하는 시도를 벌이고 있다고 알려졌다.

그러나 인공지능 기술은 군사 분야보다는 민간 분야에서 혁신을 주도하고 있다. 인공지능 분야의 기술경쟁을 이끌어가는 행위자들은 전통적인 국가 행위자들이라기보다는 글로벌 다국적 기업들이다. 실제로 인공지능을 포함한 4차 산업혁명 분야의 선두주자들은 구글, 도요타, 소프트뱅크, 바이두 등과 같은 다국적 기업들이다. 예를 들어, 미국의 경우, 구글은 2001년부터 인공지능 및 관련 분야에 280억 달러(약 33조 원)를 투자하였다. 일본 도요타 역시 10억 달러로 인공지능연구소를 설립하였으며, 일본 소프트뱅크는 이미 인공지능 로봇을 상용화해서 백화점 등에 배치한 상태이다. 중국에서는 인터넷 포털 회사인 바이두가 3억 달러를 투자해서 미국 실리콘밸리에 연구소를 설립하기도 했다.

이렇게 진행되고 있는 인공지능 분야 경쟁의 면면을 자세히 들여다보면, 이는 단순한 제품경쟁이나 기술경쟁이 아니라 플랫폼 경쟁의 양상을 드러내고 있음에 유의해야 한다. 인공지능 분야의 경쟁에서는 하드웨어보다는 소프트웨어와 알고리즘을 장악하는 것이 핵심이 된다. 다시 말해, 경쟁자보다 더 우월한 알고리즘을 보유한 업체가 지속적으로 경쟁우위를 유지할 수 있고, 그 과정에서 경쟁우위 요소인 데이터를 더 많이 확보하여야 다시 더 많은 플랫폼 참여자를 확보하는 것이 가능하다. 이러한 게임의 기본적 성격은 물량과 품질의 게임이 아닌 그야말로 승자가 독식하는 '규모'의 권력 게임으로 발전할 가능성이 매우 크다. 그 결과 네트워크 효과에 따르는 일정 수준의 시장 지배력을 가진 몇몇 플랫폼 간의 경쟁이 각 산업별로 일반화할 가능성이 있다.(김상배, 2017)

인공지능 분야에서 발생하는 이러한 경쟁양식의 변환은 4차 산업혁명 시대의 국가전략 전반에도 투영될 가능성이 있다. 특히 인공지능 분야 기술역량 개발과 인재양성 지원을 위해 효과적인 국내 정책과 제도를 마련하기 위한 경쟁이 벌어진다. 이는 앞서 언급한 인공지능을 위한 국내 거버넌스의 정비 문제와도 연결되는데, 이 분야의 첨단기술 개발을 지원하는 효과적인 정책을 마련하고 제도를 구축하는 것이 관건이된다. 이는 진화생물학에서 말하는 적합력(fitness)의 관점에서 변화하는 대외 환경에 적응하기 위한 각국이 모색하는 생존전략의 차원에서 이해할 문제이다. 구체적으로 이는 기술환경의 변화에 적응하여 살아남기 위해서 국내 기술혁신체제를 정비하는 문제로 나타난다.

이렇게 정책과 제도, 혁신체제를 구축하는 문제는 인공지능이나 포스트 휴먼 기술의 현재와 미래를 둘러싼 국가별 담론의 차이에서도 발견된다. 예를 들어, 미국과 일본, 독일이 강조하는 인공지능 담론은 다소 다르다. 미국의 담론은 클라우드 환경에서 전 세계의 공장이나 제품에 대한 데이터를 수집하고 중앙의 서버에 데이터를 축적하며 인공지능으로 처리하는 모델이다. 앞서 구분한 인공지능을 보는 시각에 의하면, '환경적인 시스템'으로 인공지능을 보는 담론에 가깝다. 이에 비해 일본은 자동차 산업 등의 강점을 바탕으로 로봇 기반 인간 접점 시장 공략 전략을 취하고 있으며, 이러한 과정에서 일본이 강조하는 것은 로봇이다. 이는 '개체적인 행위자'로서 인공지능을 보는 모델에 가깝다.

독일이 지향하는 인공지능 담론은 그 중간쯤에 위치한다. 독일의 인더스트리 4.0 모델은 제조 현장의 생산 설비와 로봇 등 현실 세계의 강점을 지렛대로 현장 데이터의 네트워크화를 통해 새로운 사이버-물리 시스템의 구축을 지향한다. '환경적인 시스템'과 '개체적인 행위자'의 복합 모델인 셈이다.(김상배, 2017)

　인공지능 분야의 경쟁은 커뮤니케이션 분야에서도 나타난다. 제5장에서 살펴보듯이, 인공지능을 활용한 기사 작성이 국내정치뿐만 아니라 국제정치에서도 논란이 되고 있다. 인공지능에 의한 신문기사 작성은 기상 및 재난정보와 같은 속보 대응, 단순한 수치와 통계를 제공하는 경기 결과 보도 분야에 활용되고 있다. 언론은 최신 뉴스를 보여주거나 간단한 질문에 답하는 형식의 추천 뉴스를 제시한다. 인기 있는 기사 리스트와 독자들의 호응도를 분류해 콘텐츠를 생산하는 등 효율성을 추구하며, 이는 대민관계나 공공외교에 활용된다. 그런데 이러한 과정의 부정적 측면도 만만치 않다. 의도적 거짓 댓글 등을 대규모로 생성하는 프로그램을 이용한 심리전이 논란거리이다. 기사작성 로봇을 통하여 타국 선거에도 개입하여 논란이 되고 있는데, 러시아는 사이버 공간에서 가짜뉴스를 이용해 미국 대선, 프랑스 대선, 독일 총선, 스페인 카탈루냐 독립투표 등에 개입한 것으로 알려졌다.

인공지능과
세계정치의 변환

　　　　인공지능의 발달은 글로벌 생산 네트워크의 변환에도 영향을 미치고 있다. 제8장에서 다루었듯이, 인공지능이 도입되면서 제조업 분야를 중심으로 리쇼어링reshoring 현상이 발생한다. 인간이 하는 일의 대부분이 기계를 기반으로 한 기술혁신으로 대체되면서 제품 원가에서 인건비가 차지하는 비중이 미미해질 가능성이 있다. 특정 제품을 제외하곤 자국 내에서도 얼마든지 저렴한 비용으로 생산이 가능하므로 국제분업이 줄어들고, 그 결과 무역량이 급속히 감소하게 된다. 이러한 전망은 주로 '개체적인 행위자'로 인공지능을 보는 시각에 기반을 둔다. 그러나 '환경적인 시스템'으로 인공지능을 보면, 제조업 제품의 초국적 유통이 감소하는 현상보다는, 데이터와 정보의 초국적 유통은 오히려 증가할 가능성이 있다. 빅데이터나 클라우드 컴퓨팅, 인공지능 등을 활용하여 초국적으로 활동하는 다국적 기업들의 비즈니스는 더욱 늘어날 것으로 예견된다. 그렇다면 이러한 과정에서 발생하는 개인정보의 초국적 흐름과 빅데이터의 초국적 활용, 클라우드 컴퓨팅의 초국적 제공 등의 이슈는 어떻게 다룰 것인가?

　최근 이 분야의 초국적 활동을 규제하는 국제규범 형성의 문제가 쟁점으로 부상하고 있는데, 이와 관련하여 국가별 입장의 차이에 주목할 필요가 있다. 미국은 자본의 시각에서 초국경 정보의 자유로운 흐름을 옹호하는데, 규제를 최소화하고 이에 맞는 세계질서를 만들려는 글로벌 패권국의 의도가 반영된다. 아주 민감한 분야를 제외하고는 국경 간 이동을 자유롭게 하자는 것이다. 중국, 러시아, 개도국들은 국가의 권리라는 시각에서 접근한다. 이들 국가는 선진국 기업들의 침투에 의한 자국 '정보주권'의 잠식을 우려한다. 인공지능 기술역량과 분석능력을 보유하고 있는 선진국들이 이를 부당하게 활용하여 권력을 행사할 가능성에 대한 우려가 제기된다. 유럽의 경우에는 페이스북을 상대로 한 막스 슈렘스의 소송과 세이프하버 협정의 무효화 사례에서 볼 수 있듯이, 단순히 국가주권의 강화라는 차원을 넘어서 개인의 권리 또는 시민주권을 강조한다.

　이러한 각국의 입장 차이는 개인정보 보호에 대한 각국의 이념적 ·

제도적 차이를 바탕에 깔고 있다. 각국마다 개인정보 주체의 동의권 행사방식에 대한 법해석과 제도 운영이 다르다. 좀 더 근본적으로는 빅데이터의 중요성에 대한 각국의 인식과 제도, 언론의 자유와 개인정보의 우선순위 등에도 큰 차이가 있다. 미국이 언론의 자유를 더 중요시하는 반면, 유럽에서는 오히려 개인정보가 더 중요하다. 중국은 좀 더 큰 차이를 보이는데, 국가안보를 이유로 정부의 '동의 없는' 개인정보 수집 및 감청이 정당화된다. 빅데이터 국제규범에 대한 논의가 진행되면서 빅데이터 관련 규제정책의 도입과 정책 및 관행의 표준화 필요성이 제기되는 것과 동시에 각국의 제도와 문화에 내재한 이러한 차이들이 수면 위로 떠오르고 있다.

한편 최근 군사 분야의 인공지능 기술발달은 기계가 나서서 인간을 공격하고 전쟁을 벌이는 가능성에 대한 우려를 낳고 있다. 인공지능을 접목한 로봇은 폭탄을 투하하거나, 센서와 위치추적장치(GPS)를 이용해 적군의 동태를 정찰하는 기능을 수행하는 등 다양한 목적으로 활용될 수 있다. 그러나 자칫하면 스스로 결정해 살상을 저지르는 '킬러 로봇'이 될 수도 있다는 우려가 높아진다. 이러한 맥락에서 인공지능이 인간에게 해를 끼치지 못하도록 국제규범을 마련하자는 목소리가 높아지고 있다. 이는 인공지능 기반 자율무기에 대한 규제의 문제로서 킬러 로봇 금지 운동, 윤리적, 법적 이슈 등이 제기된다. 좀 더 관심의 대상이 되는 것은 인공지능을 활용하여 초국적으로 활동하는 다국적 기업들의 활동에 대한 규제인데, 이는 앞서 언급한 빅데이터와 개인정보의 활용, 클라우드 컴퓨팅 등의 문제와 연관된다.

인공지능이 세계정치의 변환에 미치는 영향은 근대 국제정치의 틀 안에서 벌어지는 국가 간 경쟁의 가속화나 새로운 규범의 형성 문제를 넘어설 가능성이 있다.(Cudworth and Hobden, 2011) 제9장에서 살펴보듯이, 인공지능의 부상은 근대 국제정치에서 전제로 하고 있는 계몽주의와 인간중심주의, 즉 근대 국제정치의 합리성의 전제를 넘어서는 변화의 지평을 열 가능성이 있다. 인공지능의 시대를 맞이하여 인간중심주의 틀로는 설명할 수도 없고 통제할 수도 없는 현상이 발생한다. 인공지능, 특히 포스트 휴먼의 부상에 대한 논의는 계몽주의 기획 속에 숨어 있는 인간중심주의를 넘어서는 새로운 지평에서 이해할 필요가 있다. 예를 들어, 이른바 자율무기체계(AWS, autonomous weapon system)의 발달은 미래전쟁의 변화를 야기하며 이는 인간 중심의 전쟁 수행방식의 변화도 발생시킨다. 사이버 공간의 봇넷 공격, 악성코드, 무인기, 로봇/사이보그 등에 대한 논의는 인간이 아닌 행위자, 즉 비인간 행위자들이 행위능력을 갖고 세계정치의 전면에 부상하는 스토리를 창출한다.

5. 맺으며

이 글은 최근 기술발달의 화두로 관심을 끌고 있는 인공지능이 미치는 (국제)정치적 영향을 권력변환에 초점을 맞추어 살펴보고 그 연장선상에서 인공지능에 대한 새로운 거버넌스의 필요성을 지적하였다. 현재 거론되고 있는 인공지능은 인간의 인지 및 육체능력을 향상시키는 도구에서부터 인간처럼 사고하고 행동하거나 더 나아가 인간과 같은 존재를 만드는 기술에 이르기까지 다양한 형태로 발달을 거듭하고 있다. 이러한 인공지능은 인간의 의식과 신체를 보완·대체하는 단계를 넘어서 장차 생명을 불어넣는 단계로 진화할 것이 예견된다. 결국에는 인간보다 지능적인 컴퓨터가 출현하여 오히려 인간을 그 컴퓨터의 일부로 흡수하고, 인간이라는 종을 포스트 휴먼이라는 '신체 없는 종'으로 변신시킬지도 모른다는 전망마저도 나온다.

　이 글에서는 이렇게 발전하고 있는 인공지능을 보는 시각을 크게 둘로 나누어보았다. 먼저, '개체적인 행위자'로 보면, 인공지능은 기술발달을 적극적으로 활용하여 주로 인간 또는 기계의 능력을 향상시키는 차원에서 개발된 개체이다. 이러한 시각은 기술이 발전을 거듭하여 인간의 지능을 훌쩍 뛰어넘는 순간, 즉 기술적 특이점의 도래 가능성에 초점을 둔다. 한편 '환경적인 시스템'으로 보면, 인공지능은 빅데이터, 사물인터넷, 클라우드 컴퓨팅, 로봇, 바이오 기술, 나노기술 등의 기술이 제조업 및 커뮤니케이션 네트워크와 융합되면서 출현하는 시스템이다. 이러한 시각에서 보면 인공지능은 '어느 하나의 개체'로 집약되는 것이 아니라, 인터넷으로 연결되어 있는 인간과 기술이 분산적으로 만들어내는 '글로벌 브레인'의 복합 네트워크이다.

　이러한 인공지능이 (국제)정치학의 관심을 끄는 이유는 권력의 성격과 행위자 및 구조의 변환에 영향을 미치기 때문이다. 사실 미래의 새로운 기술 패러다임을 상징하는 인공지능의 발달은 누가 어떻게 지배할 것인가의 문제를 묻게 한다. 인공지능은 지배의 메커니즘을 정교화하는 문제인 동시에 이에 대항하는 메커니즘을 창출하는 문제와도 연결된다. 이러한 지배와 대항의 권력정치에 관여하는 주요 행위자들은 인간 행위자 중에 누군가일 가능성이 크다. 그런데 인공지능의 게임에서는 그 누군가가 인간이 아닐 가능성이 있다는 점 때문에 권력변환의 새로운 차원을 고민하게 된다. 최근 인공지능 기술권력의 비대화를 규제하고 새로운 거버넌스를 모색하려는 고민이 깊어지는 것은 바로 이러한 이유 때문이다.

인공지능의 권력적 함의가 커지면서 이 분야의 주도권을 놓고 벌이는 국가 간 경쟁이 심화되고 있다. 인공지능의 발달이 세계정치 권력의 성격을 변화시키고 이를 둘러싼 경쟁의 와중에 권력구조가 변화할 전망마저도 낳고 있다. 무엇보다도 인공지능의 알고리즘 기술개발과 시스템 확보를 뒷받침하는 역량의 구비가 새로운 국가 경쟁력의 요소로 부각되고 있다. (국제)정치학의 시각에서 볼 때, 이 분야의 경쟁은 해당 기술과 산업 분야에서 벌어지는 기업 간 경쟁인 동시에 좀 더 넓은 의미에서 본 국가 간 경쟁으로 인식되어야 한다. 더 나아가 인공지능의 발달은 경쟁의 양식 변화나 권력구조 변동의 차원을 넘어서 미래 세계정치의 주체와 구성원리 및 작동방식의 질적 변화까지도 예견케 한다.

한국도 인공지능 분야의 발달과 여기서 파생되는 국내외 질서 변동에 대응하여 국가전략 차원의 육성·지원의 정책을 마련해야 할 것이다. 인공지능으로 대변되는 신흥 선도 부문에서의 승패는 중견국으로서 한국의 국가적 운명을 좌우할 가능성이 크기 때문이다. 다만, 인공지능의 국가전략을 모색하는 과정에서 염두에 두어야 할 점은 인공지능으로 대변되는 미래 기술 패러다임에 대응하는 전략의 강약 조절이다. 인공지능은 글로벌 경제를 강타한 이슈이지만, 그에 대한 대비책은 처한 상황에 따라 다를 수밖에 없으며, 한국의 역량에 맞는 경쟁전략을 고민해야 한다. 사실 이러한 문제제기는 좀 더 넓은 의미에서 본 4차 산업혁명 분야의 경쟁에 임하는 한국의 미래전략에도 적용된다.(김상배, 2017)

참고문헌

김대식, 『인간 vs 기계: 인공지능이란 무엇인가』, 동아시아, 2016.

김상배, 『4차 산업혁명과 한국의 미래전략』, 사회평론, 2017.

김상배, 『인터넷 권력의 해부』, 한울, 2008.

김상배, 『정보혁명과 권력변환: 네트워크 정치학의 시각』, 한울, 2010.

김상배 · 황주성, 『소셜 미디어 시대를 읽다: 인터넷 권력의 해부 2.0』, 한울, 2014.

레이 커즈와일, 『특이점이 온다』, 김명남 옮김, 김영사, 2007.

브루스 슈나이어, 『당신은 데이터의 주인이 아니다』, 이현주 옮김, 반비, 2016.

알렉 로스, 『미래산업보고서』, 안기순 옮김, 사회평론, 2016.

유발 하라리, 『사피엔스』, 조현욱 옮김, 김영사, 2015.

이상욱, 「포스트 휴먼시대의 정치사회적 쟁점」, 『Future Horizon』 26, 2015, pp.22-25,

이원태, 「인공지능의 규범이슈와 정책적 시사점」, 『KISDI Premium Report』, 2015, pp.15-07.

이종관, 「포스트 휴먼을 향한 인간의 미래」, 『Future Horizon』 26, 2015, pp.4-9.

조성배, 「인공지능 기술의 원리, 현황, 전망」, 기술사회연구회 세미나 발표문, 2015. 10. 16.

하원규 · 최남희, 『제4차 산업혁명』, 콘텐츠하다, 2015.

Ben Goertzel, "Superintelligence: Fears, Promises ad Potentials," *Journal of Evolution & Technology* 24(2), 2015, pp.55-87.

Bruno Latour, *Reassessing the Social: An Introduction to Actor-network Theory,* Oxford and New York: Oxford University Press, 2005.

David Burke, "Moral Responsibility and Autonomous Machines," *The End of the Beginning: Life, Society and Economy on the Brink of the Singularity,* Ben and Ted Goertzel, (eds.), Humanity Press, 2015, pp.196-212.

Erika Cudworth and Stephen Hobden, *Posthuman International Relations: Complexity, Ecologism and Global Politics,* London and New York: Zed Books, 2011.

Francis Heylighen and Johan Bollen, "The World-Wide Web as a Super-Brain: from metaphor to model," *Cybernetics and Systems '96,* R. Trappl (ed.), 1996, pp.917-922.

Francis Heylighen, "Conceptions of a Global Brain: An Historical Review," *Evolution: Cosmic, Biological, and Social,* 2011, pp.274 – 289.

Francis Heylighen, "Return to Eden? Promises and Perils on the Road to Global Superintelligence," *The End of the Beginning: Life, Society and Economy on the Brink of the Singularity,* Ben and Ted Goertzel(eds), Humanity Press, 2015, pp.243-306.

Goertzel, *The End of the Beginning: Life, Society and Economy on the Brink of the Singularity,* Ben and Ted Goertzel(eds.), Humanity Press, 2015.

Hugo de Garis, "How will the Artilect War Start?," *The End of the Beginning: Life, Society and Economy on the Brink of the Singularity,* Ben and Ted Goertzel(eds.), Humanity Press, 2015, pp.213-241.

Klaus Schwab, *The Fourth Industrial Revolution,* World Economic Forum, 2016.

Michel Foucault, "Governmentality," *The Foucault Effect: Studies in Governmentality,* Graham Burchell, Colin Gordon and Peter Miller(eds.), The University of Chicago Press, 1991, pp.87-104.

Michel Foucault, *Power/Knowledge: Selected Interviews and Other Writings, 1972-1977,* Pantheon Books, 1980.

Nick Bostrom, *Superintelligence: Paths, Dangers, Strategies,* Oxford University Press, 2014.

인공지능에 대한 이해와 그 문제들
한국사회 인공지능 담론의 비판적 조망

김평호

우리 사회에서 인공지능은 어떻게 이해되고 있는가, 이해의 내용과 틀에 어떤 문제가 있는가, 우리에게 어떤 과제를 제기하고 있는가? 이러한 질문에 답하기 위해, 이 글은 인공지능에 대한 우리 사회의 주요 담론을 비판적으로 분석/조망해보았다. 세 가지 주요한 갈래로 나뉘는 담론들은 첫째, 인공지능의 산업적 담론(industrial visions), 둘째, 개인적 생존기술의 담론(personal development techniques), 셋째, AI 시대 인간의 우울한 미래를 그리는 비관적 담론(dystopian scenarios)이다. 이들 담론은 첫째, 인공지능 자체에 대한 이야기가 아니라 인공지능이 할 수 있는 또는 할 수 있다고 믿거나 기대하는 역량과 그것이 가지고 올 사회적 파장에 대한 이야기라는 문제, 둘째, 인공지능이 가져올 미래에 주목할 뿐 '지금 여기'에서의 문제를 개선하는 데 인공지능이 무엇을 할 수 있는 것인지 제대로 담아내지 못하는 문제, 셋째, 낙관과 비관으로 나뉘는 과학과 기술에 대한 전통적 이야기 방식이 소재만 달리한 채 반복되는 문제, 넷째, 유행과 같은 양상을 띠면서 담론 내용과 수준의 천박함을 드러내고 있는 문제, 다섯째, 사실상 시민은 배제된 채 전문가 위주의 폐쇄적 양상으로 전개되고 있는 문제 등을 품고 있다.

이 같은 정황은 인공지능 분야와 연관되어 있는 다양한 주체들에게 많은 과제를 던져준다. 첫째, 컴퓨터나 로봇공학 전문가들은 인공지능에 대한 비판적 이해를 증진시키는 대중적 노력을 다양한 방식으로 전개해야 한다. 또 지금까지 우리 사회가 수행해온 인공지능 연구의 내용과 경과, 주체, 연구성과와 수준 등을 정확하게 기록/진단/평가하고 그것을 사회적으로 공유토록 해야 한다. 둘째, 과학기술 분야 시민사회 단체 역시 인공지능 문제에 대한 사회적 인식을 높일 수 있는 다양한 프로그램을 진행, 다가오는 변화의 시대에 능동적으로 대처하는 시민 집단을 키워야 한다. 셋째, 사회과학 분야 연구자들은 인공지능과 연관되어 있는 현재와 미래의 무수한 사회적 문제에 대해 냉정한 시각에서 진단과 분석, 대안을 제시하는 노력을 기울여야 한다. 인공지능과 관련해 난무하는 허황한 언술들을 제어하고 적절한 사회적 대응을 모색하는 데 이는 필수적 과제이다. 넷째, 정책 당국자들은 인공지능 분야의 지도적 주체로 나서는 것이 아니라, 관련 연구집단을 지원하는 후견인, 그리고 다양한 연구집단이나 조직/기관들 간의 협력 시스템 구축을 지원하거나 매개하는 조정자 역할을 수행해야 한다. 다섯째, 인공지능과 연관되어 있는 기업들은 상업적 성공, 신수종 비즈니스 같은 응용적 차원으로 인공지능에 접근하는 과장된 기대를 버려야 한다. 단기적 집착은 기업이 하청업자 수준에 머무르는 지름길이며 심한 경우 장기적 패착을 낳기 때문이다. 보다 본질적인 문제를 탐색하는 작업에 나서거나, 그러한 연구를 지원하고 기다릴 줄 아는 긴 안목과 인내심을 길러야 한다.

1. 들어가며

지난 2016년 3월, 한국에서는 기계 대 인간의 능력 대결이라는 흥미로운 대중적 이벤트가 국제적으로도 커다란 관심을 모은 채 진행되었다. 바둑 인공지능 알파고와 바둑 세계 최강자 중 하나인 이세돌 9단 간에 5번기가 열린 것이다. 결과는 4승 1패, 바둑 AI(Artificial Intelligence) 알파고의 완벽한 승리. 언론은 '인간이 둘 수 없는 수를 둔 알파고', '인간은 알파고를 이길 수 없다'는 전문가들과 이세돌 씨의 경악과 낙담을 담은 기사들을 내보냈다.

'알파고 대 이세돌'이라는 이벤트는 흥행을 자극하는 일회성 행사가 아니다. 그것은 '인공지능'이라는 이름으로 밀려오는 최신 컴퓨터 기술과학 쓰나미(techno-science tsunami)를 상징한다. 나아가 그것은 인공지능이라는 기술과학이 가져올 커다란 사회변화―정치와 경제의 권력구조 변화를 포함하는―의 한 상징이기도 하다. 1950년대부터 시작된 인공지능 기술과 과학연구의 성과는 이제 쓰나미로 표현할 수 있을 만큼 빠르고 강력하게 다가오고 있으며, 가능성 탐색 수준 정도를 넘어 이제는 사회와 개인의 미래 차원에서 전에 없이 커다란 질문을 던지고 있다.(Brynjolfsson and McAfee, 2017; Rotman, 2016) 인공지능의 도래와 점진적 확산은 필연적이다. 사실 알파고처럼 큰 스포트라이트를 받는 것은 아니더라도 '로봇 청소기' 같은 이름으로, 또는 '음성 비서'라는 이름으로 인공지능은 이미 우리 주변에 와 있는 것이기도 하다. 또 IT 분야 기업에서 인공지능은 이미 막중한 역할을(예: 데이터 분류 및 처리작업) 수행하고 있다. 그뿐 아니라 통상적이고 반복적인 수준과 내용의 사무직 업무는(예: 언론의 스트레이트 기사 작성, 법률자료 검색, 보험료 산정 등) 인공지능이 서서히 인간을 대체하는 중이다.

인간의 능력을 뛰어넘는 존재로서 인공지능의 대두와 확산은 인간에게 여러 질문을 던지고 있다. 인공지능을 어떻게 이해할 것인가, 어떤 관점에서 AI에 접근할 것인가, AI는 어떤 문제를 야기하며 그에 어떻게 대처할 것인가. 평범해 보이지만 이런 질문들의 중요성은 아무리 강조해도 지나치지 않다. 왜냐하면 이 질문들에 대한 답, 즉 이 문제들에 대한 사람들의 생각이 인공지능을 현실세계로 구체화하는 과정에 매우 중요한 요소로 작용하기 때문이다. AI 관련 담론에 주목하는 이유가 여기에 있다. 생각의 내용과 틀로서의 담론과 그 담론이 가지는 현실의 구성력, 즉 '현실과 담론의 상호구성력'에 유의해야 하는 이유는 그것이 다가올 인공지능 시대를 우리가 어떻게 만들어낼 것인가와 밀접하게 연관되어 있기 때문이다.

지금 인공지능에 대한 우리 사회 담론은 여러 갈래로 전개된다. 인공지능/기계학습 등이 가져올 4차 산업혁명의 미래에 낙관적 전망을 던지는 미래학적 설명, AI가 가져올 사회변화에(예: 노동의 재구조화) 주목하는 사회학적인 질문, 한편 기술과학 우위의 시대 인간의 위상을 묻는 철학적 물음, 새로운 기계 시대에 대응하는 인간의 자기계발 전략 등은 AI에 대한 몇 가지 대표적인 이해와 관점의 사례이다.

여기에 주목하여 이 글은 알파고-이세돌 사태 이후 주요 언론에 실린 관련 해설과 칼럼 등을 기본 자료로 삼아, 인공지능에 대해 지금까지 제출된 우리 사회 다양한 담론들을 정리/분석해 보고자 한다.[1] 언론에 주목하는 이유는 특정 사안/대상/문제 등에 대한 담론이 미디어를 중심으로 전개되며, 사회적 담론 형성의 차원에서 미디어가 가장 중요한 역할을 수행하기 때문이다.(이기형, 2006) 이를 통해 우리 사회에 자리잡고 있는 AI 이해와 관점의 문제점을 짚어보고, 이 담론의 틀에서 포착하지 못하는 인공지능에 대한 더 많은 이야기들과, AI 시대에 대처하기 위해 유념해야 할 사회적 과제 등을 정리해보고자 한다. 한 가지 미리 전제해둘 것은 인공지능의 과학과 기술은 현재 진행 중일 뿐 아니라, 인공지능 자체가 다가오는 미래의 존재이기 때문에, 그에 대한 이야기는 어떤 것이든, 결론이 아니라 중간 단계의 점검이며 동시에 불확정적인 미래를 예측해보는 추론이라는 점이다. 다시 말해 지금은 인공지능에 관해 그 어느 것도 단정할 수 있는 상황이 아니라, 모든 가능성을 열어두고 차분히, 세밀하게 사안을 들여다보는 작업이 더욱 중요하다는 의미이다.

2. 담론과 담론분석의 뜻

최근 문화현상이나 미디어 연구의 가장 유력한 개념이자 방법으로 등장한 담론과 담론분석은 그 난해함과 복잡다기함 때문에 심지어는 '괴

---

1 본 연구에서 인용/분석한 자료들은 2016년 이세돌-알파고 바둑 이후 2017년 10월까지 1년 반여 동안, 스트레이트 뉴스를 제외한, 주요 언론에 실린 인공지능 관련 칼럼이나 해설기사들로, 한국언론진흥재단의 BigKinds 데이터베이스(www.kinds.or.kr), 각 언론사 홈페이지, 그리고 온라인 기사검색을 통해 수집하였다.

물'로까지 묘사되기도 한다.(이기형, 2006) 그에 값하듯 복잡다단한 여러 정의가 있지만 요약하면 담론은 어떤 사안, 문제, 현상 등을 특정한 관점에서 풀어낸 이야기를 지칭한다. 더 간명하게 말하면 담론은 대상에 대한 생각의 표현이다. 특정 사안이 당대의 사회 내에서 어떤 방식으로 이해되고 있으며, 어떤 내용으로 설명되고 있는가를 보여주는 '언어의 구성물'이 담론인 것이다. 이것이 중요한 검토와 분석의 대상이 되는 이유는 담론이 사회현실을 구성하는 매우 강력한 인자이기 때문이다.

사회의 수많은 주체들은 문제가 되고 있는 대상 또는 사안에 대해 수많은 장소에서 다양한 방식과 범위로 담론을 전개한다. 그러나 모든 담론이 동등한 영향력과 비중을 가지는 것은 아니다. 누가, 어떤 이야기를, 어떤 방식으로, 어느 경로를 통해 전파하는가에 따라 경쟁하는 담론들 간에 서열이 만들어지며, 그 결과에 따라 특정한 집단의 특정한 의도를 가진 특정한 관점의 이야기가 사회적 영향력의 우선순위, 즉 현실을 구성하는 권력으로 작동하게 된다.

이 때문에 푸코 식으로 말하면 담론은 사회적 권력이고, 사회적 권력으로서의 담론은 두 가지 측면에서 작동한다. 첫 번째는 추상적 권력의 측면이다. 추상적 권력은 생각의 규정력, 즉 대상에 대한 생각의 내용과 방식을 규율하는 힘을 의미한다. 특정 사안/문제/현상에 대해 '어떤 내용을' '어떤 방식으로 말할 수 있는지' 또는 '어떤 방식으로 말하는 것이 가장 적절한지'를 결정하는 것이다. 중요한 것은 생각의 규정력은 순수한 언어적 사변의 결과로 만들어지는 것이 아니라는 점이다. 지배적 담론과 저항 또는 비판의 담론이 길항관계 속에서 투쟁하는 것은 담론이 대상에 대한 인식과 이해, 발화의 방식 측면에서 사회적 권력관계 속에서 생성된다는 것을 말해준다. 이런 점에서 담론은 기존 권력체제의 정치경제적 이해관계, 그리고 이들에 의해 만들어지는 지배 이데올로기와 복합적으로―동조를 통한 재생산이든 갈등과 투쟁을 통한 저항의 생산이든―연결되어 있다.

두 번째는 담론이 품고 있는 물리적 권력의 측면이다. 물리적 권력은 현실 규정력, 곧 대상이 현실로 구현되는 과정과 최종의 형태를 규율하는 권력을 의미한다. 담론은 현상을 바라보고 해석하는 특정한 틀 또는 필터를 권장/강화함으로써 특정한 이야기 방식이나 내용을 지지 또는 제어하거나, 금지하는 역할을 수행한다. 사람들이 어떤 방식으로 말하고 생각할 수 있는지를 규정하고 그에 적합하게 실천토록 함으로써 담론은 사회현실을 구성하는 물리적 권력으로 작동하는 것이다. 말할 나위 없이 모든 종류의 담론이 현실의 구성에 동등한 비중과 무게로 작용하는 것은 아니다. 지배적 담론은 특정 사안에 대한 사고내용과 실천의 틀을 기존 지배권력의 재생산에 기여하는 방식으로 조건 짓는다. 반면 저항과 비판의 담론은 기존 권력에 대한 대안의 힘과 실천을 강조한다. 이처럼 담론은 추상적 사유의 수준에 머물러 있는 것이 아니라 실제의 현실을 구성하는 매우 중요한 요소인 것이다.

생각을 좌우하는 추상적 권력 그리고 현실을 규정하는 물리적 권력으로 작동하기 때문에 담론분석은 담론에 내재되어 있는 사고구조와 내용을 비판적으로 읽어내는 것뿐 아니라 사회적 차원에서 담론의 전체적 양상을 조망하는 작업도 포괄한다. 발화의 주체와 내용을 설명하는 한편, 이를 사회적 맥락과 연결, 담론의 성격과 정체성을 정리하고, 담론이 품고 있는 문제를 파악하며 대안의 경로를 제시하는 작업인 것이다. 재론의 여지없이 담론, 즉 언어적인 것이 대상과 관련된 사회적 실체의 모든 양상을 결정하는 것은 아니다. 그러나 담론분석은 대상에 대해 언어의 형식으로 제출되고 있는 각종 텍스트를 사회적 실체 또는 행위와 연관시켜 분석하고, 이를 통해 대안적 사고의 틀, 대상과 관련된 사회적 개입의 방안을 찾는 경로라는 점에 큰 의의가 있다.

3. 인공지능 담론의 주요 갈래들

앞서 언급했듯 인공지능 관련 담론은 인공지능이 사회적으로 어떻게 배치될 것인가를 좌우하는 중요한 요소이며 동시에 인공지능이 어떤 양상으로 현실화될 것인지를 예상해볼 수 있는 하나의 실마리이다.

알파고-이세돌 사건 이후 1년 반여 동안 인공지능과 관련 주요 언론에 실린 칼럼이나 해설 기사들을 종합해볼 때, 인공지능에 대한 우리 사회의 담론은 크게 세 가지 갈래로 나뉜다. 첫째, 인공지능에서 새로운 산업의 기회와 동시에 거시적 맥락에서 새로운 사회구성을 기대하는 산업적 담론(industrial visions), 둘째는 인공지능의 뛰어난 역량이 발휘되는 환경에서 기계가 대체할 수 없는 인간만의 독특한 영역 계발을 모색해보려는 생존기술의 담론(personal development techniques), 셋째는 지능과 물리적 힘의 차원에서 인간을 대체 또는 능가하는 기계 우위시대의 도래를 예상하면서 그것이 가지고 올 인간의 우울한 미래를 그리는 비관적 담론(dystopian scenarios)이다.[2] 앞의 두 가지 담론의 갈래가 추상 수준이나 지향점 차원에서 보다 현실적이고 실무적 차

---

2 여기에서 비관적이라는 뜻은 우울하면서도 한편 매우 성찰적이라는 의미이다. 그런 점에서 뜻을 충분히 전달치 못하는 용어일 수도 있으나 각 담론 간의 구분을 명료하게 하기 위해 편의적으로 사용한 것이다. 한편 이러한 인공지능 담론의 지형은 외국의 경우에도 크게 달라 보이지는 않는다.(Economist, 2016)

원의 것이라면 세 번째 갈래의 담론은 매우 복합적이며 성찰적인 성격의 것이다.

인공지능과
새로운 산업의 사회

인공지능에서 새로운 산업과 새로운 사회를 기대하는 담론은 AI를 새로운 경제적 부가가치 창출의 기회로, 새로운 사업의 기회로 만드는 것은 물론, 이를 기초로 최근 유행하는 화두인 4차 산업혁명까지 포괄하는 이야기들을 지칭한다. 'AI 대박론'이라는 속된 표현이 가장 적절해 보이는 경제/산업 중심의 관점이다.[3]

흔히 'K-알파고'라는 말로 요약되는 한국 정부의 발표내용을 사례로 보자. 1. 삼성전자, LG전자, SK텔레콤, KT, 네이버, 현대자동차가 참여하는 민간연구소인 '지능정보기술 연구소' 설립. 2. 이 연구소는 참여 기업들이 30억 원씩 출자하고 연구인력 50여 명으로 구성됨. 3. 연구소 설립/운영은 6개 기업이 담당하고 정부가 플래그십 프로젝트 등 핵심 연구개발R&D 연구비를 지원함. 4. 정부는 올해 1,388억 원을 시작으로 5년간 1조 원의 예산을 투입함. 5. 정부는 민간에서 2조5000억 원 이상을 투자할 수 있도록 '유도'하겠다는 방침.(허핑턴포스트, 2016. 3. 17.)

한국 사회에서 매우 익숙한 이런 담론의 풍경은, 오래된 비유지만 'AI 경제개발 5개년 계획', 'AI 조국 근대화' 스타일의 것이다. '지능정보기술 연구소'라는 단어만 다른 것으로 바꾸면 이런 계획이나 보고서는 거의 모든 산업이나 기술 분야에서, 심지어는 문화 분야에서도 그대로

---

3 물론 이는 한국 정부에만 해당되는 지적은 아니다. 미국 정부 역시 인공지능이 미래를 여는 가장 중요한 기술과학 중 하나로 인식하고 그에 대한 대비를 강조하고 있다.(National Science and Technology Council, 2016)

통용될 수 있다. 무엇이 되었든 경제와 산업의 발전이라는 사고는 우리 사회에서는 거의 무소불위의 것이고, 기업이든, 연구자든, 더 넓게는 일반 시민이든 누구에게나 이를 전달하고 설명하고 이해시키는 데 큰 무리가 없는 담론의 틀이다.

한편, AI 등을 필두로 4차 산업혁명을 주창하는 담론은 인공지능이 단순히 산업기회와 가치창출의 계기 또는 신성장동력 정도에 머무는 것이 아니라, 산업과 경제 나아가 사회와 정치 전반의 패러다임을 바꾸는 혁명적 요소라는 점을 강조한다. 지금까지 인류역사에서 일어난 몇 차례 산업혁명에 (1차: 석탄과 증기기관, 2차: 전기, 3차: 디지털 기술) 버금갈 정도의 잠재력을 가진 인공지능은 앞으로 4차 산업혁명을 주도할 존재로 일컬어진다. 다음과 같은 이야기 방식이 그 전형을 보여준다.

> 인공지능(AI)은 산업혁명과 정보화혁명이 그랬듯 우리 사회와 경제구조를 근본적으로 변화시키고 있다… '한국의 기업들은 아직 인공지능을 탑재한 소셜 로봇 개발에 나서지 않고 있는데 오늘 이 자리를 통해 인공지능과 휴머노이드 결합의 기술적, 산업적 가능성과 한계를 살펴보고, 투자를 검토하는 초석이 되길 기대한다'고 밝혔다. '이제는 상상했던, 또는 상상을 초월한 인공지능과 로봇의 결합이 이루어지는 시대가 올 것'이라고 내다봤다. 이어 '올해 초 이세돌 9단과 알파고와의 바둑 대결은 국민에게 큰 충격을 줌과 동시에 인공지능 중요성을 깨우쳐줬다'며 '국내 산업계가 휴머노이드 개발에 시작이 다소 늦은 감이 있지만, 국회도 산업계와 함께 4차산업 시대를 어떻게 준비하고 확산할 것인지 토론하고 연구하겠다.'(『시사저널』 2016. 9. 28.)

이러한 류의 담론은 인공지능이 가져올 사회변화의 가능성을 당연하고 긍정적인 것으로 간주한다. 특히 경제와 산업의 발전을 통해 국가의 미래를 다져야 한다는 점을 강조하면서 이를 위해 커다란 가능성을 품고 있는 인공지능 분야에 사회적 자원을 과감하게 동원/투자해야 한다는 것이다. 일견 당연한 주장이다. 그러나 이 지점에서 유념해야 할 것은 그러한 인식의 지평 속에 인공지능에 대한 사회학적, 철학적 사유는 배제되어 있거나, 있다 해도 맞춤용 장식에 그친다는 점이다. 인공지능 분야 학문의 역사는 인공지능에 대한 논의가 인간 지능에 대한 물음, 인간 사고와 행태에 대한 물음, 인간 존재에 대한 물음, 나아가 사회에 대한 근본적 물음과 불가분리의 연을 맺고 있음을 보여준다.(McCorduck, 2004) 이러한 부분을 놓친 채 인공지능의 산업적 가능성에 치중하는 담론은, 적나라하게 평가하면 '똑똑한 로봇, 세계 시장 석권'하는 식의 지극히 단순한 이야기에 불과하다.

어떤 종류의 것이든 기술에 대한 경제/산업적 사고방식은 한국 사회에 매우 익숙한 것이다. 이는 한국 사회가 품고 있는 기술, 나아가 과학에 대한 몇 가지의 편견 때문이다.(김진명, 2001) 첫째, 기술을 경제적 가치를 산출하는 생산물/상품 정도로 인식하는 상업주의, 둘째, 기술을 소비의 대상물, 또는 신분과 문화의 상징물 정도로 바라보는 소비주의, 셋째, 기술을 특정기능을 수행하는 물리적 기기나 도구 정도로 인식하는 도구주의가 그것이다. 이런 편견 속에서 우선시되는 것은 기술과 과학이 거두는 물량적이고 가시적인 성과이고, 당연시되는 것은 시장과 산업을 위해 과학과 기술이 동원되는 것이다. 과학과 기술에 대한 이 같은 천박한 인식에 한국 사회는 너무나 익숙해져 있고 또 과학과 기술은 그러한 방식으로 매우 오랫동안 이용되어왔다.(윤정로, 2000) 문제는 그런 수준에서 과학기술을 바라볼 때, 과학기술은 그 수준에 머물게 마련이고 그 수준은 매우 빠르게 퇴보한다는 점이다.

인공지능 시대
개인 생존기술의 모색?

인공지능 담론의 첫 번째 갈래가 전략적 차원의 실용성을 강조하는 것이라면 두 번째 갈래는 미시적 차원의 실용성에 초점을 두고 있다. 즉, 다가오는 AI 시대를 적절히 맞이하기 위해 필요한 개개인의 준비와 대처방안, 생존기술 등을 제시하는 것이다. 인공지능 사회가 어차피 다가오는 것이라면 다른 무엇보다 그 시대가 요구하는 실무능력, 또는 기능이 무엇인지를 파악하고 그에 대비하는 것이 매우 유용한 삶의 방식이라는 생각이다. 신자유주의 시대와 함께 풍미하고 있는 자기계발 담론의 인공지능 시대판 변용이다. 여기에서 제시되는 이야기의 줄거리는 '인공지능 문제의 도식화-인공지능 시대의 집단적/개인적 대처요령 제시' 형식으로 구성된다.

이제 곧 다가올 미래에는 첨단 기술을 얼마만큼 확보하고 다룰 수 있는가에 따라 국가 및 기업들 간의 경쟁력, 개인들의 빈부 격차가 훨씬 심화될 것이다. 따라서 기술의 발전은 준비되지 않은 국가, 기업, 개인 들에게는 큰 위험 요소가 되겠지만, 반대로 높은 기술력을 보유한 국가나 기업, 개인에게는 엄청난 부와 기회가 주어질 것이 확실하다. 과거 농경시대 토지의 소유 여부에 따라 지배계층인 지주와 피지배계층인 농민으로 나뉘던 것이 산업시대에 들어서 자본가와 노동자로 나뉘었다면, 미래에는 인공지능을 제어하고 활용하는 자들과 인공지능에게 지배받는 자들로 구분될 것이다. 선진국들이 코딩 교육을 최대한 어린 나이의 학생들부터 의무화하고 있는 이유가 바로 여기에 있다.(『조선일보』 2017. 3. 17.)

AI가 무엇인가라는 철학적/사회적 관심은 중요한 문제가 아니다. 중요한 것은 막강한 역량을 갖춘 인공지능을 맞이하게 될 미래 세대에게, 지능적 사고와 그것을 현실로 구현하는 컴퓨터 기능을 익혀주어야 생존할 수 있을 것이라는 긴급한 인식을 심어주는 일이다. 그러나 도식적 문제인식과 대처요령 제시라는 전술적 사고의 틀에서 나오는 방안은 '스펙 쌓기' 차원을 넘기 어렵다. 예를 들어보자. 최근 크게 화두가 되고 있는 코딩 교육은 '코딩하는 법 배우기'로 마무리되면서 코딩 기능인 양성 수준에서 마무리될 가능성이 크다. 이런 상황이 벌어지는 가장 핵심적 이유는 앞서 지적했듯 기술과 과학에 대한 우리 사회의 매우 실용적인(?) 인식 때문이다. 외형적 업적을 우선시하고 당연시하는 분위기 속에서 기술/과학이 사회적 지식기반의 핵심 요소 중 하나라는 장기적이고 보다 근본적인 시각은 인정받지 못한다. 그리고 물량적이고 가시적인 성과로 빠르게 치환되지 않기 때문에 기초과학은 기술발전의 핵심 요소임에도 불구하고 서류상으로만 대접받는다.

한편, 인공지능 시대를 맞는 실용적 대처 전략 차원에서 고안되는 개인의 대비책은 교육개혁의 이름으로 사회 전체로 확장된다. 즉, 개인뿐 아니라 사회 역시 인공지능 시대에 대비하는 교육의 재설계를 필요로 한다는 것이다. 사실 교육은 인공지능이 아니더라도 언제 어디서나 사회의 존속과 유지, 미래를 대비하는 개인적/집단적 투자이다. 그렇다면 인공지능 시대 교육은 어떻게 달라져야 하는가? 아래의 이야기는 인공지능 시대를 맞아 나타나는 우리 사회 교육개혁 담론의 전형적 틀이다.

"인공지능이 인간의 지능을 대신하고 사회 각 분야가 융합되는 미래사회에서의 교육은 단순한 지식 전달보다 협동과 창조성을 길러주는 교육이 되어야 한다"며 "이를 위해 학교는 프로젝트 진행 수업 위주로 교과를 개편해야 한다. 프로젝트 수업은 문제를 정의하고, 그것을 해결하기 위한 지식을 찾아서 배우는 과정으로 이러한 일은 팀을 짜서, 팀별로 자율적으로 진행하게 해 학생의 협동심과 창조성이 길러진다."(『서울신문』 2017. 4. 22.) "4차 산업혁명 시대에선 협력하는 아이들이 필요하다. 그래서 학교의 역할이 중요하다. […] 지금까진 학생들의 학습(learning)에서 인지능력을 강조했다. 지식을 넣어주고 알도록 하는 것 말이다. […] 이제는 교육 중심에서 학습 중심으로 가야 한다."(『중앙일보』 2017. 4. 2.)

실용적 교육담론은 개인 차원이든 사회적 차원이든 교육문제에는 쉬운 해결책이 있고, 이를 현장에서 적용만 하면 문제는 풀린다는 식으로 접근하고 있다. 그러나 사안의 무거운 성격과 비중을 감안할 때 이는 매우 안이한 생각이다. 주지하다시피 한국 사회 근현대 역사 속에서 교육만큼 복잡하고 어려운 사안은 없으며, 지금까지의 경험으로 보건대 교육문제는 개선은커녕 같은 문제가 외양만 달리할 뿐 오랜 기간 변함없이 지속되는 중이다. 기존 교육의 틀을 바꾸는 것은 혁명적인 상황이 아닌 한 사실상 불가능한 일이라 해도 틀리지 않다. 이를 감안하면 개인의 교습 과목을 바꾸거나, 현행의 수업 방식을 바꾸자는 도구적, 실용적 수준의 담론은, 막중한 교육개혁 의제를 담아내기에는 너무나 낮은 수준의 생각이다. 보다 심각한 문제는 지식보다 기능에 주목하는 교육이 인공지능 시대의 직업 또는 일자리에 대응하는 적절한 길이 아니라는 것이다. 전문가들은 AI 사회에서 요긴한 것은 특정 기능의 숙련이 아니라 변화하는 환경에 적절히 대응할 줄 아는 유연한 학습능력이라고 말하고 있다.(Economist, 2016) 특정 기능은 환경변화에 따라 임시적으로, 단기간 요구되는 것이거나, 또는 표준화, 분절화(modularization)를 통해 신속하게 기계로 대치될 수 있기 때문에 매우 빠르게 무용지물이 될 가능성이 큰 것이다.

인공지능과
인간의 우울한 미래?

인공지능 담론의 세 번째 갈래는 AI 등장과 확산으로 예견되는 인간과 사회 위기론이다. 더 직설적으로 말하면 'AI의 인간 대체론', 또는 '인간의 잉여 존재화론'이다. 지능은 물론 근력의 측면에서도 AI는 인간을 압도하는 무기물 생명체(non-organic living entity)이며, 또 '초지능(super-intelligence)' AI로 설계/제작되거나 AI 스스로 초지능의 단계로 나아갈 수도 있다.[4] 이 같은 인공지능의 등장에서 사적/공적 영역을 막론하여 인간이 실존적 위기를 느끼는 것은 당연한 반응이다. 인간을 대체할 존재로 다가오는 인공지능은 인간이 경험하는 위기를 추상 수준에서가 아니라 실제로 보여주는 기계 생명체인 것이다.

---

[4] 초지능은 일반적 범용지능(general intelligence)이나 특수영역 전문지능(special intelligence) 단계를 초월하는 그 이상의 지능을 말한다. 주목할 사례는 '알파고 제로(AlphaGo Zero)'이다. 알파고를 개발한 딥마인드는 알파고 후속 시리즈를 계속 개발했고, 최근 아무런 사전 데이터 입력 없이 규칙에 대한 강화학습만을 통해 스스로 바둑을 익히는 알파고 제로를 개발했다. 알파고 제로는 72시간 동안의 바둑 자가학습을 수행한 이후, 인간 바둑 챔피언들을 대상으로 60전 전승을 거둔 알파고 마스터와 대결, 89 대 11이라는 놀라운 승률을 보여주었다.(이정원, 2017) 물론 이것이 본래적 의미의 초능력 AI 사례는 아니다. 굳이 이름을 붙이자면 바둑 초능력 AI 정도일 것이다. 여기서 주목할 것은 알파고 제로 같은 자기학습 능력을 갖춘 AI가 어떤 과정을 거쳐, 스스로를 어디로 이끌고 가는지 보여준다는 점이다.

고숙련 일자리마저 인공지능에 대체되는 상황에서 교육을 더 많이 받고 더 높은 기술을 습득한다고 미래의 자동화로부터 일자리를 지키리라는 보장이 없다. 저자는 "기술 발전과 교육의 경주가 이제 거의 결승선에 도달했고 기계가 고숙련 직종까지 넘보는 것이 현실"이라며 "기계와 싸우기보다 교육 훈련으로 이들과 나란히 달리는 방법을 찾아야 한다는 견해가 더 이상 현실적인 대안이 될 수 없다"고 주장했다. 교육으로 기계와의 경쟁에서 이길 수 있지만 그 정도의 교육을 받을 수 있는 사람은 제한되어 있고 보장되는 일자리도 소수에 불과하다. 그 일자리마저 종내 기계에 대체될 수 있다. 일자리 다수가 기계에 대체되면 노동으로 번 돈으로 생활하는 사람들은 어떻게 생존할 수 있을까? 노동자들은 한편으로는 소비자이기도 하다는 점에서 이들이 사라진 자본주의 사회는 어떻게 변할 것인가?(『경향신문』 2016. 5. 3.)

사실 범위와 정도에서 차이가 있을 뿐 인간 노동력을 대체하는 인공지능 노동력의 등장과 확산은 시간문제일 뿐이다. 다가오는 인공지능 시대의 양상은, 기술의 차원에서는 거의 모든 사물의 네트워크 컴퓨터화이며, 사회의 차원에서는 인간과 노동의 전반적 위축과 쇠퇴이다. 이미 오래전부터 작업장에 도입되고 있는 로봇 노동자들은―흔히 산업용 로봇이라 부르는―최근 문제가 되고 있는 일자리 축소 또는 소멸의 가장 핵심적 이유이기도 하다.(Ford, 2015) 이런 점에서 AI의 확대성장은 노동을 재조직하고자 하는 항상적이고 근원적인 자본의 축적전략과 필히 연결될 수밖에 없다.

한편 18세기 중엽의 1차 산업혁명 이래 지금까지 인간이 경험한 기술 및 과학, 산업혁명은 케인스의 용어를 빌리면 늘 '기술실업(technology unemployment)'이라는 노동의 종말에 대한 예언과 함께 해왔다.(Rotman, 2016) 그러나 이 기간 동안 실제의 역사적 경험은 인간 노동의 소멸 대신 새로운 노동과 직업의 등장과 확대였다. 노동의 축소 내지는 대체라는 우울한 예언과 함께하는 인공지능 역시 이러한 비관적 예상 패턴의 반복이라고 해야 할 것이다. 노동 대체와 관련하여 앞으로 어떤 양상이 벌어질지 누구도 확실하게 말할 수는 없지만, 인공지능의 경우 이전의 과학/기술/산업혁명에 비해 그 예후가 훨씬 비관적일 것이라는 예측이 적지 않다.(Ford, 2015) 기본소득제나 로봇세 같은 사회복지 차원의 대안이 제시되는 맥락도, 바로 인공지능 시대에 대한 이러한 예측에서 비롯되는 것이다.

　　노동대체보다 더 극단적인 형식의 이야기는 유발 하라리 같은 사람이 지적하는 인간 잉여화의 문제이다.(Harari, 2015) 아무 일도 하지 못하게 된, 잉여의 존재가 되어버린 수많은 인간을 처리할 방안에 대한 질문과 답변이 가까운 미래에 인류가 당면하게 될 가장 긴급한 문제라는 것이다.[5] 노동의 미래와 마찬가지로 이 역시 어느 것이 맞게 될지는 알 수 없다. 왜냐하면 인간의 미래에 대한 물음에 정답은 없기 때문이다. 생각해보면 인간 대체, 인간 잉여 같은 절망적 문제제기는 답이 없는 질문이다. 그러나 이런 비관적인 관점의 반전을 통하여 오히려 등장하는 것은 인간의 문제해결 능력, 창의력을 강조하는 담론이다.

　　(이세돌-알파고) 세기의 대국이 남긴 가장 위대한 유산은 따로

5　여기서 주목할 것은 18세기 이래 1차 산업혁명 이후 영국 사회가 감당해야 했던 가장 큰 문제 중 하나가 기계제 대공장 생산 체제 속에서 폭증한 무산자 계급, 즉 빈곤계층의 처리문제였다는 점이다.(홍기빈, 2015) 이 문제는 결국 노동의 상품화로 해결되었고 이것이 근대 자본주의의 핵심 틀로 자리 잡았다는 것이다. 인공지능 시대, 나아가 4차 산업혁명 시대에 새로운 형식과 내용, 양상의 무산자 계급이 등장할 것이라는 예상은 매우 현실적이다.

있다. 인간에 대한 존재론적 질문이다. 인간이란 어떤 존재인가, 지능적 인간과 재현된 지능은 본질적으로 다른가,라는 엄청난 질문의 씨앗을 알파고는 뿌리고 갔다. 그 열매는 분명 선악과가 될 테지만 너무 두려워할 필요는 없다. 인공지능 시대에 인간은 자기 존재를 새롭게 규정할 것이기 때문이다. […] 제한된 영역에서 인공지능이 인간의 지능을 앞지를지 몰라도 사람은 인공지능을 제도 안으로 끌어들여 재편할 것이다. 세기의 대국이 한국에 남긴 이런 비전과 시야는 구글의 마케팅 효과 따위보다 더 값지다. […] 하지만 언젠가 인간 정신의 고유함이 부정되고 이 모든 신비와 낭만이 물질적으로 설명되는 날이 온다 해도 분노하거나 두려워하지 말자. 인공지능을 통해 자신을 더 잘 알게 될 인간은 충분히 받아들일 테니까.(『한국일보』 2016. 3. 16.)

'기계가 인간의 능력을 뛰어넘는 시대에 인간의 역할은 무엇인가', '인간의 인간다움은 어디에서 찾을 수 있을 것인가?' 매우 의미 있는 질문이다. 그러나 이는 근대 과학기술 시대 이래 늘 반복되었던 것으로, 새로운 물음은 아니며, 인간의 문제해결 능력을 강조하는 것 역시 상투적인 이야기이다. 그러한 위안을 찾기 전에 오히려 주목해야 할 것은, 인간의 정신, 마음, 또는 의지 등과 같이 인공지능이 가지지 못할 것이라 여겨지는 인간만의 영역이 과연 인간만의 것인지에 대한 의문이다.

  인간이 풀기 어려운 문제들은 인공지능에게 그다지 어렵지 않습니다. 개발자 입장에서 보면 직관이나 감정에 의존하는 인간은 한계가 명확합니다. 인공지능에게는 그저 좀 더 복잡한 문제였을 뿐입니다. 앞으로 인공지능도 인간이 보기에 불가능하다고 생각하는 문제들을 조금씩, 천천히 해결해나갈 겁니다. 감정도 마찬가집니다. 인공지능이 감정이 필요하다고 생각하면 감정을 이입해서 문제를 접근할 수도 있습니다. 바둑을 이기는 데 감정이 필요하다고 생각하면 그렇게 할지도 모릅니다.(『시사저널』 2016. 10. 25.)

인공지능의 발전이 인간의 고유 영역을 축소하며, 그 최대 가능성이 결국 초지능 단계까지, 사실상 한계가 없는 것이라면, 그때 어떤 정황이 벌어질 것인지는 예측할 수 없다. 인공지능 문제가 복잡한 미로와 같은 형국을 띨 수밖에 없는 궁극적인, 본질적인 이유 중 하나는 바로 이것이다. 인공지능은 '초지능'의 출현으로 이어질 수밖에 없고, 이 초지능이 의도하지는 않더라도 약간의 편차만으로도 인류를 불필요한 존재 정도로 인지하게 되고, 그 결과 인류라는 생물종이 종래에는 종말을 맞이하는 것은 아닌가 하는, 지극히 실존적인 문제를 생각지 않을 수 없기 때문이다.(Bostrom, 2014) 물론 이런 식의 문제제기를 단호한 어조로 부정하는 전문가들도 적지 않다.

> "일부 미래학자들이 AI의 잘못된 사용으로 인류의 존속까지 위협할 수 있다는 경고를 내놓는 등 사회적 불안이 확산되고 있다"며 "전 세계적으로 AI와 로봇에 대한 막연한 불안이 기술발전을 가로막지 않도록 AI와 로봇의 확산으로 인한 사회경제적인 부작용과 규범적 이슈에 대비해야 한다"고 강조했다.(『파이낸셜 뉴스』 2017. 3. 19.)

그러나 이런 편가름으로 문제가 정리되는 것은 아니다. 중요한 것은 극단적 종말의 이야기부터 문제해결의 낙관론에 이르기까지 넓은 편차의 이야기가 나오는 까닭이다.[6] 그것은 기술, 기계, 과학이 품고 있는 근본적 이중성 때문이다. 한편으로는 통제할 수 없는 가공할 힘의 상징이면서 동시에 인류의 삶에 가져온 무한한 이득의 상징이 바로 과학과 기술인 탓이다. 여기에서 인간은 주춤하거나 애매모호해질 수밖에 없고 이 때문에 우울한 예측에는 충분한 근거가 있다.

주지하다시피 기계를 둘러싼 가상의 미래 시나리오는 인간의 역사에서 늘 반복되어온 것이다. 장밋빛 미래기술의 '놀라운 신세계'이든 음울한 빅브라더의 '1984'든 가상 시나리오는 대체로 "과도한 상상의 산물"(이광석, 2016) 이상의 의미를 가지지 못했고 드러난 현실은 거의 예외 없이 두 극단의 중간 지점에 자리하였다. 그러나 주목해야 할 것은, 지금까지 인류가 경험한 1, 2, 3차 산업혁명은 그 커다란 변화에도 늘 기왕의 현실이 품고 있는 질긴 모순의 관성을 결코 벗어나지 못했고, 그 와중에 오히려 현실의 모순은 더욱 확대/강화되는 방향으로 전개되었다는 점이다. 다가갈수록 산업혁명의 무지갯빛 유토피아는 지평선 너머 더 멀리 물러난 것이다. 희망과 기대의 담론은 여기에서 배신과 모순의 우울한 결과를 은폐하는 역할을 담당해왔다. 새로운 인류의 미래를 말하는 인공지능 담론 역시 이와 다른 것으로 받아들여야 할 이유는 없다.

---

6 이 같은 문제를 보여주는 가장 적절한 사례는 군사용 로봇 무기일 것이다. 군사 무기의 인공지능화는 공상과학 영화 시나리오가 아니라 실제로 진행되고 있는 작업이며, 일부는 실험실 수준에서 이미 입증이 되었고, 또 일부는(예: 드론) 벌써 현실의 전장에서 사용되고 있다.(조현석, 2017)

4. 인공지능 담론의 비판적 조망

　지금까지 인공지능에 대한 우리 사회 담론들의 주요 갈래들을 살펴보고 각각의 담론에서 드러나는 문제점을 정리해보았다. 이제 이들 각각의 담론들이 공통적으로 드러내고 있는 발화의 성격과 정체성, 문제점들을 비판적으로 조망해보고자 한다.

　먼저, 지금의 인공지능 담론은 정확히 말하면 인공지능에 대한 것이 아니라 인공지능의 힘에 대한 것이다. 이유는 무엇보다 먼저 인공지능이 아직 도래하지 않은 미지의 어떤 것이기 때문이다. 물론 인공지능은 이미 우리 곁에 와 있다. 그러나 그것들은 일종의 이벤트 성격의 것이거나(예: 알파고), 인공지능이라기엔 너무나 사소한 것들이다.(예: 로봇 청소기, 음성비서) 또 담론 수준이 인공지능의 힘에 머물러 있는 보다 핵심적인 이유는, 우리가 아직 인공지능을 제대로 모르기 때문이다. 특히 우려를 자아내는 것은 인공지능의 역량을 강화하기 위해 만든 심층학습 알고리즘이 처음과 끝이 명료하게 정해져 있는 폐쇄형 프로그램이 아니라 자율적 기계학습 형태를 띠면서 인공지능이 무엇을 학습하였으며, 어떻게 학습하였고, 학습결과 왜 그러한 선택을 하였는지, 그것을 개방형으로 설계한 인간은 정작 모른다는 점이다. 이러한 배경에서 '암흑상자'가 아니라 소위 '설명가능한 AI(explainable AI)' 같은 개념이 도출되지만 문제는 이것이 개방형 기계학습을, 인간이 이해 가능한 논리적 틀의 사고 반경 내에서 움직이는 협소한 것으로 되돌리는 후진의 딜레마를 낳고 있는 것이다.(DARPA, 2016) 이런 사정들로 인해 AI는 놀라움의 대상이거나, 공포의 대상으로 존재한다. 때문에 인공지능의 힘에 담론의 초점이 향해 있는 것을 탓하기는 어렵다. 다만 분명한 것은 인공지능과 그 미래의 전개 양상에 대해 우리가 대체로 무지하다는 점이다.

둘째, 지금의 인공지능 담론은 미래에 시각을 두고 있는 탓에 정작 오늘날의 현실을 의미 있게 되새기지 못하고 있다. 인공지능이 펼칠 미래의 가능성—긍정적이든 부정적이든—시나리오를 제시하는 데 골몰하면서, 이들 담론은 고단한 작금의 사회문제를 인공지능이 어떻게 해결 또는 개선할 수 있을 것인지 사실상 말하지 않고 있다.(서동진, 2017) 특히 노동의 변화에 대해 지적하는 많은 이야기들은 문제의 심각성을 드러내기보다는 그것이 인공지능과 함께 오는 매우 당연한 사회적 과정인 듯 적고 있다.

본래 미래를 그리는 작업에서 가장 중요한 것은, '지금 여기'의 문제에 대한 깊은 관찰과 반성, 비판적 극복과 해결의 경로를 짚어보는 일이다. 그런 것이 생략된 채 내세워지는 미래의 이야기는 '거짓 예언'에 그칠 가능성이 농후하다. 이런저런 수식어를 빼고 냉정하게 해석하면 인공지능 사회, 4차 산업혁명 등의 미래 비전은 최첨단 과학과 기술을 바탕으로 사회의 미래를 새롭게 설계하자는 하나의 제안이다. 충분히 의미 있는 제안이며 제안을 화두로 깊은 연구와 생각이 이어져야 함은 물론이다. 그러나 유념해야 할 것은, 새로운 미래는 반드시 현재의 개혁에서 시작된다는 점이다. 지금 전 세계적으로 수많은 인민들이 겪고 있는 정치, 경제, 사회적 고난의 핵심은 권력의 불평등이고 지금의 신자유주의 체제는 그 불평등을 오히려 증가시키는 중이다. 불평등한 축적과 성장은 지구를 거대한 환경위기의 국면으로 밀어 넣고 있으며, 인류 전체의 건강한 생존을 위협하고 있다. 지금 세계의 많은 사람들을 괴롭히는 것은 고난을 극복할 비전이 잘 보이지 않고 리더십 또한 보이지 않기 때문이다. 새로운 미래비전은 이러한 현실문제에 인공지능이나 4차 산업혁명이 무엇을 할 수 있는지에 대한 답을 담아내야 하며, 그렇지 못할 경우 그것은 현실과 무관한 채 강제로 배치되는 억압의 시스템이 될 것이다.

셋째, 지금의 인공지능 담론은 낙관과 비관을 왕복하는 기존의 과학과 기술에 대한 전통적 이야기 틀을 반복하는 양상이다. 과학과 기술에 대한 새로운 시각의 이야기가 필요한데 아직 그러한 역량을 축적하지 못한 듯하다. 이는 인공지능에 대한 무지함의 또 다른 표현이기도 하다. 모순적인 것은 인공지능 자체는 이전에 없던 전혀 새로운 어떤 것이 아니라는 점이다. 오늘날의 인공지능은 이전보다 훨씬 정교하게 설계된 진화한 존재, 그래서 매우 자극적인 것이라는 점에서만 새로운 존재이다. 이미 1950년대 A. 튜링의 '생각하는 기계(thinking machine)' 이래 인공지능은 오랜 기간 진행되어온 컴퓨터 기술과 관련 과학의 이론적 산물, 또는 해당 분야 기술과 과학의 실제적 구현체이기 때문에, 그에 대한 담론 역시 큰 틀에서는 기존의 컴퓨터 기술과 과학에 대한 담론, 나아가 기술과 과학의 전통적 담론의 틀 안에서 벗어나지 못하고 있는 것이다. 18세기 이후 서구 사회에서 본격적으로 발전된 근대의 기술과 과학은 사람들에게 한편으로는 새로운 현실과 미래에 대한 낙관적 전망과 기대를, 다른 한편으로는 전에 없는 크기로 다가오는 위험과 공포의 대상으로 받아들여졌다. 기술과 과학에 대한 이러한 인식 또는 이야기 방식은 지금까지도 지속되고 있으며, 인공지능이라는 최근의 컴퓨터 기술과 과학 현장에서도 반복되고 있다. 인공지능이 품고 있는 문제의 복합성과 파장을 감안한다면 긍정과 부정을 오가는 통상적인 기술/과학 담론의 틀이 어떤 의미가 있는지 되새겨보아야 할 것이다.

넷째, 인공지능에 관한 우리 사회 무수한 이야기들은 짧은 기간 내에 마치 유행처럼 빠르게 번졌다 사그라지거나 주제의 변용을 겪으면서 다시 치솟는 양상을 보이고 있다. 마치 인공지능이나 4차 산업혁명 전문가들이 그동안 보이지 않는 어느 곳에 숨어 있다 일거에 때를 만난

듯 쏟아져 나오거나, 주제에 따라 몰려다니는 양상을 보여주고 있다. 유행이 본래 그러하듯 이는 관련 지식의 뿌리와 깊이가 얕기 때문이라는 혐의를 지울 수 없다. 예를 들면, 2016년 알파고 사태 이전 3년간 인공지능을 다룬 주요 일간지와 경제지의 연간 보도기사량은 비교적 빠른 속도로 증가하긴 하였지만(2013년 425건; 2014년 694건; 2015년 1,363건) 전체 건수 자체로 큰 것은 아니었다. 그러나 2016년에는 무려 8천여 건에 달하고 있는데 이중 7,500여 건의 기사가 알파고-이세돌 대결 사태 이후 집중되었다. 한편, 최근 화두로 떠오른 4차 산업혁명 관련 언론보도는 같은 기간 매우 미미한 수치를 보이다가(2013년 11건; 2014년 21건; 2015년 76건), 세계경제포럼이 4차 산업혁명을 그해의 의제로 설정한 2016년도에는 무려 4,400여건, 2017년에는 무려 2만 건을 상회하면서(11월 말 기준) 거의 다섯 배 가깝게 폭증하였다. 반면 눈에 띄는 것은 폭발적으로 늘어났던 인공지능 기사가 이제는 정체 상태에 머물러 있다는 점이다.[7] 이 같은 인공지능과 4차 산업혁명 담론 주제들의 변동 양상, 양적 지표들의 변화무쌍한 증감 현상은, 우리 사회 인공지능 담론의 부박함, 담론의 임시성, 담론의 유행 현상 등을 보여주는 것이다. 이는 또 외부에서 주어지거나 전달된 것에 대한 수동적 반응 차원에서 이루어진 기회주의적 성격의 것이라는 점에서, 해당 분야 지식의 깊이와 뿌리에 문제가 있음을 드러내는 간접 증거이다.[8]

다섯째, 지금의 인공지능 이야기가 보통의 시민들에게 던지는 화두

---

7 해당 주제의 기사량 관련 수치는 한국언론진흥재단 BigKinds 데이터 베이스 기준. 한편 인공지능과 4차 산업혁명을 주제로 한 서적 출판도 2017년 들어 폭발적으로 증가하였다. 특기할 것은 출판에서도 4차 산업혁명 관련 서적이 인공지능 관련 서적보다 두 배 이상 많은 수치를 기록하고 있는 점이다.
8 특히 한국사회 4차 산업혁명 관련 정책과 담론이 보여주는 부산하고 경솔한 모습을 우려하는 전문가들이 적지 않다. 언론을 통해 종종 접할 수 있는 이러한 비판은 관련 담론이 어떤 문제를 품고 있는지 명료하게 보여준다.(예:『경향신문』 2017. 7. 22.;『연합통신』 2017. 8. 22.)

는 새롭고 신기한 것의 소개나 그것이 가진 가능성, 그리고 그에 대비하는 자기계발 정도에 머물러 있다. 다른 한편 일자리가 없어지는 시대이니 각자도생을 모색하라는 간접적인 협박(?)도 빠지지 않고 있다. 우리 사회의 경우 과학기술 문제에 관한 한 시민은 사실상 배제 내지는 최소화되어왔다. 문제는 전문가 영역으로 닫혀 있을 때 벌어지는 과학기술의 문제와 위험이 무방비 상태에서 사회 전체의 문제와 재난으로 무책임하게 확산된다는 점이다. 이것이 과학기술 변화를 받아들이고 그에 대응하는 민주적이고 합리적 틀이 될 수는 없다. 전문가 집단은 시민을, 시민집단은 전문가와 정부, 기업 등을 상호 견인하여 사회 전체의 건강한 발전을 기약하는 것은 인공지능 시대에도 관통하는 과학기술 정책의 기본철학이 되어야 한다.

5. 맺으며: 몇 가지 과제들

지금까지 인공지능 담론의 주요 갈래들을 비판적으로 정리하는 한편, 이들 담론의 문제점들을 거시적 차원에서 조망해보았다. 인공지능에 대한 우리 사회의 주요 담론은 첫째, 인공지능의 산업적 담론(industrial visions), 둘째, 개인적 생존기술의 담론(personal development techniques), 셋째, AI 시대 인간의 우울한 미래를 그리는 비관적 담론(dystopian scenarios) 등으로 나뉜다. 한편 이들 담론은 첫째, 내용의 측면에서 인공지능 자체에 대한 이야기가 아니라 인공지능이 할 수 있는 또는 할 수 있다고 믿거나 기대하는 역량과 그것이 가지고 올 사회적 파장에 대한 이야기라는 문제, 둘째, 성격의 측면에서 인공지능이 가져올 미래에 주목할 뿐 '지금 여기'에서의 문제를 개선하는 데 인공지능이 무엇을 할 수 있을지는 제대로 담아내지 못하고 있는 문제, 셋째, 담론 틀의 차원에서 낙관과 비관으로 나뉘는 과학과 기술에 대한 전통적 이야기 방식이 소재만 달리한 채 반복되고 있는 문제, 넷째, 유행과 같은 양상을 띠면서 담론 내용과 수준의 천박함을 드러내고 있는 문제, 다섯째, 사실상 시민은 배제된 채 전문가 위주의 폐쇄적 양상으로 전개되고 있는 문제 등을 품고 있다.

어떤 갈래의 것이든 이들 담론에서 공통적으로 확인할 수 있는 것은, 낙관적이든 비관적이든 기계 우위 시대가 도래할 것이라는 예감이며 동시에 그 시대를 살아갈 인간과 사회에 대한 양가적 전망이다. 심각한 함의를 담고 있음에도 인공지능에 대한 담론은 대략 이 지점에 멈춰 있다. 가장 큰 이유는 4차 산업혁명이라는 좀 더 큰 담론의 파도에 휘말려 있기 때문이다. 때문에 부실하고 허약한 인공지능 담론들이 중첩되거나 중도에 탈락하는 유동적 상황이 만들어지면서 단단한 담론의 지형, 즉 인공지능을 사회적으로 널리 이해시키는 경로의 구축은 어려워졌다. 인공지능을 비롯한 해당 분야 탐구의 역사 자체가 일천한 우리 사회에서 이는 인공지능의 적절한 성장과 발전에 큰 문제로 작용할 것이라 단언할 수 있다.

예상컨대 긍정적으로 바라보든, 비판적으로 바라보든, 인공지능을 포함하여 4차 산업혁명의 핵심 과학/기술들은 산업혁명이라는 호칭이 이미 말해주듯 공급자의 논리, 기업의 논리, 자본의 논리에 맞추어 현실로 전개될 것이다. 노동절약과 능률제고 등과 같은 사회적 효율성의 이름으로, 또 생활의 편의와 유용함, 안락함 등과 같은 개인적 효용의 이름으로 그 과학/기술들은 점차 일상생활화될 것이다. 산업의 발전과 경제성장, 국가 경쟁력 등과 같은 구호들이 담론의 전면으로 나서면서 사람들의 시선은 거기에 집중될 것이다. 결국 이렇다 할 사회적 준비 없이 인공지능 시대는 다가오고 있는 것이다.

문제는 인공지능 분야에서 국가, 지역, 기업, 조직/기관, 개인 등 각각의 주체별로 동원 가능한 투자자원의 차이, 지식과 정보의 차이, 기술설계 및 활용역량의 차이가 존재하며, 이것이 이들 주체들의 정치적, 경제적, 사회적 권력의 위계적 차이로 이어진다는 점이다. 정보통신 기술을 포함하여 이전의 산업혁명이나 기술과학과 관련한 인류의 역사적 경험은 바로 그러하였고 예상컨대 인공지능 시대에 사회적 불평등 현상은 더욱 심해질 것이다. 자본주의의 재구조화라는 정치경제적 맥락에서 인공지능을 비롯한 소위 4차 산업혁명 기술들이 만들어지고 빠르게 성장하고 있다는 비판적 관찰들을 상기해보면 그것은 냉정하지만 매우 합리적인 예측이다.

이러한 정황은 인공지능 분야와 연관되어 있는 여러 주체들에게 몇 가지 중요한 과제를 던져주고 있다. 첫째, 컴퓨터나 로봇공학과 같이 인공지능 분야와 가장 직접적으로 연관된 전문가 그룹은 인공지능에 대한 비판적 이해를 증진시키는 대중적 노력을 다양한 방식으로 전개해야 한다. 또 지금까지 우리 사회가 수행해온 인공지능 연구의 내용과 경과, 주체, 연구성과와 수준 등을 정확하게 기록/진단/평가하고 그것을 사회적으로 공유토록 해야 한다. 인공지능에 대한 무지는 곧 인공지능의 도래에 대한 무방비를 의미하기 때문이다. 둘째, 같은 맥락에서 과학기술 분야 시민사회 단체도 동일한 과제를 안고 있다. 기술과 과학의 문제에서 시민은 대상이며 동시에 주체이다. 시민 과학 단체는 인공지능 문제에 대한 사회적 인식을 높일 수 있는 각종 프로그램을 진행, 다가오는 변화의 시대에 능동적으로 대처하는 시민집단을 키워야 할 것이다. 셋째, 사회과학 분야 연구자들은 인공지능과 연관되어 있는 현재와 미래의 무수한 사회적 문제들에 대해 냉정한 시각에서 진단과 분석, 대안을 제시하는 노력을 기울여야 한다. 인공지능과 관련해 난무하는 허황한 언술들을 제어하고 적절한 사회적 대응을 모색하는 데 이는 필수적 과제이다. 넷째, 정책 당국자들은 인공지능과 관련하여 지도적 주체로 나서는 것이 아니라, 관련 연구집단을 지원하는 후견인, 그리고 다양한 연구집단이나 조직/기관들 간의 협력적 시스템 구축을 지원하거나 매개하는 조정자 역할을 수행해야 한다. 과학기술 분야에서 정부의 역량은 전방위적일 수 없다. 그럼에도 한국 정부는 발전국가의 틀을 답습하면서 매우 오랫동안 위계적 상관으로 행세해왔다. 이는 교정되어야 한다. 다섯째, 인공지능과 연관되어 있는 기업들은 상업적 성공, 신수종 비즈니스 같은 응용적 차원으로 인공지능에 접근하는 과장된 기대를 버려야 한다. 단기적 집착은 기업이 하청업자 수준에 머무르는 지름길이며 심한 경우 장기적 패착을 낳기 때문이다. 오히려 보다 본질적인 문제를 탐색하는 작업에 나서거나, 그러한 연구를 지원하고 기다릴 줄 아는 긴 안목과 인내심을 길러야 할 것이다.

참고문헌

김명진,『대중과 과학기술』, 잉걸, 2001.

서동진,「지리멸렬한 기술 유토피아: 4차 산업혁명이라는 이데올로기」,『창작과비평』177호, 2017, pp.284-299.

윤정로,『과학기술과 한국사회』, 민음사, 2000.

이광석,「인공지능의 시민사회적 상상력을 발명하라!」,『워커스』23호, 2016.

이기형,「담론분석과 담론의 정치학: 푸코의 작업과 비판적 담론분석을 중심으로」,『언론과사회』14/3, 2006, pp.106-145.

이정원,「알파고는 스스로 신의 경지에 올랐다」, 2017. 10. 17.

조현석,「인공지능, 군사로봇, 미래전쟁」, 사이버커뮤니케이션학회 추계정기학술대회 발표문, 2017. 11. 03.

칼 폴라니,『칼 폴라니, 새로운 문명을 말하다』, 홍기빈 옮김, 착한 책가게, 2015.

David, Rotman, "Who will own the robots?," *MIT Technology Review*, 2015. June.

Defense Advanced Research Projects Agency(DARPA), Broad agency announcement: Explainable Artificial Intelligence(XAI), DARPA, 2016.

Erik Brynjolfsson and Andrew McAfee, "What's driving the machine learning explosion?," *Harvard Business Review*, 2017. July.

Ford Martin, *Rise of the robots: Technology and the threat of a jobless future*, basic books, 2015.

National Science and Technology Council(NSTC), *Preparing for the future of artificial intelligence,* Office of the President, 2016.

Nick Bostrom, *Superintelligence: Paths, Dangers, Strategies,* Oxford University Press, 2015.

Pamela McCorduck, *Machines who think: A personal inquiry into the history and prospects of artificial intelligence,* AK Peters, 2014.

"The return of the machinery question," *Economist,* 2016. 06. 25.

Yubal Harari, *Sapiens: A brief history of humankind,* Harper Collins, 2015.

—이 외에도 한국언론진흥재단 기사 데이터베이스, 각 언론사 홈페이지, 온라인 관련 기사 등을 참조하였음.

3장

인공지능과 인지자본주의 비판

백욱인

정보사회는 자본주의의 발전에 따라 지속적으로 변화한다. 초기 인터넷의 탈중심화, 수평화, 탈물질화, 탈상품화는 플랫폼 독점과 빅데이터, 인공지능을 통해 재중심화, 재물질화와 재상품화의 추세에 접어들었다. 이런 상황에서 현 단계 자본주의의 변화에 대응하여 기존 인지자본주의 분석의 범위를 넓히거나 더 구체화해야 하는 지점에 이르게 된다. 플랫폼 독점을 통해 이루어지는 데이터의 축적은 기계학습과 인공지능을 통해 재물질화의 기반으로 활용되고 있다.

 이러한 변화를 주도하는 '4차 산업혁명론'이 제시되고 있으나 이 장에서는 인지자본주의에 대한 비판의 입장에서 '사이버네틱스'와 '제어

• 이 글은 『동향과전망』 2018년 여름호(통권 103호)에 실린 것을 수정 보완한 것이다.

혁명'이라는 틀을 결합하여 현재의 추세에 대한 설명을 시도할 것이다. '인지행위'를 상업화하는 과정에 대한 분석은, 인공지능과 빅데이터의 결합이 갖는 정치경제학적인 위상을 밝히는 것으로 모인다. 빅데이터와 결합되는 기계학습과 인공지능, 클라우드 컴퓨팅은 데이터라는 질료에 형상을 부과하여, 재물질화를 향한 '정보화(in-formation)'의 기반을 마련하고, 정보와 물질을 다시 결합하여 새로운 축적구조를 만들려는 자본의 의도와 관련이 있다. 이런 흐름을 자본과 경영의 입장에서 선전하는 것이 '4차 산업혁명'이라는 구호이다.

이 글에서는 현재의 '규정적 기술'로 떠오르고 있는 인공지능과 빅데이터의 결합이 갖는 의미를 사이버네틱스와 제어혁명이라는 틀로 살펴보고, 인공지능의 인지적 위상, 데이터와 인공지능의 관계, 인지의 상업화를 통한 인지자본주의의 확장과 대안적 접근의 가능성에 대해 살펴보고자 한다.

1. 디지털 시대 '규정적 기술'의 변화

정보기술과 관련된 새로운 유행어들이 시대의 흐름을 주도하고 있다. 2010년대 초반을 장식하던 '빅데이터'에 대한 관심은 '이세돌-알파고' 대국 이후 인공지능과 기계학습에 자리를 물려주었다. 최근에는 비트코인과 블록체인이 대세다. 새로운 기술의 정체를 파악하기도 전에 또다시 새로운 기술이 등장하여 사람들의 시선을 사로잡는다. '4차 산업혁명(Schwab, 2016)'이라는 수사에 대중매체의 관심이 쏠리고, 대중매체가 그런 조어를 입에 올리면 대중들은 시대에 뒤지지 않으려는 부담에 휩싸인다.

지금은 지식사회, 정보사회, 데이터 기반 사회를 경유하여 인공지능의 시대로 이행하는 과도기일까? 1950년대 튜링Turing(1950)의 디지털 계산 기계와 노버트 위너Wiener(1950)의 사이버네틱스 개념이 제시된 이후 1960년대에 정보사회론이 등장하고, 1980년대에는 지식사회론(Drucker, 1993)으로 확장되었다. 인터넷 이용이 대중화되는 1990년대에는 '디지털 되기(Being Digital: Negroponte, 1994)'를 통해 탈물질화가 이루어지면서 사이버스페이스 안으로 수많은 콘텐츠들이 유입되기 시작하였다. 그런 흐름을 반영하여 신경제론에서는 내생적 발전론(Romer, 1989), 외부성과 네트워크 효과(Jansen, 2006), 수확체증의 법칙(Arthur, 1994), 비경쟁재와 풍요재의 문제 등을 제기하였다. 2000년대에 들어서는 웹2.0의 활성화를 통해 피어투피어 생산(Benkler, 2006)이 갖는 중요성에 주목하게 되었다. 2000년대 중반 이후 웹2.0의 활성화와 '네트워크 협업'이 확산되고 플랫폼을 통한 데이터의 자동적인 축적이 이루어지기 시작했다. 문화 콘텐츠의 디지털화 및 자동축적은 탈물질화와 탈상업화를 가속화했다. 이용자들이 자신들의 활동결과물과 기존에 만들어진 상업화된 콘텐츠를 피어투피어 툴을 통해 공유하기 시작하면서 탈상품화와 탈상업화가 진행되었고 피어투피어 생산과 공유를 기반으로 하는 새로운 경제의 맹아가 드러나기도 하였다. 피어투피어에 대한 해석은 처음에는 디지털 경제의 대안적 논의(Bauwens, 2008)로 확산되었다. 그러나 2010년대에 활성화되던 피어투피어 생산과 디지털 공유물운동(Lessig, 2004)은 2010년대에 들어오면서 '공짜경제론(Anderson, 2009)'을 거쳐 최근에는 상업화된 '공유경제론(Shor, 2014)'이라는 이름 아래 변형된 자본주의 시장경제로 다시 포섭되기 시작했다.

다른 한편 기술적 차원에서는 2010년대를 전후하여 사물인터넷과 빅데이터 및 클라우드 컴퓨팅이 떠오르면서 데이터를 인공지능과 결합하는 기계학습이 성과를 드러내기 시작했다. 위너Wiener는 1950년대에 이미 사이버네틱스라는 개념을 제시하면서 외부 환경에 대한 인지와 피드백을 통해 자기조절하는 기계의 가능성을 예견했다. 지금은 그가 예견한 추세가 사물 간 커뮤니케이션을 통한 외부 환경 인지와 빅데이터를 활용한 패턴 인지를 통합하는 인공지능으로 구현되고 있다. 2000년대 후반부터 소셜네트워크서비스(SNS)와 모바일폰의 대중화로 '빅데이터'가 축적되기 시작했고, 최근에는 그를 기반으로 기계학습과 인공지능을 결합하려는 시도가 전개되고 있다. 이러한 흐름 속에서 현재의 환경을 대표하는 '규정적 기술(Bolter, 1984)'로서 인공지능이 등장한 배경과 의미를 되짚어볼 필요가 있다.

우리는 지금 변화하는 외부 환경을 피드백하여 정해진 목표를 수행하는 사이버네틱스 인공지능의 현실화를 통해 새로운 제어혁명의 문턱을 넘고 있다. 이러한 사이버네틱스 제어혁명의 새로운 국면을 맞이하면서 기존의 인간 중심적인 틀에서 진행되던 인간과 기계 간의 관계는 근본적인 변화의 기점을 맞이하고 있다.

이 글에서는 최근 전개되고 있는 인공지능을 중심으로 한 기술 변화의 핵심과 그것의 정치경제적 함의가 무엇인가를 밝히기 위해 사이버네틱스와 제어혁명을 결합하여 현재의 변화를 살피려 한다. 이를 위해 현재의 '규정적 기술'로 떠오르고 있는 인공지능과 빅데이터, 기계학습의 결합이 갖는 의미를 사이버네틱스와 '제어혁명'이라는 틀로 분석하고자 한다.(2절) 여기에서 사용한 '제어관계(the relation of control)'라는 용어는 인간과 기계와의 관계를 드러내기 위한 것이다. 베니거의 '제어혁명(Beniger, 1986)'에서 시사를 받은 이 개념은 인간과 인간의 사회적 관계에서 이루어지는 생산관계나 권력관계와 대비되는 맥락에서 인간과 기계 사이의 관계를 분석하는 데 사용할 것이다. 현 단계 자본주의 사회에서 기계적 제어와 사회적 통제가 어떻게 결합하는가를 밝히기 위해 기계적 제어의 변화 과정을 '2차 제어혁명'이란 틀로 분석하고, 그러한 제어혁명이 어떻게 인간의 '기계에 대한 예속(Machinic enslavement)'을 강화하는가를 살펴볼 것이다.

3절에서는 인지자본주의에서 '사적인 것'이 '사회적인 것'으로 변형되는 기제에 대해 살펴본다. 여기에서는 개인에게서 빠져나간 데이터가 집합적 데이터 세트로 전용되면서 '사회적인 것'이 새롭게 만들어지고, 그것이 새로운 이윤 창출의 원천이 되는 현실을 분석할 것이다. 4절에서는 공유경제를 통해 이루어지는 인지자본주의의 확장과 새로운 축적 방식과 확대를 '디지털 보편시장'이라는 틀로 살펴본다. 5절에서는 인지의 상업화를 통한 인지자본주의의 확장과 문제점을 확인할 것이다.

2. 사이버네틱스와 2차 제어혁명

사이버네틱스와
제어의 진전

최근 시도되고 있는 기계와 기계 간의 커뮤니케이션과 자동화로 구현되는 사물인터넷은 위너가 예견한 사이버네틱스의 구체적인 실현물에 가깝다. 위너는 피드백을 통하여 환경 변화에 적응하는 사이버네틱스 자동 기계의 개념을 제시하였다. 이것은 역설적으로 인간 주도적인 제어에서 벗어날 개연성을 갖는 기계의 단초를 제시한다. 인간의 완전한 제어권 아래에서 만들어진 인공지능과 자동화된 로봇이 특정한 발전 단계에 이르면 오히려 인간과 기계의 관계에서 인간이 갖고 있던 제어권을 축소시킨다. 이러한 진화 과정을 시몽동Simondon (1958, pp.74-123)의 '개체화'와 '자기조건화'라는 개념으로 파악할 수도 있을 것이다. 인공지능이 발생하여 자연 환경과 기술적 환경에 적응하면서 구체화와 관계적 적응을 통해 자율성을 갖는 자기존재에 도달하는 과정을 시몽동식 개념을 활용하여 설명할 수도 있을 것이다. 자기조건화를 통한 개체화 개념은 피드백을 통한 항상성의 유지라는 사이버네틱스 개념과 유사하다. 위너가 기계의 '인간적 활용'이라는 방식으로 기계와 인간을 구분하여 처리하였다면, 시몽동은 이들 간의 관계에 주목하는 차이점이 있다. 시몽동은 기계적 대상이 적응해야 하는 영역을 자연적 조건, 기술적 조건을 넘어 인간적 조건에까지 확장하고 있다. 시몽동이 위너식 사이버네틱스 개념을 닫힌 체제라고 비판하고 있지만 시몽동의 기계적 대상과 위너의 사이버네틱스 개념 사이에는 환경에의 적응이라는 유사성이 존재한다. 시몽동의 기술적 대상의 개체화 개념을 인공지능에 적용할 때 우리가 얻을 수 있는 분석상의 장점은 인공지능과 인간 간의 관계를 설정할 수 있다는 점이다. 인간과 기계 간의 제어를 둘러싼 관계는 주인과 노예라는 지배-피지배 관계와 동반자라는 두 가지 이념형을 가질 수 있다. 이제까지 인간 주도적인 제어관계에서 기계는 단순한 도구나 노예로 여겨졌으나 인공지능의 발전에 따라 주인과 노예의 관계가 역전되는 국면에 대한 두려움과 우려가 제기되고 있다. 그리고 기계와 인간의 동반 혹은 결합이라는 제3의 대안도 모색되고 있다.

인간의 활동 결과물을 기호로 처리하여 디지털로 회수하는 기호의 사이버네틱스는 디지털 대상물(Yuk Hui, 2015)의 상징세계를 현실세계와 대등한 지위를 갖도록 만든다. 상징 기호를 통해 인간 활동을 전개하는 '플랫폼 자본주의(Srnicek, 2016)'[1]에서는 인간 활동에 대한 조절과 조정, 통제, 명령의 운영방식과 기제가 과거와 달라진다. 미리 프로그램화된 명령어의 순차적 처리는 노동시간의 작동 범위와 통제의 방식을 재편한다. 산업혁명과 포디즘, 그리고 사이버네틱스-인공지능의 시대를 경과하면서 기계와 인간 간의 조종, 통제, 제어, 명령을 둘러싼 관계가 변화하고 인간과 기계의 배치와 제어를 매개로 하는 관계가 달라진다. 전통적인 산업사회의 계급관계에서 자본과 노동의 배치를 통해 기계와 인간 사이에 이루어지던 조절과 통제 관계는 사이버네틱스와 인공지능, 디지털 플랫폼 등 새로운 제어기술의 발달에 따라 인간과 인간의 직접적 커뮤니케이션에 기반한 제어, 미디어를 매개로 한 인간의 기계에 대한 제어에서 기계와 기계의 커뮤니케이션에 의한 자동 제어로 변화한다. 생산관계가 교통양식의 변화에 따라 제어관계로 대체되고 그것이 기존의 권력관계에 변화를 가져오면서 새로운 통제사회[2]의 틀로 재편되는 것이다.

---

1 현 단계 자본주의는 지속적으로 다양한 축적체제를 만들어내고 있다. 플랫폼 자본주의는 인지자본주의에서 이루어지는 특정한 유형의 축적체제를 지칭한다. 그것은 페이스북과 트위터 같은 소셜네트워크서비스 플랫폼을 사용하여 이용자 활동결과물을 수취하는 체제, 우버나 에어비앤비처럼 생활영역의 자산이나 시간을 자본주의적 상업화의 틀 안으로 끌어들여 이윤을 창출하는 체제 등 다양한 방식으로 이루어진다. 이들의 공통점은 알고리즘으로 만든 디지털 플랫폼을 통해 이용자 활동 결과물을 수취하고 중간 매개 서비스를 제공하거나 특정 서비스를 제공하면서 '플랫폼 지대'를 수취한다는 데 있다.

2 통제와 제어는 두 개념 모두 영어 'control'의 번역어이다. 본 논문에서는 기계적 자동화를 통한 인간과 인간의 관계, 기계와 인간의 관계, 기계와 기계의 관계에서 이루어지는 상호작용과 조절의 과정을 제어로 표현하였다. 통제는 제어를 통해 얻어지는 특정 집단이나 계급의 의도나 결과이다. 실제로 제어의 기계적 과정과 통제의 사회적 결과는 구분하기 힘들게 결합되어 있다. 들뢰즈(Deleuze, 1992, 6)는 기계의 유형이 사회의 유형과 대응한다고 보면서, 왕권시대의 오래된 사회들이 지렛대나 시계 등 단순한 기계를 사용하였고, 근대의 규율사회들은 엔트로피와 사보타주의 위험을 지니고 있는 에너지 기계를 사용한 데 반하여 현재의 통제사회는 제3유형의 기계인 컴퓨터로 작동된다고 지적하였다. 그는 기존의 산업사회와 현재의 사회를 '규율사회(discipline society)'와 '통제사회(control society)'로 대비하면서 양자 간의 차이를 노동, 상품, 화폐, 개인/대중 등 여러 측면에서 서술하고 있다.

여기에서는 2016년 다보스 포럼 이후 유행어가 된 '4차 산업혁명'의 실제 내용을 드러내기 위해 위너Wiener(1950)의 사이버네틱스와 베니거Beniger(1986)의 제어혁명 개념을 결합하여 최근의 인지자본주의의 흐름을 분석해보자. 환경과 시스템의 관계에서 자동제어를 논하는 위너의 사이버네틱스는 최근에 이루어지고 있는 인공지능-로봇의 복합체를 예견하고 있다. 위너의 기계론적 사이버네틱스 개념을 베니거의 사회학적 제어 개념과 연결하여 인간-인간, 인간-기계, 기계-기계의 조합에 따른 피드백과 제어의 방식이 어떻게 변화해왔는가를 살펴보자.

베니거는 19세기 말 중반의 산업자본주의에서 제2차세계대전기에 이르는 시기의 정보혁명을 자본주의 생산의 확장에 따른 제어 위기에 대응한 제어혁명이라는 틀로 설명하고 있다. 베니거는 위너가 사이버네틱스 개념을 전개하기 시작한 2차대전 이후의 시기를 다루고 있지 않지만, 베니거의 제어혁명에 관한 논지를 더 확장하여 위너의 사이버네틱스 논의와 결합하면 2차대전 이후 현재까지를 산업혁명이 제어위기에 봉착한 19세기 중반 이후 등장한 1차 제어혁명과 대비되는 의미에서 2차 제어혁명의 시기로 설정해볼 수 있다. 1차 제어혁명이 19세기 산업혁명과 더불어 전개되어 20세기 초반의 포디즘과 더불어 진행된 정보기술혁명이었다면, 2차 제어혁명은 사이버네틱스를 바탕으로 전개되는 자동화 기술 제어혁명이다. 이것은 1960년대 이후 전개된 '극소전자혁명'이자 '제3의 물결', '디지털 혁명', 최근의 '4차 산업혁명론', 그리고 포디즘의 완전 자동화를 통한 '포스트 포디즘'인 동시에, '플랫폼 자본주의(Srnicek, 2016)'와 '인지자본주의(Butang,

2012)'[3]를 모두 포괄하는 제어의 새로운 단계를 의미한다.

외부와의 피드백이 없는 투입-산출기계에 머물렀던 공장기계가 외부 환경의 변화를 감지하고 학습하는 동시에 외부 환경을 판단하고 제어하는 사이버네틱스 기계로 발전하는 과정이 2차 제어혁명의 기본적인 특징이다. 2차대전 이후 시작된 사이버네틱스 2차 제어혁명은 인공지능과 로보틱스가 결합하기 시작하는 현재의 시점에서 본격적으로 진행되고 있다. 생산공장의 사회로의 확장과 생산의 유통-소비로의 직접적 연결, 그리고 기계지능과 운동기계의 결합은 온라인과 오프라인 결합이라는 형태로 나타난다. 사물인터넷과 공장완전자동화, 자율주행자동차는 위너가 구상한 사이버네틱스 개념을 온전하게 실현할 생산물로 떠오르고 있다. 포디즘이 20세기 초반 공장기계 생산에서 인간-기계 관계를 설정한 것과 마찬가지로 자율주행자동차는 2차 제어혁명기의

---

3 인지자본주의론에는 몇 가지 상이한 조류가 존재한다. 인지자본주의론은 정보사회론이나 신지식 기반경제를 주장하는 신자유주의이론에 대한 정치경제학 비판에서 시작되었다. 인지자본주의에 대한 비판적 접근에는 이탈리아 자율주의, 프랑스 규제주의, 전통 마르크시즘Marxism의 정치경제학 등 여러 조류가 섞여 있다. 이 세 가지 입장이 서로 영향을 주고받으면서 '인지자본주의 비판론'을 만들고 있다. 이들 간에는 미묘한 차이들이 있고 논쟁이 이루어지는 지점도 존재한다. 이탈리아 자율주의는 산업사회가 정보사회로 바뀌는 과정과 그에 부응하는 사회운동의 방향 전환에 주목했다. 네그리(Negri and Hardt, 2000)의 혁명적이고 낙관적인 접근은 주의주의적(voluntarism)이라는 비판을 받는다. 바웬스(Bauwens, 2008)의 경우는 P2P 생산과 대중의 P2P 활동에서 새로운 사회의 주체를 설정하고 대안적 사회를 모색하는 데까지 나아가기도 한다. 둘째 갈래는 프랑스 조절학파 경향을 이어받은 인지자본주의 비판론이다. 외부 효과를 재전유하는 방식에 주목하는 부탕(Butang, 2012)의 인지자본주의론이 대표적이다. 인지자본주의론의 대표적 이론가인 베르첼로네(Vercellone, 2007)는 '형식적 포섭'-'실질적 포섭'-'일반지성'의 자본주의 삼단계설로 인지자본주의 단계를 설명하고 있다. 그는 노동분업의 발전에 주목하는 정치경제학 입장과 더불어 이행론의 시각을 조절학파의 분석틀과 연결하고 있다. 인지자본주의의 구체적인 현상에 관한 사례 분석으로는 파스퀴넬리(Pasquineli, 2011)의 연구가 두드러진다. 그는 '살아 있는 활동'의 인지적 차원이 자본에 의해 전유되는 구체적인 방식을 분석한다. 푹스(Fuchs, 2013)는 마르크시즘의 가치론과 계급론을 현대정보사회의 이용자활동 및 계급구조 분석에 적용하기도 한다. 전통적 유물론의 입장(『마르크스주의 연구』 9권, 2012)에서는 인지자본주의론의 특정 분파에서 주장하는 '기계적 잉여가치(Pasquineli, 2011)'나 가치론의 기각에 대해 원론적 비판을 가하고 있다.

기계-인간 관계를 결정하는 주요 동인으로 떠오르고 있는 것이다.

민델Mindell(2004)은 1차대전에서 2차대전 기간 동안 미국에서 사이버네틱스의 맹아가 싹트는 시기의 공학 연구를 분석하면서 컴퓨터computer, 통신(communication), 제어(control)에 관한 아이디어와 기술적 공학이 전쟁을 계기로 구현되는 미국 기술사의 단면을 이룬다고 파악한다. 그는 1, 2차 세계대전기 동안에 여러 상이한 조직과 엔지니어들의 동향이 1940년에 들어 어떻게 '사이버네틱스'라는 개념으로 통합되는가를 보여준다. 감각 데이터를 수집하여 정보로 전환시키고, 그것에 바탕을 둔 제어 기술의 발달이라는 관점에서 현재의 인공지능 동향을 바라보면 그것이 사이버네틱스의 기술사적 흐름의 연속성 상에 위치하고 있음을 알 수 있다. 가설로서의 학습모형과 증거로서의 데이터를 결합하는 기술은 컴퓨터 계산능력의 고도화를 통한 반복 실행 속에서 차이를 만들어내는 진화론적 돌연변이나 퍼셉트론의 신경망적 연결과 결합하여 '마스터 알고리즘(Domingos, 2015)', 혹은 일반인공지능(AGI)이라는 '마지막 발명물'로 이어진다. 이것이 인간의 예측과 목적을 벗어나는 수준에 도달하면―기계가 고장이나 오작동, 혹은 자동성의 수준을 뛰어넘어 자율의 경지에 이를 때―'특이점' 혹은 '통제 불능' 상태가 된다. 이런 시점이 된다면 인간이 기계를 매개로 하여 인간과 사물을 제어하는 2차 제어혁명이 다음 단계의 제어혁명으로 넘어가 기계가 기계를 매개로 인간을 제어하는 상황이 벌어질 수도 있다.

인간과 기계의
제어관계 변화

사이버네틱스의 역사적 변화 과정을 전후로 확장하여 시기 구분을 해보자면, (1) 1916-1948 전쟁기 (2) 1949-1973

냉전기 (3) 1974-1990 퍼스널컴퓨터기 (4) 1991-현재에 이르는 인터넷기로 나눠볼 수 있다. 각각의 시기마다 주요한 규정기술이 있을 것이고, 그것들의 단절과 연속 속에서 현재로 이어지는 제어기술의 진화와 확장을 파악할 수 있다. 통신, 제어, 컴퓨터의 3개 기술 영역이 각각 인터넷, 빅데이터, 인공지능으로 구체화되는 현재의 상태에서 초기 군사기술과 사이버네틱스의 어떤 지점이 진화하고 어떤 지점이 퇴화했는가를 갈라보아야 한다. 그래야 현재 이루어지고 있는 인공지능을 둘러싼 흐름과 성격을 명확히 드러내고 그 진화의 방향과 문제점을 파악할 수 있을 것이다.

제어혁명의 실체는 제어의 개념을 실제에 적용하고 그것을 실현하는 구상과 실현의 전체 과정을 통해 이루어진다. 그것은 다른 분야에서 이루어지는 산업생산의 변동이 촉발한 물질과 에너지 프로세싱의 폭발적 증대가 정보 프로세싱의 요구를 낳고 그것이 새로운 프로세서와 프로세싱으로 연결되기 때문이다. 전쟁은 상대편에 대한 대응의 속도와 정확도를 요구한다. 부정확한 판단과 속도를 잃은 실행으로는 전쟁에서 이길 수 없다. 1차 세계대전은 과학기술과 무기의 결합이 이루어진 세계적 규모의 전쟁이었다. 1차 세계대전과 2차 세계대전 기간 동안 전쟁에 대한 준비와 대응은 제어기술의 급격한 발달로 이어졌다. 제어기술의 일차적 적용 분야는 전쟁무기였고 이어서 산업계의 응용 분야로 연결되었다. 군-산-학의 연계가 이루어지는 미국적 생산 개발 방식의 특성도 이때 만들어졌다. 전후 독일의 몰락과 독일 과학기술의 대규모 이전을 통해 냉전기 미국 과학기술의 독보적 지위는 더욱 강화된다. 대중소비시장을 갖지 못한 소련의 과학기술이 무기와 국방의 영역에 갇혀버린 반면, 미국은 군-산-학 연계를 통해 아이디어와 개발에서 마케팅의 실현으로 이어지는 연결고리를 찾을 수 있었다. 이것이 미국 기술의 힘이자 경쟁력의 기반이 되었다. 제어기술을 바탕으로 하는 냉전기 이후의 미국 사이버네틱스의 발전은 국가의 연구개발정책, 대학의 구조, 기업의 변화로 이어졌다

1940년대의 정확한 조절을 기반으로 하는 통제기계들은 1950년대 냉전기의 위협 속에서 진행된 가전제품의 대량 보급과 더불어 오락대 중문화와 함께 일상생활로 확산되었다. 자동차와 집, 집안의 가전기계는 편리함과 풍요로움을 가져다주었고 그를 생산하는 포디즘 라인과 거대 기업의 고용은 연공서열과 안정된 임금을 보장해주었다. 공장 자동화로 생산성이 향상되고 기계 보급은 더욱 늘어났다. 한편 포디즘적 생산방식과 중산층적 생활양식의 결합은 인간과 기계와의 친밀감을 높여주었고 그를 통해 사람들은 기계에 대한 조절과 통제에 익숙하게 적응하였다.(Samuel, 2017) 공장의 기계와 달리 소비공간의 기계는 이용자의 제어권에 따라 조작되고 이용되는 기계도구에 가깝다. 기계의 수행성은 소비자의 욕구를 자극하여 새로운 욕구를 만들거나 소비자 욕구에 부응하는 이중적인 모습을 갖고 있었다. 1960년대에는 베트남 전쟁과 국가기계로부터의 탈주를 지향하는 젊은이들의 반체제 문화운동이 확산되면서 자연으로의 회귀, 기존 기술문화의 폐기와 더불어 특정 기계문화에의 몰입이라는 서로 방향이 다른 흐름이 공존하였다.(Rid, 2016)

1970년대의 사이버네틱스는 자동화 개념이 자기생성과 연결되면서 마음의 문제 영역까지 확산하였다.(Hayles, 1994) 기계의 통제와 제어, 자동화를 자동생명체의 자기생성이나 마음의 영역으로 확산하는 사고방식은 사이버네틱스를 히피문화의 흐름과 연결시켰다.(Markoff, 2015) 이러한 자유주의적 전통은 1970년대 개인 컴퓨터의 발명과 1980년대 컴퓨터 네트워크의 활용으로 이어지면서 사이버네틱스를 사

이버스페이스로 연결하고 확장하는 기반이 되었다. 히피 전통을 이어받는 초기 인터넷 자유주의자들은 기계의 자동화와 피드백, 오토마타에 대한 추구보다 기계를 매개로 한 커뮤니케이션과 '탈물질화'된 표상과 아이디어로 만들어지는 가상세계에 몰입하였다.

1990년 인터넷의 대중화가 이루어지는 동시에 각종 인터넷 기업이 태동하였다. 초고속정보망이 널리 깔리면서 사이버스페이스의 영역은 더욱 확장되었고 대중의 새로운 대안 미디어로 등장한다. 피시통신이 탈중심화된 인터넷 서비스로 대체되었으나 인터넷 기반 커뮤니케이션은 초기의 독립 홈페이지들이 점차 검색 서비스 기업을 선두로 하는 포털 사이트에 편입되었다. 이런 과정에서 개별화된 '다자(multitude)' 간의 수평적인 연결에 바탕을 둔 자유주의적 '캘리포니아 이데올로기(Barbrook, 1997)'의 기술이상주의는 점차 약화되고 새로운 기술 분야를 중심으로 상업화와 상품화가 빠르게 이루어지기 시작하였다.

2000년대 초반 인터넷 버블이 터지자 웹 2.0과 블로그의 활성화 및 P2P를 통해 탈중심화와 이용자 활동이 활성화되는 시기가 잠깐 펼쳐지다가 2000년대 중반 이후 스마트폰과 소셜네트워크서비스의 활성화로 인터넷 지형은 다시 플랫폼을 통한 재중심화의 틀로 재편된다. 2010년을 전후로 소셜네트워크 플랫폼을 통한 데이터의 '원시적 축적'이 진행되면서 빅데이터와 클라우드 컴퓨팅이 떠오르고, 이후 빅데이터를 기반으로 한 머신러닝과 인공지능의 결합을 통해 자동제어라는 사이버네틱스 목표에 한발 더 다가선다. 독일을 중심으로 전개된 자동 제어기술의 제조업 적용이 활성화되면서 이를 전체 산업영역으로 확산하려는 '4차 산업혁명'이란 신종 표어가 유행하였다. 이런 흐름을 타고 사물인터넷, 인공지능, 블록체인이란 신기술이 화두로 떠오르기에 이르렀다. 이러한 신기술의 산업적 확산이 그리는 궤적은 위너가 구상한 자동제어라는 사이버네틱스의 완성을 향한 과정이다. 이런 시각에서 보면 자율주행자동차, 사물인터넷, 인공지능과 빅데이터의 결합 등 현재의 변화를 주도하는 기술적 흐름은 4차, 5차 혁명이라는 산업혁명의 차수 변경으로 파악하기보다는 커뮤니케이션과 제어, 컴퓨터를 통합하여 "자신이 원하는 목적을 얻기 위하여 환경과 주변 세계를 인지하고 그것을 통제하는 시스템"이라는 사이버네틱스의 초기 목표를 달성해가는 과정으로 볼 수 있다.

또한 베니거가 제시하는 초기 산업혁명의 전개와 그에 따른 제어위기의 대두와 제어혁명이 정보사회의 기원이 되었다는 논지의 연속선상에서 보면 초인공지능은 산업혁명 이후 제2의 제어위기를 가져올 요인이 될 수 있다. 제어혁명이 초래한 데이터 과잉과 생활세계의 디지털화, 기계학습이 새로운 제어위기를 낳고 그것이 초인공지능과 연결될 때, 현재의 제어방식으로 더 이상 제어가 불가능할 때 위기가 닥칠 것이다. 자동화와 빅데이터의 확산을 통한 과잉제어, 기계학습을 토대로 이루어지는 인공지능, 그리고 일반 인공지능이나 인공지능 간 네트워크 등이 만들어지면 기계에 대한 인간 주도적 제어가 불가능한 사태에 이를 수도 있다. 그러면 산업혁명 이후 등장한 1차 제어혁명, 사이버네틱스로 등장하는 현재의 2차 제어혁명에 이어 3차 제어혁명이 도래할 것이다. 그것은 자본주의 시스템 내에서의 제어위기가 아니라 인간을 중심으로 한 시스템과 기계 시스템의 통합된 틀 내에서의 위상 변화를 통해 예측 못할 제어위기로 드러날 확률이 높다.[4]

시몽동은 사이버네틱스의 관점과 작동 방식을 닫힌기계로 파악한다. 그는 환경과 기계의 상호작용과 피드백만을 고려하는 위너식 사이

---

4 닉 보스트롬(Bostrom, 2016)의 슈퍼인텔리전스는 그런 상황에 대한 전망을 보여준다.

버네틱스 관점에 반대한다. 위너는 환경과 상호작용하는 사이버네틱스 자동기계를 피드백을 통해 항상성을 확보하면서 엔트로피에 저항하는 '네겐트로피' 기계[5]로 설정하였으나 시몽동은 그것이 인간과 맺는 관계, 곧 기술과 문화의 관계 속에서 위너의 사이버네틱스 개념이 갖는 일면성과 폐쇄성을 비판한다. 인간이 기계를 조절하고 통제하지만 인간노동이 기계의 외부 감각기관의 연장으로 활용되는 공장노동이나 반자동화된 기계체제에서의 노동, 그리고 자동화되고 독립된 기계와 인간 간의 대립적 위치에 대해 시몽동은 비판적이다. 시몽동은 위너의 사이버네틱스에 대해 언급하면서 도구, 연장, 기계의 차이를 설명하고 있다. 그는 요소, 개체, 앙상블을 논의하면서 장인이 도구와 연장을 갖고 요소의 수준에서 활동(노동)하고, 엔지니어가 개체의 수준을 파악하며, 사회가 앙상블의 수준을 장악한다고 말한다.(Simondon, 1958)

　　자본과 노동 모두 개체로서의 기계를 파악하기 힘들다는 그의 지적이 의미하는 바는 무엇인가. 장인 노동은 요소들의 개발과 발명, 혁신을 통해 18세기적 진보의 길을 걸을 수 있었다. 그들은 도구와 연장의 작동을 장악하면서 기계-인간의 앙상블을 이루었다. 19세기 공장제 생산 시대가 되면 기계의 개체화가 이루어지면서 인간노동은 조절과 통제만을 담당하는 소외된 활동을 하게 되고 이에 따라 이전 시대의 기계-인간 관계와 달리 기계와 인간의 분리가 심화되고 인간은 기계 존재와 대립하거나 기계 존재를 파악하기 힘든 상황에 빠지게 된다. 포디즘 단계에 이르면 이런 과정은 더욱 강화되어 기계의 블랙박스화와 자동화가

5　위너는 사이버네틱스가 일시적이고 부분적으로 엔트로피 경향에 반하는 질서와 안정성을 가져다 줄 수 있다고 보았다. "생명 유기체나 기계는 모두 엔트로피가 증가하는 일반적인 경향에 국지적이고 일시적으로 저항하는 장치이다. 결정 능력이 있는 기계는 개체의 국지적인 지역을 생산해 내어 일반적인 경향을 약화시킨다."(Wiener, 1950, 43)

진행된다. 기계의 자동화는 개체화를 의미하는 동시에 닫힌체제로서의 틀을 강화하여 인간 기계 관계를 일면화하거나 인간과 기계의 소통과 연결을 약화시킨다.

　현재의 기술 수준을 보자면 인간이 플랫폼의 감각적 기능을 담당하거나 지각체제로 작동하는 체제에서는 인간이 기계에 포섭되면서 인간과 기계 간의 제어관계가 역전되고 인공지능과 로봇의 진화에 따라 기계와 인간은 서로 간에 더욱 대상화될 개연성이 높아지고 있다.

3. 플랫폼 자본주의:
'사적인 것'의 '사회적인 것'으로의 전환

기계지능의 메커니즘과 발전 전망을 데이터와 알고리즘, 인지의 수준에서 살펴보는 것과 더불어 인공지능의 사회경제적 의미를 따져볼 필요가 있다. '인지행위'를 자본주의화하는 과정에 대한 분석은 인공지능과 빅데이터의 결합이 갖는 정치경제학적인 위상을 밝히는 데로 모아진다. 왜냐하면 플랫폼을 통해 축적한 데이터를 인공지능과 결합하면 '사적인 것'이 '사회적인 것'으로 전환되기 때문이다. SNS와 디지털 플랫폼이 '사회적인 것'의 상실을 가져왔다(Lovink, 2016)는 비판이 제기되고 있지만 기존에 존재했던 '사회적인 것'의 축소 및 상실과 더불어 동시에 사회적인 것이 새롭게 만들어지는 기제와 방식, 상황에 대해서도 주의를 기울일 필요가 있다.

　디지털 플랫폼은 분산된 개인들의 인지활동을 그들로부터 떼어내어서 분할 불가능한 개인을 미분된 '가분체'로 만든다.[6] 산업사회가 개인의 신체를 감시하고 구속하면서 훈육을 내면화하여 사회적 복종을 유지한 데 반하여 현재의 정보사회는 개인을 신체로부터 분리하는 탈육체화와 탈물질화를 수행하면서 플랫폼을 비롯한 기계적 예속을 강화한다. 이러한 기계적 예속은 사회적 복종을 자동화하여 통제사회의 기술적 기반이 된다. 개인이 가분체로 분화되는 현상의 이면에서는 그와 동시에 인터넷 플랫폼을 매개로 하는 이용자들의 네트워크 협업과 분업을 통해 개인적인 것이 집합적인 것, 공적인 것, 혹은 사회적인 것으로 변환하기도 한다. 이러한 집합적이고 사회적인 형성과정은 피어투피어 생산이나 디지털 공유, 혹은 디지털 사회운동의 기반이 되기도 한다.

그러나 이러한 개체들의 접합과 공동적 행동이 자발적으로 새로운 사회적인 것을 생성하는 것보다는 자본이 플랫폼을 통해 개인을 가분체로 전환하고 그를 재배치하여 상업적으로 사회적인 것을 만드는 경향이 더 우세하다. 인지자본은 생활과 소통, 여가 활동이나 오락이 이루어지는 시간을 자동화된 플랫폼으로 연결시킨다. 이를 통해 인지자본은 이용자들의 활동시간을 자본의 이윤창출을 위한 원료창출 시간으로 변환한다. 노동시간을 연장하는 절대적 잉여가치나 혁신적 생산방식의 도입을 통한 상대적 영여가치의 창출을 넘어 이용자들의 생활시간을 플랫폼 기업의 노동시간으로 전환하는 마술이 이루어진다. 이용자들은 플랫폼이 제공해주는 오락과 콘텐츠를 소비하거나 다른 이용자들과 소통하고 '좋아요'를 누르는 인지활동을 하지만 그와 동시에 그것

---

6 "우리는 더 이상 대중/개인이라는 짝을 다루지 않는다. 분리 불가능한 개인(individual)들은 '분리 가능한 가분체들(dividuals)'이 되었고, 대중은 샘플이나 데이터, 시장 혹은 '저장고(banks)'가 되었다."(Deleuze, 1992. 5) 분리불가능한 개인이 분리인 '가분체(dividuum)'에 대한 더 상세한 논의는 Raunig(2016) 참조. 가분체의 개념을 인지자본주의에서 이루어지는 기계적 예속의 기반으로 분석하는 논의에 대해서는 Lazzaratto(2014) 참조.

에 투여된 이용자들의 생활시간이 플랫폼에서의 데이터를 창출하는 생산시간으로 전환된다. 물론 이러한 생활시간의 생산시간으로의 전환은 눈에 드러나 보이지 않는 플랫폼 알고리즘을 통해 이루어지기 때문에 이용자들은 데이터들이 적분되는 기제와 그것이 자본의 이윤창출을 위해 다른 알고리즘과 결합하는 과정을 알아차리지 못한다.

인지 과정과 인지 결과물의 상업화는 디지털 '보편시장'[7]의 기반으로 작동한다. 그것은 디지털로 이루어지는 표상의 영역을 대상으로 탈물질화된 상징과 기호의 세계를 시장경제의 틀로 포섭하고 상업화한다. 다양한 플랫폼과 서비스를 통해 이루어지는 이용자들의 인지활동과 커뮤니케이션, 정서, 판단, 동의, 감정 등은 디지털 데이터를 흔적으로 남긴다. 자본은 이용자 활동 결과물이라는 데이터를 축적하여 통계적 예측을 통해 새로운 서비스를 만들어내면서 탈물질화된 부분을 재물질화하고, 탈상업화되었던 부분을 재상업화하면서 '보편시장'의 범위를 더욱 확장한다.

지식자본주의나 정보자본주의의 핵심에는 데이터가 놓여 있다. 빅데이터와 결합되는 기계학습과 인공지능, 클라우드 컴퓨팅은 데이터라는 질료에 형상을 부과하여, 재물질화를 향한 '정보화(in-formation)'의 기반을 마련하고, 이것이 물질과 다시 만나는 여러 경로를 통해 재물질화를 이루면서 새로운 상품으로 시장에 나온다. 재물질화 경향의 대표적인 사례로는 물질과 정보의 결합을 통한 증강현실(AR), 알고리즘의 총합체인 인공지능과 기존 인공물의 결합을 통해 실현되는 복합현실, 그리고 데이터의 정보화를 거친 후 3D 프린터로 출력하여 물질화하는

---

7 '보편시장(universal market)'은 브레이버맨(Braverman, 1976)이 주장하였는데 이를 포디즘 이후의 인지자본주의로 확장하여 현재 진행되고 있는 플랫폼 기반 공유경제식 축적의 새로운 경향에도 적용할 수 있다.

경우 등을 꼽을 수 있다. 이런 흐름을 자본과 경영의 입장에서 앞당겨 강조하고 선전하는 것이 '4차 산업혁명'이라는 구호이다.

4차 산업혁명이라는 구호는 재물질화와 재상품화 경향을 뒷받침해 주는 인지자본주의의 보편시장론이다. 안정적 고용과 노동이 지속적 으로 위협받는 대신 시장은 내적으로나 외적으로 모두 확대된다. 자본 은 비상품경제의 영역에서 만들어지는 피어투피어와 자발적 참여와 협 업에 토대를 둔 사회적 공유물의 생산에 개입하고 데이터를 원료로 하 는 머신러닝과 인공지능 기술을 결합하여 새로운 상품과 서비스를 확 대한다. 이 과정에서 분해될 수 없었던 개인(individium)이 분해되어 '가분체(dividuum)'라는 데이터로 환원되고, 대중(mass)은 통계샘플 (dataset)로 치환되면서 '사회적인 것'의 위상이 변화하는 것이다. '사적 인 것'의 '사회적인 것'으로의 전환은 경제, 정치, 문화의 다양한 영역에 서 이루어진다. 다음 절에서는 '사적인 것'의 '사회적인 것'으로의 경제 적 전환을 극적으로 보여주는 공유경제에 대해 살펴볼 것이다.

4. 공유경제와 디지털 보편시장

현 단계 인지자본주의는 '재물질화'와 '재상품화'를 통해 자본축적 의 새로운 새로운 확장을 추구한다. 그래서 우리는 현 단계 자본주의 의 변화에 대응하여 기존 인지자본주의 분석의 범위를 넓히고 더욱 구 체화해야 하는 지점에 이르게 된다. 인지자본주의에서는 디지털 플 랫폼을 활용하는 공유경제의 활성화를 통해 탈상품된 영역을 재상품화하여 이윤 창출의 새로운 영역을 개척한다. 공유경제는 들뢰즈(Deleuze, 1992, p.6)가 통제사회에 대한 글에서 지적한 것처럼 "생산(production)을 통해 잉여가치와 이윤을 남기는 자본주의가 아니라 이미 생산된 생산물(product)을 활용하여 이윤을 챙기는 자본주의에 가깝다". 이러한 공유경제는 인지자본주의에서 새롭게 만들어지는 '사회적인 것'의 경제적 성격을 잘 보여준다.

공유경제는 기존 자본주의 생산에 포섭되지 않았던 개인의 시간과 자원, 노동력, 재산을 자본주의적 시장과 이윤창출에 동원하여 자본의 가치창출 공간을 확장한다. 공유경제로 불리는 새로운 영역은 사적 소유물을 일시적, 부분적으로 '공유물'로 전환하고, 그런 매개 과정을 통해 지대를 수취하는 플랫폼 기업에 의해 추진된다.

'4차 산업혁명'의 일환으로 등장하는 공유경제는 자본-노동관계 바깥에 존재하는 개인의 시간과 공간, 소유물을 자본주의적 생산의 틀 안으로 포획한다. 상업화된 공유경제는 자본-노동관계 바깥에 존재하던 시간과 설비를 자본주의 안으로 포섭하여 플랫폼 지대를 수취하는 한편 사회 전체적으로는 촘촘한 잉여가치 창출의 공간을 확장하는 결과를 낳는다. 현재 대표적인 공유경제가 우버Uber로 대표되는 자동차와 에어비앤비Airbnb로 대표되는 집에서 출발한 사실은 시사적이다. 자동차와 집은 포디즘이 제공하는 대표적인 내구소비재이다. 대량생산-대량소비의 포디즘 패러다임을 대표하던 내구소비재의 소유에 입각한 경제 시스템에서 그것의 이용과 활용으로 중점이 바뀌면서 내구재 생산 사업이 서비스 사업으로 연결되기 시작한다. 이것은 기존 자본주의의 생산을 통한 잉여창출을 넘어 생산물까지 새로운 이윤창출의 수단으로 동원하는 방식이다.

생산물을 활용하는 이윤창출 방식은 생산물과 서비스를 연결한 복합적 사업이다. 이런 사업은 서비스 이용자와 서비스 제공자 간의 중계와 실시간 결제를 위한 신용과 신뢰의 기반이 필요하다. 제공자의 자산에 서비스 노동을 결합한 이러한 신종 상품은 스마트폰이나 앱 기반의 실시간 서비스 플랫폼을 통해 이용자와 제공자를 신속하게 연결하기 때문에 기존 서비스의 가격을 파괴하고 서비스 품질도 우세하다. 처음에는 서비스 제공자의 자산을 공략하여 이용시간의 '빈틈을 나누는(share)' 서비스의 조그만 섬이었지만 전자 결제가 쉽게 이루어지면서 이용자가 급증하였다. 그것의 편리성과 기존에 형성된 유휴 임시 직종군을 토대로 경쟁력을 갖게 되었지만 이런 과정을 통해 공유 서비스의 본말이 전도된다.

온라인과 오프라인을 이어주는 디지털 서비스 경제의 분야가 택시 서비스와 숙소 임대 서비스 분야에서 자리를 잡게 되는 것이다. 이런 서비스가 진전되고 축적될수록 우버는 자동차 주행과 이용자 정보를 축적하는 부차적 혜택을 얻는다. 데이터의 원시적 축적이 이루어질 때쯤 데이터 활용 정보산업이 우버의 주력 분야로 전환될 것이다. 소유에서 이용으로 이동하는 서비스 흐름과 디지털화된 데이터의 축적이 현실세계와 결합하는 모습, 이 두 가지가 공유 서비스의 핵심을 보여준다. 그리고 서비스와 이용을 매개하는 신뢰성 있는 자동 지불 수단의 지원과 확산이 공유 서비스의 확산 속도를 가늠하는 조건이 될 것이다. 그래서 데이터 기반, 디지털 기반, 앱 기반 신종 기술을 현실 서비스와 결합하는 공유 서비스의 다양한 분야가 전자지불의 확산과 더불어 성장하게 될 것이다.

그런데 보상을 바라지 않는 의미에서의 공유와 이윤을 목적으로 하는 대여 서비스는 다르다. 자본주의 바깥에 존재하는 공유의 틀에는 화폐와 지불 수단, 혹은 빅데이터의 원시적 축적이 전제되지 않는다. 소유권에 입각하여 이루어지는 대여 서비스는 엄밀한 의미에서의 공유경제가 아니다. 공유는 참가자들이 자신이 갖고 있는 사적 소유물이나 능력을 서로 나눔으로써 질이 다른 혜택을 교환하는 행위이다. 그것은 사용가치와 교환가치로 이루어지는 상품이 아니기 때문에 자본주의 경제의 상품 시장 논리의 바깥에서 작동한다. 이러한 탈상업화된 공유경제에서 화폐교환은 부차적일 뿐이다. 서비스나 재화를 공유하는 사람은 자신이 제공해주는 혜택을 받는 이용자로부터 다른 혜택을 받는다. 그들이 주고받는 것은 고마움이거나, 여행 중 동료되기, 공유하는 상황, 혹은 정서적 반응이다. 상업화된 공유경제에는 그러한 상호혜택의 교환은 없다. 오직 화폐를 매개로 한 거래가 있고, 상품 거래 일반에 따르는 당사자끼리의 감정 교환이 있을 뿐이다. 다만 자본주의에 포섭된 공유경제의 외부 효과로서 유휴자산과 시간의 활용이 사회 전체의 차원에서 사회적 자본을 확장하는 효과는 있다. 이런 맥락에서 새로운 사업의 영역으로 각광받는 공유경제는 2차 제어혁명기의 통제사회에서 자본이 개발한 새로운 사업 모형이자 착취 유형에 불과함을 확인할 수 있다.

　탈상업화된 피투피 생산과 나눔이 재상업화되면서 생겨나는 현상이 공유경제이고 그것이 자본주의적으로 전일화되면 더 나쁜 자본주의로 전환될 수도 있다. 이와 달리 먼저 출발했던 디지털 커먼즈나 공유기반 공동체 노선은 초창기와 달리 상업적 공유경제의 등장 이후 정체되어 있다. 디지털 커먼즈는 독자의 플랫폼을 갖고 있지 못하기 때문에 공공 플랫폼이나 협동 플랫폼의 형태로 진행되기 어렵다. 협동조합적 플랫폼(Scholz, 2016)이나 '기본소득'을 주장하는 흐름도 인지자본주의의 '사회적인 것'이 갖는 경제적 문제에 적극적으로 대응하는 방안의 일종이지만 독점 플랫폼의 전일적 지배에 대항하기에는 역부족이다.

5. 비판적 인지자본주의론의 확장을 위하여

피어투피어 모델은 기계를 매개로 한 인간과 인간 간의 네트워크와 컴퓨터들 간의 데이터 복제를 통해 이루어진다. 네트워크로 연결된 기계와 인간은 플랫폼 안에서 대등한 '행위자'로 활동한다. 인간 행위자와 기계 행위자, 디지털 데이터 행위자 간의 차별과 구분이 없어지는 지점에서 개인은 가분체로 변하여 데이터로 미분된다. 이런 경우 데이터는 인간 행위자의 행위 결과물이지만 인간 개인으로부터 분리되어 다른 데이터들과 집합적 데이터 세트를 구성하면서 새로운 배치와 배열을 만든다. 그런 일련의 과정이 플랫폼이라는 집합적 알고리즘의 결합체에서 이루어진다.

라투르Latour의 '행위자(actant)' 개념을 기계나 디지털 데이터까지 확장해볼 경우 인간 행위자가 플랫폼을 이용하는 순간 그들은 가분체로 분화되어 그들은 다른 데이터 행위자와 구분할 수 없게 뒤섞여 데이터 세트를 이룬다. 상이한 가분체들의 다양한 집합체인 빅데이터는 인공지능과 머신러닝으로 가공되어 가분체의 추출 모체인 개인을 범주화하고 추적하고 상품화하고 대상화하는 데 활용된다. 디지털 플랫폼을 많이 이용할수록 개인에게서 빠져나가는 가분체들이 많아지고 그에 비례하여 개인의 '기계적 예속'이 강화된다. 그 결과 플랫폼 안에서, 혹은 플랫폼을 통해 개체들의 '사회적 복종'이 만들어진다.

인지자본주의 시대의 분업과 협업이 갖는 특징을 '일반지성'으로 이해하여 새로운 사회로 이행하는 단초로 보고(Vercellone, 2007; Bauwens, 2008), 이에 대해 긍정적 평가를 내리는 논자들도 있다. 그러나 인공지능이나 기계 에이전트의 행위자들로 이루어진 네트워크는 특정 집단에 의해 통제되는 알고리즘을 통해 기획되고 조작된다. 이용자들의 자발적 협업으로 보이는 활동의 이면에서는 플랫폼을 통한 기계의 자동화된 협업이 먼저 작동한다. 플랫폼 안에서 이루어지는 행위자들의 분업은 미리 정해진 알고리즘 안에서의 규격화된 활동 방식과 행위를 통해 이루어진다. 인간과 기계들 간에 이루어지는 플랫폼 협업은 네트워크로 연결된 행위자들의 자발적인 서비스 이용을 통해 이루어지는 것처럼 보이지만 그것은 미리 짜인 플랫폼 분업의 표준화된 틀 안에서 이루어진다.

라자라토는 이러한 사태를 '기계적 예속'이라는 개념으로 설명하고 있다.(Lazzarato, 2014) 기계적 예속은 마르크스가 공장노동을 분석할 때 사용한 개념인데 이를 인지자본주의 체제에 적용한 것이다. 플랫폼을 통하여 확장된 사회적 공장에서 기계적 예속이 이루어지고 있다는 것이다. 인지자본주의는 클라우드-크라우드 기술을 활용하여 개인을 분할 가능한 '가분체(Dividuum)'로 만들고 개인의 활동에서 데이터를 자동으로 뽑아낸다. 이러한 과정을 통해 대중의 인지활동은 빅데이터로 전환되어 기계적 예속의 기반이 마련된다.

디지털 시대의 빅데이터는 사물과 사물, 인간과 사물, 인간과 인간 간의 상호작용에 의해서 만들어진다. 특히 소셜네트워크 서비스에 축적되는 빅데이터는 이용자 활동을 통해 생산된 결과물을 서비스 플랫폼을 통해 자동으로 서비스 제공자의 서버로 이전하고 그것을 다시 이용자에게 서비스로 전달하는 순환 과정을 거친다. 그래서 빅데이터의 사회경제적 위상을 드러내기 위해서는 빅데이터를 만드는 이용자 활동에 대한 분석이 필요하다. 많은 논의들이 빅데이터의 경제적인 활용과 가치창출에 주목하지만 사실은 그전에 이용자 활동을 통해 이루어지는 데이터의 자동 축적 과정이 전제되지 않으면 빅데이터가 가치를 창출할 수 없다. 따라서 가치창출의 전 단계에서 가치창출을 위해 데이터가 자동으로 축적되고 배치되는 방식을 이용자 활동의 전유(백욱인, 2014)라는 틀로 검토해보는 것이 필요하다. 빅데이터 기술은 이용자로부터 수집한 개인의 프라이버시와 관련된 데이터와 활동 데이터를 결합하여 클라우드 컴퓨팅하고 이를 해석할 수 있는 분석 도구를 개발하여 데이터베이스 자체를 21세기의 중요한 생산원료로 만들고 있다. 인공지능은 여기에 더하여 기계 인지를 통한 데이터까지 창출한다. 기계잉여가치가 실현되는 시기가 다가오고 있는 것이다.

그렇다면 인공지능 시대의 플랫폼 기계 구조의 배열을 바꾸고 자본의 이윤창출이라는 접합의 선을 바꾸는 것이 가능할까? 오히려 자본의 '포획기계'가 이용자의 생산을 다른 배치로 바꿔 전유하고 있지 않은가? 축적된 데이터를 배치하는 주체는 이용자들이 아니라 플랫폼 소유자이다. 플랫폼 기계장치는 자동으로 이용자 활동 결과물과 그들 간의 커뮤니케이션, 기표를 이중화하고 적분하여 축적한 후 그들의 용도에 맞게 미분화하여 새로운 배열과 배치를 통해 서비스 상품으로 변형하여 이용자를 감염시킨다. 플랫폼으로 전유된 이용자들의 활동 결과물은 다시 재배열되어 다른 이용자의 감각과 정서를 촉발하면서 특정한 감응 체계를 만들어낸다. 이용자 활동 결과물의 집합인 빅데이터를 이윤을 위한 데이터로 잘게 썰어 재배치하는 기술은 데이터 포획기계와 콘텐츠 생성기계가 통일된 거대 플랫폼 기계를 통해 이루어진다.

아주 가끔 데이터의 흐름에서 이용자 활동과 반응, 소통이 중요한 요소가 되고 그것이 가분체의 데이터로 전락하지 않으면서 '사회적인 것'을 만들고, 그들이 만들어낸 데이터의 흐름이 사회적 통제에 대한 대항 수단으로 활용되는 시기가 있다. 그러나 아쉽게도 이용자들이 '사회적 복종'과 '기계적 예속'을 벗어나는 순간은 아주 짧다. 라자라토의 사회적 복종과 기계적 예속에 대한 분석은 생산 과정에서 이루어지는 통제의 두 가지 형태를 사회의 차원으로 확장한 것으로 보인다. 공장에서 벌어지는 감시와 통제, 규율, 그리고 실질적 포섭과 기계 예속을 사회 공장으로 확장하면 사회적 복종과 기계적 예속이란 틀이 나타나게 되는 것이다. 그는 사회적 복종의 영역에 머무르는 정치윤리학을 비판하는 동시에 기계적 예속의 구체적 분석 수준으로 나가지 못하는 논자들을 비판한다. 또한 기계적 예속을 강조하지만 사회적 복종의 시각을 결여한 인지자본주의론 진영을 비판한다. 이것은 각각 정치과잉과 경제과잉에 대한 비판이다.

짧은 저항의 기간은 기계적 예속의 수단이 기계를 사회적 복종에 대한 항거와 대항의 수단으로 활용할 때 가능하다. 아주 짧은 기간이나마 이용자 활동을 포획하던 플랫폼이 대항운동의 플랫폼으로 배치가 바뀐다. 연결의 말단에 행동하는 인간 주체들이 배치되고 그들 간의 연결이 현실사회의 사회적인 것으로 전진한다. 비트로 이루어지던 가상의 사회적인 것에 실재 사회에서의 사회적인 것이 겹쳐지고 두 개의 레이어가 겹쳐지면서 현실의 층이 두터워지고 상호 매개와 빠른 전이와 연결이 이루어지면 때로는 여러 대중의 접합이 이루어진다.(백욱인, 2008) 그때가 디지털 시대의 사회적인 것이 현실적인 것이 되는 시기다. "이성적인 것은 현실적이고, 현실적인 것은 이성적이다"라는 헤겔의 말을 차용하여 패러디하자면 "가상적인 것이 사회적인 것이 되고 사회적인 것이 가상적인 것이 되어 서로 접합된다". 이때 둘을 구분하기 힘들 정도로 겹쳐지고 둘 사이의 이동속도가 빨라 현실세계와 가상세계가 하나로 통일된다. 그것이 인공지능 시대, 대중이 만드는 새로운 사회적인 것이 가지는 긍정적 가능성이다.

참고문헌

네그리·하트, 『제국』, 윤수종 옮김, 이학사, 2001.

노버트 위너, 『인간의 인간적 활용―사이버네틱스와 사회』, 이희은 옮김, 텍스트, 2011.

니콜라스 네그로폰테, 『디지털이다』, 백욱인 옮김, 커뮤니케이션북스, 1994.

닉 보스트롬, 『슈퍼 인텔리전스―경로, 위험, 전략』, 조성진 옮김, 까치, 2015.

마우리치오 라자라또, 『기호와 기계―기계적 예속 시대의 자본주의와 비기표적 기호계 주체성의 생산』, 신병현 옮김, 갈무리, 2017.

백욱인, 「촛불시위와 대중: 정보사회의 대중 형성에 관하여」, 『동향과전망』 74, 2008.

제임스 베니거, 『컨트롤 레벌루션―현대 자본주의의 또 다른 기원』, 윤원화 옮김, 현실문화, 2009.

질베르 시몽동, 『기술적 대상들의 존재 양식에 대하여』, 김재희 옮김, 그린비, 2011.

케서린 헤일스, 『우리는 어떻게 포스트 휴먼이 되었는가』, 허진 옮김, 플래닛, 2013.

클라우스 슈밥, 『클라우스 슈밥의 제4차 산업혁명』, 송경진 옮김, 새로운 현재, 2016.

페드로 도밍고스, 『마스터 알고리즘―머신러닝은 우리의 미래를 어떻게 바꾸는가』, 강형진 옮김, 비즈니스북스, 2015.

피터 드러커, 『자본주의 이후의 사회』, 이재규 옮김, 한국경제신문사,

1993.

해리 브레이버맨, 『노동과 독점자본』, 이한주·강남훈 옮김, 까치, 1998.

A. Turing, *Computing Machinery and Intelligence*, Mind 49: 1950, pp.433-460.

B. Arthur, *Increasing Returns and Path Dependence in the Economy*, University of Michigan Press, 1994.

C. Anderson, *Free: How Today's Smartest Businesses Profit by Giving Something for Nothing*, Hyperion, 2009.

C. Vercellone, "From Formal Subsumption to General Intellect: Elements for a Marxist Reading of the Thesis of Cognitive Capitalism," *Historical Materialism*, 2007, pp.13-36.

D. Bolter, *Turing's Man: Western Culture in the Computer Age*, The University of North Carolina Press, 1984.

D. Jansen, *The New Economy And Beyond: Past, Present And Future*, Edward Elgar Pub, 2006.

D. Mindell, *Between Human and Machine: Feedback, Control and Computing before Cybernetics*, Johns Hopkins University Press, 2004.

G. Deleuze, "Postscript on the Societies of Control," OCTOBER 59, 1992, pp.3-7.

G. Lovink, *Social Media Abyss: Critical Internet Cultures and the Force of Negation*, Polity, 2016.

G. Raunig, *Dividuum: Machinic Capitalism and Molecular Revolution*, Semiotext(E), 2016.

J. Markoff, *Machines of Loving Grace*, Harper Collins, 2015.

J. Schor, "Debating the Sharing Economy," *Journal of Self-Governance and Management Economics,* Issue no.3: pp.7-22, 2016.

L. Lessig, "The Creative Commons," *Montana Law Review,* Volume 65, Issue 1, 2004.

L. Samuel, *The American Way of Life: A Cultural History,* Fairleigh Dickinson University Press, 2017.

M. Bauwens, "Class and Capital in Peer Production", *Class and Capital,* Volume 97, 2008.

M. Benkler, *The Wealth of Networks,* Yale University Press, 2006.

M. Pasquinelli, "Google's PageRank Algorithm: A Diagram of the Cognitive Capitalism and the Rentier of the Common Intellect," 2009.

N. Srnicek, *Platform Capitalism,* Polity, 2016.

P. Romer, "Increasing Returns and New Development in The Theory of Growth," *NATIONAL BUREAU OF ECONOMIC RESEARCH,* Working Paper No.3098, 1989.

T. Scholz, "Platform Cooperativism: Challenging the Corporate Sharing Economy," *Rosa Luxembourg Stiftung,* 2016.

T. Rid, *Rise of the Machines: the lost history of cybermetics,* Scribe, 2016.

Y. Boutang, *Cognitive Capitalism,* Polity, 2012.

Yuk-Hui, *On the Existence of Digital Objects,* University of Minnesota, 2015.

PART 2

인공지능과
권력변환

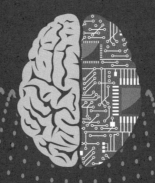

4장

인공지능 알고리즘의 책무성

최은창

인공지능의 자동화된 판단은 편리한 디지털 서비스뿐 아니라 핵심적 사회제도 속으로 진입하고 있다. 똑똑한 인공지능 자동화 예측에 대한 기대는 과도하지만 거버넌스에 대한 논의는 과소한 상황이다. 인간사를 '누가' 판단하느냐는 곧 권력을 의미한다. 그 힘이 인간에서 인공지능으로 넘어가고 있는 현상은 종래의 사회 제도에는 생경한 변화임이 분명하다. 인공지능 알고리즘 권력은 인간의 경험과 전문성을 뛰어넘을 것으로 전망되지만 복잡다단한 인간 사회에서 장기간에 걸쳐 축적되어온 상식, 윤리, 적법절차, 공평성 등의 가치는 인간사를 판단하는 인공지능의 연산 과정에도 고려되는 것일까? 머신러닝과 딥러닝 개발이 발전하여도 인간의 상식, 사회 규범, 윤리적 코드를 기계적 언어로 바꾸기가 어렵다는 난관에 직면해 있다. 만일 알고리즘의 자동화된 판단이 인종·성별·종교·경제적 배경에 따라 차별하거나, 부정확한 판단을 내려서 누군가를 배제한다면, 사회의 공공선을 늘이고, 인간 삶을 풍요롭게 만든다는 활용목적에는 반하는 결과를 가져오게 된다. 인공지능 플랫폼은 '코드 권력(code power)'의 발흥을 의미한다. 인공지능 알고리즘이 어떻게 삭동하고, 자동화된 판단이 어떤 과정을 거치는가를 설명할 수 없다면 문제점 수정 요구나 코드 권력에 대한 견제는 불가능해질 것이다.

들어가며

인공지능 시스템은 데이터와 코드code로 구축되며, 알고리즘 권력(algorithm power)은 코드의 설계에서 나온다. 그런데 공개되지 않는 블랙박스 안에서 작동하는 알고리즘을 지배하는 기업들과 정부는 '인공지능 플랫폼'을 통해 수많은 정치적·경제적·사회적 어젠다에 직간접적 영향을 미칠 수 있게 되었다. 현재 인공지능의 적용은 빠르게 확산되고 있지만 설계의 안전성, 편향·오류 있는 판단에 대한 대응, 거버넌스 논의는 무척 미미한 수준에 머무르고 있다. 이 글은 이런 전제에서 인공지능 테크놀로지의 활용과 관련하여 몇 가지 질문을 던지고 있다. 첫째, 오류, 무작위적 판단, 편향성 등을 걸러내기 위한 인공지능 알고리즘 설계원칙 또는 데이터 세트 검증 기준이 마련되어 있는가? 둘째, 사적·공적 영역에 도입된 알고리즘의 자동화된 판단이 부당한 사회적 차별이나 불평등의 악화로 이어지지 않도록 만드는 방안은 무엇일까? 셋째, 인공지능의 활용 영역은 넓어지고 있지만 위험에 대한 모니터링, 이의제기, 검증 절차 등의 제도는 확보되어 있는 것일까? 이러한 의문들은 '알고리즘 책무성(accountability)' 및 '인공지능 거버넌스(Governance of AI)' 논의와 깊이 연결되어 있다.

인공지능 거버넌스는 인간이 기계에 대한 적절한 지배를 유지함으로써 테크놀로지와 인간이 공존할 수 있는 균형점을 찾는 모색이라고 할 수 있다. 따라서 인공지능의 사회적 여파를 두려워하고 막연히 불신하는 테크노포브technophobe 또는 기계가 모든 일을 한다면 인간은 일자리를 잃게 될 수 있다는 비관론과는 구분할 필요가 있다.

제도로서의
인공지능 알고리즘

우리의 일상생활은 점차 많은 디지털 서비스와 인공지능에 둘러싸이고 있다. 자동 음성 주문, 인공지능 비서, 대화형 인공지능을 이용하며 즐거움을 느낄 수도 있다. 그러나 다른 한편, 인공지능은 우리 사회에서 가치와 연결된(value-aligned) 결정을 내리는 '판단자'의 역할을 수행하고 있다. 온라인 거래에서 사용자가 누구인가에 따라 개별적으로 서비스와 상품 가격을 결정하고, 형사사법 절차에서 구금기간을 산정하고, 질병의 예후를 진단하고, 입학 지원자를 결정하고, 보험인수와 신용거래를 승인하고, 공공주택을 배정하고, 입사 면접을 실시하고, 예방적 방범활동이 필요한 지역을 결정하고, 금융시장에서 매매와 투자를 결정한다.(최은창, 2017, p.28; Crawford & Ryan Calo, 2016, p.311)

이 글의 문제의식은 공적·사적 영역에 사용되는 인공지능 알고리즘의 판단이 언제나 안전을 보장하고, 공평하고 객관적인 추론을 해내고,

불공정한 차별의 금지와 적법절차 원칙을 존중하고, 개별 사용자들의 사정을 고려하리라는 보장은 없으며 그 사이에 부정합不整合이 존재한다는 점이다. 인공지능 알고리즘은 오직 특정한 용도에 맞게 설계되어 있을 뿐이므로 개인이 누리는 자유와 권리, 공평한 기회에 부정적 영향을 줄 수 있는 범위도 커질 수 있다. 이를테면 기석방 여부를 결정하는 과정에서 위험을 수치화하거나, 채용 과정에서 지원자의 성격을 임의적 평가요소로 측정하여 기계적으로 판단하는 알고리즘이라면 직업 기회를 부당하게 제한하는 결과를 가져올 수 있다.

　최근에는 인공지능이 적용된 서비스들이 인종이나 성별을 차별하는 사례들이 발견되기도 하였다. 기계가 내리는 자동화된 판단의 정확성은 어디까지나 어떤 데이터 세트를 사용하고 어떻게 알고리즘을 설계했느냐에 전적으로 달려 있다. 그러므로 비록 인공지능의 판단일지라도, 무작위적이거나 부정확하거나 편향적일 수 있다. 인공지능 시스템은 효율적이지만 취약점 또한 존재한다. 예컨대 2010년 시장을 공황상태로 몰아넣었던 뉴욕 나스닥NASDAQ의 주가 폭락 사태는 플래시 크래시flash crash로 알려져 있다. 그 원인은 자동화된 알고리즘 매매의 반응 패턴을 이용하여 차익을 얻으려고 했던 누군가의 허위 매도 주문에서 시작되었다. 알고리즘을 이용한 시장 조작(algo manipulation)이 주식, 외환시장을 뒤흔든 경우는 몇 차례나 더 있었다. 이러한 사례들은 알고리즘 시스템은 순식간에 무너질 수 있으며 의외로 취약하다는 점을 보여준다.

　널리 적용되고 다수에게 영향을 주는 인공지능일수록 알고리즘의 정교한 설계, 관련성 높은 풍부한 데이터의 공급, 장시간의 훈련을 통한 파라미터의 조정이 요구된다고 할 수 있다. 그럼에도 불구하고, 불완전하게 설계된 알고리즘이 무작위적 판단, 오류, 편향성 등의 문제를 일으킬 수 있다. 그렇다면 누군가는 기계의 판단에 의해서 자원이나 기회의 배분에서 부당하게 배제되거나, 차별을 겪게 될 수 있다. 또한 구글, 페이스북, 트위터 등 거대 온라인 플랫폼 운영자가 알고리즘을 조작하여 정치적 여론을 좌우할 수 있다면 여론의 방향이나 선거 결과를 바꿀 수도 있다. 이처럼 인공지능이 인간 제도의 영역에서 경제적 기회, 신체의 자유, 자원 배분을 결정하는 비중은 급증하고 있다. 알고리즘의 자동화된 판단이 인간사에 폭넓은 경제적, 정치적, 사회적 영향력을 미치고 있는 것이다. 그러므로 사회의 안전, 개인의 경제적 기회와 자유 등에 직결된 중요한 판단을 담당하는 알고리즘의 경우에는 공적 감시의 대상으로 삼고 책무성을 구현하기 위한 조사와 검증(inspection) 등의 절차를 마련할 필요가 있다고 할 수 있다.(Spielkamp, 2017)

자동화된
차별

　　　　　사적 영역에 사용되는 인공지능은 전자상거래 웹사이트에 접속한 사용자의 거주지, 구매 패턴, 소비 성향을 파악하여 상품과 서비스 가격을 수시로 바꾼다. 사용자의 프로파일링에는 쿠키 cookie가 사용된다. 많은 전자상거래 웹사이트들이 이미 알고리즘을 이용한 가격 차별화 전략을 공격적으로 사용하고 있다.(McSweeny, 2017) 항공권 예매, 호텔 예약, 소비재를 판매하는 전자상거래 사이트에서 이미 사용되고 있는 '자동적 가격 결정자(automated pricing agents)' 알고리즘은 잠재적 고객마다의 성향, 성별, 나이, 소비습관에 대한 데이터를 분석하여 상품·서비스의 가격을 빠르게 올리거나 낮춘다. 사용자의 방문기록 등 개인별 데이터 프로파일링을 바탕으로 알고리즘이 제시하는 전자제품, 상품, 티켓의 가격은 잠재적 소비자마다 다르고, 시간별로도 달라지게 된다. 이처럼 알고리즘에 의한 가변적 가격 설정(dynamic pricing)은 사이트 운영자의 수익을 크게 늘려준다.

그런데 개인마다 다르게 알고리즘이 제시하는 가격이 지나치게 약탈적이라면, 소비자의 선택권이 제약될 수 있고 고용·주택·의료·교육 등의 서비스에 대한 균등한 접근에 차별이 발생힐 수 있다. 알고리즘 시스템에 의한 사회적 차별은 디지털 레드라이닝redlining으로 불린다. 레드라이닝은 은행, 보험사가 특정한 지리적 경계를 지정하여 담보융자의 제공이나 보험인수를 거부하는 관행에서 유래했다. 1960년대 미국 은행은 지도에 빨간 선을 그어 실업률과 신용 리스크가 높은 지역을 표시했다. 빨간 선 안쪽의 빈곤한 흑인들은 대출을 받을 때 불리한 조건을 감수하거나 더 높은 이자를 물어야 했다.

프린스턴 리뷰Princeton Review 웹사이트는 대학입학자격시험 SAT 준비용 코스를 결제하려는 구매자가 입력한 미국 내 우편번호(zip code)에 따라서 서비스 가격을 다르게 매겼다. 6천600달러가 보통 가격이었지만 뉴욕시 플러싱 지역의 우편번호를 입력하자 가격은 8천800달러까지 치솟았다.(Vafa, et al., 2015, p.4) 프린스턴 리뷰의 웹사이트에 적용된 알고리즘은 오직 높은 수익을 올리도록 설계되어 있지 '차별적 효과'의 문제는 고려하지 않았다. 플러싱 지역은 자녀들을 좋은 대학에 보내기를 갈망하는 아시아계 주민들이 몰려 있다. 그 지역의 평균 소득이 다른 지역들에 비해 낮다는 점을 감안한다면 높은 가격을 차별적으로 요구한 알고리즘은 불평등을 악화시키는 거래였던 셈이다. 구글 검색 엔진에 노출되는 광고가 사용자의 인종에 따라 다르다는 점을 우연히 발견하고 연구에 착수한 라타냐 스위니Latanya Sweeney는 구글 애드센스Google AdSense가 흑인에게 흔한 이름을 가진 사용자에게 범죄 전과조회 광고를 25%나 더 많이 노출시켰음을 입증했다.(Sweeney, 2013) 검색 엔진 사용자의 인종, 성별, 경제적 여건에 대한 상세한 디지털 프로파일링은 온라인 광고를 정확하게 전달할 수 있지만 한편으로 다른 유리한 정보를 볼 기회를 사라지게 만들 수 있다.

미국에서 운영되는 의료보험제도는 환자가 가입한 다른 의료보험이 무엇인가를 일일이 확인해야만 하므로 주고받는 서류들도 많고 관련 인력들도 많아서 고비용 저효율의 영역으로 여겨져왔다. 이런 배경에서 인디애나 주는 복지혜택의 수급자격에 대한 판단을 자동화하기로 결정했고 인디애나 주의 한 여성은 의료 보조제도 메디케이드Medicaid에 재등록하라는 편지를 받았다. 그러나 그녀는 암으로 입원 중이었기 때문에 수급자격을 증명하기 위한 절차를 밟을 수 없었고 결과적으로 집세 지원, 무료 식권, 무료 교통 등의 수급 자격을 잃었다. 그녀는 머지않아 사망하게 되었다. 수급자격은 사망한 이후에야 회복되었다. 이 사례는 공공 분야의 자동화가 오히려 가장 도움이 필요한 빈곤층을 곤경으로 몰아넣을 수 있다는 사실을 보여주었다.(Eubanks, 2018) 공공 서비스 업무가 자동화되면 신속성, 효율성 등의 장점도 있겠지만 알고리즘은 오직 입력된 데이터만을 기초로 판단하므로 복지행정의 사각지대를 낳을 수 있다. 그러므로 알고리즘에 의한 자동화된 차별(automating inequality)이 발생할 우려가 있다.

우버 택시의 요금은
누가 결정할까?

알고리즘은 에어비앤비, 우버 택시의 요금을 결정하고 금융파생상품 시장에서 고빈도 매매(HTF)를 수행한다. 우버 택시 사용자는 앱을 다운받고 원하는 우버 차량 옵션 아이콘을 선택함으로써 '목적지에 도착했을 때' 요금을 내기로 동의하게 된다. 요금은 우버 앱 알고리즘이 기본요금, 시간, 거리를 고려하여 계산한다. 사용자들은 우버 택시를 부르기 전에 예상 견적을 살펴보지만 실제로 지불해야 하는 요금은 다르다. 예컨대 우버 서비스 요청이 밀려들면 피크타임 할증 요금이 부과된다. 피크타임 할증요금은 기본요금에 피크타임 할증 배수를 곱해서 알고리즘이 계산한다.

우버 측은 할증요금은 한정된 택시 서비스의 공급을 늘려 탑승 건수를 최대화하기 위한 방침이라고 밝히고 있다. 그런데 우버 택시가 이렇게 할증요금을 올려받는 관행은 어디까지 합리적일까? 2015년 12월 어느 날, 뉴욕에 사는 스펜서 메이어는 우버 택시를 불렀다. 그런데 하필 러시아워에 걸렸고 택시에 앉아 있는 동안 요금은 치솟았다. 메이어는 우버 택시의 할증료(surcharge)가 출발 전 견적에 비해서 8배나 높게 나오자 화가 났다. 할증료는 우버 택시 기사가 아니라 우버 앱의 알고리즘이 산정했다. 그렇지만 가격은 올라가게 된다. 메이어는 우버 앱 제작자와 택시 운전자 간에 가격 공모에 대한 합의가 있었다고 주장하며 뉴욕 연방지방법원에 소송을 제기하였고 승소했다. 이처럼 알고리즘을 사용한 자동화된 가격차별(algorithmic price discrimination)은 일정한 경우 경쟁제한 행위로 다루어지게 된다.

이 사례는 가격결정 봇(Pricing Bots) 알고리즘이 기본적으로 상업적 이윤의 극대화를 위해 사용되고 있다는 사실을 보여준다. 한편, 알고리즘은 특정 기업의 지배력을 강화시키거나 시장 경쟁을 감소시킬 수 있다. 최근에 주목받는 알고리즘 담합(algorithmic collusion)은 사업자들이 같은 알고리즘을 사용하거나 알고리즘 개발업체에 위탁하여 카르텔을 형성하거나 경쟁 제한적 행위를 하는 새로운 관행을 의미한다. 2017년 유럽 위원회 반독점국이 펴낸 전자상거래 분야 경쟁 분석(E-commerce Sector Inquiry) 보고서에 따르면, 3분의 2 이상의 온라인 소매상들이 가격결정 소프트웨어(pricing software)를 사용하여 경쟁자들의 상품이나 서비스 가격을 추적하고 있었다.(European Commission, 2017) 즉, 알고리즘은 동종 업계의 가격대를 모니터링하고 적정한 가격대로 조정하고 고정시키는 방식으로 담합한다. 그런데 사업자들 간에 공모를 위한 의사소통이 없는 기계에 의한 자동적 담합에도 과연 경쟁법을 적용할 수 있을지가 법적 쟁점으로 등장하고 있다.

포털 사이트의
콘텐츠 큐레이션

종래에는 거대한 윤전기와 기자들로 가득한 뉴스룸을 갖춘 신문사와 비용이 많이 드는 주파수와 송출 시설을 소유한 방송국 운영자들이 정보 배급권을 가졌다. 정보 흐름의 결정권을 한 손에 움켜쥔 미디어 권력자들은 정치권의 실력자들, 광고주들과 긴밀하게 연결되어 있었다. 여론 통제와 조작은 어떤 뉴스를 어떤 어조로 내보낼지를 결정하는 매스미디어의 게이트키퍼gatekeeper 권한 때문에 가능했다. 그러나 디지털의 시대에는 여론의 흐름을 좌우하는 권력은 이제 알고리즘으로 넘어갔다.(Wallace, 2018)

구글 뉴스, 네이버, 다음 등 사이트들에서 수많은 뉴스 기사들 가운데 콘텐츠를 자동적으로 큐레이션하는 역할은 알고리즘이 담당하고 있다. 종전에는 에디터들이 뉴스 카테고리 별로 편집 원칙에 따라 언론사별 기사를 포털의 메인 화면에 배치하는 방식이었으나 이제는 알고리즘이 그 배치를 담당한다. 그러나 뉴스 콘텐츠의 큐레이션을 수행하는 알고리즘이 사용자의 뉴스의 선호도 패턴, 유용성, 시사성만 고려하도록 설계되었다고 보기는 어렵다. 포털이 언론사로부터 뉴스 기사들을 공급받아 메인 화면의 분야별 주요 뉴스란에 명예훼손적 기사를 배치했다면 법적 책임을 부담할 수 있기 때문에(서울고법 2006나92006 판결) 포털 운영자들은 뉴스들을 모니터링해야 하고 때로는 걸러내기도 한다. 한편, 포털 사이트의 콘텐츠 큐레이션은 언론사들의 광고 수익 규모와 직결되지만 그 검색결과가 정보 관련성(relevance)만 고려하지는 않으므로, 포털 사이트의 뉴스 검색 속성의 알고리즘을 공개하고 투명성을 높여야 한다는 주장도 나오고 있다.(한운희, 2015)

포털 사이트, 페이스북, 구글 뉴스 등 디지털 플랫폼과 앱은 인공지능으로 맞춤형 뉴스 큐레이션(AI-driven curation)을 사용자들의 스마트폰과 PC로 전달한다. 필터링과 알고리즘은 개인들이 원하는 유형의 뉴스 기사들, 취향에 맞는 영상과 음악만을 골라 추천하는 '데일리 미 The Daily Me'를 구현하고 있다. 캐스 선스테인Cass Sunstein은 인터넷 시대를 맞아 매스미디어의 정치적 영향력의 소멸과 정치적 '담론의 파편화'가 두드러질 것이라고 전망했다. 많은 개인들은 정제된 맞춤형 정보만을 전달하는 '데일리 미'를 통해서 매우 좁은 관점만을 유지하므로 풍부한 정치적 담론의 공방으로 이어지는 공통적 기반의 형성이 어려워진다는 것이다. 선스테인은 매스미디어가 수행하는 응집점(conden-sation point) 역할이 사라진다면 공론장에서의 공적 담론은 파편화되고 황폐화될 것으로 전망했다.(Sunstein, 2007)

소셜 미디어의
확증편향과 필터버블

퓨리서치의 조사에 따르면, 미국에서는 성인 67%가 소셜 미디어를 통해 뉴스를 접했다. 그 가운데 20%는 자주 이용하고, 27%는 가끔 이용하고, 20%는 거의 이용하지 않는다고 답했다. 그런데 20대의 60%는 페이스북이 추천하는 뉴스를 읽는다.(Shearer &

인공지능, 권력변환과 세계정치

Gottfried, 2017) 구글, 아마존, 페이스북은 사용자가 설정한 필터링과 플랫폼 자체의 알고리즘을 이용하여 사용자에게 최적화된 정보만을 제공하므로 제한된 뉴스들만을 매일 접하게 된다. 예컨대, 구글 뉴스는 사용자가 입력해둔 쿼리queries와 관련성이 높고 비슷한 뉴스 기사만 제공한다. 온라인 콘텐츠의 흐름이 사용자 선호도에 맞게 최적화되면 사용자는 편리하지만 관심 없는 주제와 견해들을 볼 수 있는 기회는 차단된다. 또한 페이스북 뉴스피드나 구글 뉴스 앱 등 개인화된 정보 큐레이션 서비스에 적용된 알고리즘은 정치적으로 편향되었기 때문에 여론에 부당하게 영향을 미친다는 비판을 받기도 한다.

개인화된 맞춤형 콘텐츠를 제공하는 소셜 미디어의 알고리즘은 확증편향(confirmation bias)을 강화시키기도 한다. 예컨대 페이스북 사용자가 친구가 올린 포스팅을 클릭하여 '좋아요'를 누르고 '공유'하면 페이스북 알고리즘은 이 선택을 학습하여 사용자가 좋아할 만한 글을 뉴스 피드의 상단에 배치하는 식으로 사용자의 선호와 신념 체계를 강화시킨다. 알고리즘은 사용자들의 기분을 거슬리게 하거나 정치적 신념에 반하는 것으로 예측되는 포스팅이나 콘텐츠 추천은 애초부터 전달하지 않고 자동적으로 배제한다. 확증편향은 선택편향의 일종으로 자신의 믿음과 일치하는 정보만 받아들이고 다른 정보들은 무시하는 경향이다. 정보 버블(bubble of information) 또는 필터 버블filter bubble은 확증편향을 통해서 사용자들의 관점을 한정시킨다.(Adams, 2014, pp.4 - 9)

계속되는 필터링은 버블을 더 크게 만들기 때문에 정치적 담론이 파편화되는 현상은 더 악화된다. 필터 버블에 갇힌 개인들은 자기강화적, 자기참조적 토론 집단을 형성하므로 개인들의 관점을 한쪽으로만 극단적으로 몰고 가는 경향이 있다. 그 결과 극단적이고 파편화된 논쟁들이 웹에서 더 가시적으로 부상하게 된다. 요컨대, 정보 필터링과 알고리즘에 의한 뉴스 기사 큐레이션은 다양한 정보의 흐름과 노출을 막기 때문에 네트워크 공론장에서의 정치적 담론의 활성화를 막을 가능성이 있다.

디지털 제리맨더링과 정치

검색 엔진과 트위터, 페이스북 등 소셜 네트워크의 알고리즘이 장악하는 정보 게이트웨이는 선거 시즌에 부동층을 슬쩍 부추겨(nudge) 표심에 영향을 미칠 수 있다. 오늘날 수십억 명이 소셜 미디어로 뉴스를 전달받고 생각과 정치적 입장을 결정하고 여론의 추이를 파악하기 때문이다. 2017년 기준으로 보면 전 세계 인구 가운데 인터넷 사용자는 30억 명이며 소셜 미디어 사용자는 30억 명이다. 매일 쏟아지는 많은 뉴스 가운데 주요 기사를 골라서 전달하는 정보 큐레이션(curating service)은 온라인 플랫폼의 알고리즘이 결정한다.

알고리즘이 결정하는 정보의 유통방식은 정치적 여론의 형성과 선거 결과를 바꿀 수도 있다. 온라인 플랫폼 알고리즘의 운영자가 알고리즘을 조작한다면 공론장의 담론은 파편화되고 정치적 과정이 왜곡될 수 있는 것이다. 만일 구글, 페이스북이 알고리즘을 조작하여 여론의 방향을 바꾸거나 특정 뉴스가 주목받게 한다면 선거의 공정성은 훼손될 수 있다. 예컨대 페이스북은 특정한 뉴스를 '오늘의 추천 뉴스'에 노출시켜 특정 정당을 간접적으로 지지하여 여론에 영향을 미칠 수 있다.

제리맨더링gerrymandering은 의석을 쉽게 확보하도록 인위적으로 선거구 경계를 정하는 정치적 술책을 의미하는 용어였다. '디지털 제리맨더링digital gerrymandering'은 온라인 플랫폼이 콘텐츠를 분류하고 배포하는 과정에서 공공정책이나 정치 영역에 인위적으로 영향을 미칠 수 있다는 의미의 신조어이다. 조너선 지트레인Jonathan Zittrain은 디지털 플랫폼을 지배하는 소수의 기업들이 알고리즘을 사용하여 정치 과정에 영향력을 미칠 수 있다고 지적했다.(Zittrain, 2014, p.336) 다시 말해, 거대한 온라인 서비스 사업자들은 중립적 정보를 제공하기보다는 반대하는 정책에 대한 여론을 조성하고, 지지하는 정책이 부각되도록 선택적으로 정보를 제공할 수 있다.

페이스북의 정치적 영향력을 보여주는 심리적 실험 사례도 있다. 페이스북 데이터 사이언스팀은 2010년 11월 미국 연방의회 선거일에 18세 이상 사용자들을 대상으로 실험을 진행했다. 전체 사용자 1%에 해당하는 61만 1천 명의 페이스북 뉴스피드News Feeds에 투표를 마친 페이스북 친구들의 사진을 보냈다. 투표를 권유하기 위해서 지역별 투표소를 보여주는 지도 링크 아래에 '나는 투표했어'라는 버튼을 클릭할 수 있게 했다. 버튼을 누르면 "페이스북 친구가 투표를 이미 마쳤다"는 메시지가 발송되었다. 그 메시지를 본 페이스북 사용자들 6만여 명은 직접적으로 영향을 받아서 투표를 하러 갔다. 이러한 행동은 다른 페이스북 친구들 28만 명의 행태에도 효과를 미쳤다.(Bond et al, 2012, p.296) 그 결과 페이스북 사용자 네트워크에서의 파급효과는 34만 명을 투표장으로 새롭게 향하게 만들었다.(Corbyn, 2012)

알고크라시

최근에는 공공정책의 결정의 과정에도 알고리즘이 도입되고 있다. 예컨대 컴퓨터 프로그램이 관련된 데이터 입력을 차례대로 요구하고 분석 결과값이 도출되면 공적 판단 과정에 활용하는 것이다. 알고크라시algocracy는 전문가의 재량적 판단, 입법 제안, 법 집행

과정의 판단을 컴퓨터 기반의 데이터로 대체하려는 접근이다. 이는 인간의 권한이 '기술적 코드 권한(technologically coded authority)'으로 이행함을 의미한다. 알고리즘은 공적 결정 과정에서 생성된 데이터를 기초로 삼아서 여러 출처에서 정보를 수집·분석하여 구성한다. 이렇게 알고리즘으로 구축된 시스템은 공적 결정을 내리는 주체들의 판단을 구조화하는 동시에 제약하게 된다.(Danaher, 2016, pp.245-250) 만일 공공정책의 결정과정에 데이터 분석과 알고리즘이 도입된다면 지식을 갖춘 자에 의한 통치(epistocracy)는 감소하고 관료적 위계 구조도 근본적인 변화를 맞이하게 될 것이다.

데이터와 알고리즘을 공적 영역에까지 도입하려는 움직임은 기술이 사회 문제까지 해결할 수 있다는 믿음에 근거한다. 이해관계자들의 로비와 정당정치의 세력 대결과 반목 등으로 인하여 한계에 다다르고 있다. 정치적 합의는 도달하기 어렵고, 정치인들이 시민들의 의사를 제대로 반영하지 못하기 때문에 대의민주주의가 실패하고 있다는 지적도 계속되고 있다. 그렇다면, 인공지능에 의한 알고크라시가 입법과정 및 정책결정 절차에 변화를 추구한다면 시민들은 데이터 과학이 진입하는 것을 환영할까? 아니면 입법과 정책결정 절차에서 민주적 절차의 정당성이 사라지고 기계적으로 처리된다는 점에서 반대하게 될까? 생각해보아야 할 점은, 공론 조사, 숙의, 의견수렴 등의 절차가 요구되는 영역마저 데이터와 연산용 알고리즘으로 대체된다면 규범적 가치판단을 위한 논증(reasoning)과 절차적 적법절차의 가치가 훼손될 수 있다는 것이다. 자동화된 판단은 많은 절차들을 사라지게 만들어 빠른 판단이 내려지겠지만 숙의를 위한 과정은 불필요해지고, 판단에 대한 책임 소재가 불명확해질 위험도 크다고 할 수 있다.

재범 위험성을 평가하는
컴파스(COMPAS)

어떤 범죄자가 다시 범행을 저지를 가능성이 높을지 낮을지를 평가하는 재범 예측과 가석방의 결정을 소프트웨어가 담당한다면 효과적일까? 형사재판에서 알고리즘이 측정한 재범 위험성을 신뢰하고 형량을 부과한다면 적법 절차에 합당한 것일까? 알고리즘은 형량 결정, 가석방(parol)의 결정, 보석 결정, 재범 예측 등 형사사법 제도에서도 활용되고 있다. 법관과 가석방위원회라는 전문가들의 신중한 판단이 요구되던 분야가 몇 가지의 데이터 세트를 근거로 한 기계적 판단으로 대체되고 있다. 형사사법 분야는 적법절차(due process)의 원칙이 엄격히 적용되어야 하는 분야지만 알고리즘이 편향되었다면 인신 구속의 연장 또는 자유의 제한은 늘어나게 된다.

노스포인테Northpointe의 컴파스 재범 알고리즘(COMPAS Recidivism Algorithm)은 미국 위스콘신 주, 유타 주, 버지니아 주의 형사사법 절차에서 사용되고 있다. 타인에게 해악을 미친 행태 기록, 반사회적 성격의 패턴, 태도, 성별, 범죄에 대한 피고인의 신념 등의 요소들을 바탕으로 재범 위험성을 평가한다. 그러나 그 기계적 예측이 정확하지는 않았다. 컴파스 알고리즘이 흑인 피고인의 재범 위험을 더 높게 평가하는 등 인종적 편향이 있음이 밝혀진 것이다.(Angwin et al., 2016) 플로리다 주 브라운 카운티에서 2013년부터 2014년까지 기소된 피고인들 중에 컴파스 알고리즘에 의해 형량이 결정된 1,200명의 기록을 검토했다. 그리고 2년 후에 누가 새로운 범죄를 저질렀는가를 일일이 대조 분석했다. 그 결과 컴파스는 45%의 흑인 피고인들을 고위험 재범 가능성 그룹으로 분류했음이 드러났다. 백인 피고인들이 23%가 고위험으로 측정된 데 비하면 2배나 많은 수치였다.

성범죄를 저지른 전과가 있던 에릭 루미스Eric Loommis는 총격 현장에서 달아나다 체포되었다. 위스콘신 주 교정국은 그가 전과자로서 재범 가능성이 크다고 판단하여 6년의 구금이 필요하다고 구형했다. 이것은 컴파스 재범 예측 알고리즘이 판단한 구금 기간이었다. 루미스는 반발하면서 사기업이 제작한 상업적 알고리즘 도구가 형량의 결정에 사용됨에도 불구하고 실제로는 어떻게 작동되는지 알 수도 없고, 성별(gender)을 위험성 평가요소의 하나로 고려하고 있어 부당하다고 주장했다. 컴파스 알고리즘이 어떤 요소들을 근거로 재범 확률을 평가하여 점수화하는 것인가를 공개하지 않는다면 헌법상 적법절차(due process) 위반이라고 주장했다.

그러나 위스콘신 주 항소법원은 컴파스 알고리즘으로 평가한 재범 위험성을 형량 결정에 사용하는 관행이 헌법에 보장된 적법절차(due process)를 침해하지 않았다고 보았다. 또한 컴파스는 상업적 알고리즘이라는 이유로 과학적 타당성을 검증하기 위해 알고리즘을 공개하라는 루미스의 요청도 기각했다. 알고리즘이 피고인의 성별을 형량 산정에 고려한 것도 합당하다고 판단하였다. 2016년 위스콘신 주 대법원은 항소심 판단을 그대로 받아들였다.(State v. Loomis, 881 N.W. 2d 749) 형량 산정 과정에서 원심이 컴파스 알고리즘에 의존하여 재범 위험성 평가를 참조한 점은 형사사법 절차에서 적법절차 원리를 침해하지 않았고 재판부가 재량을 남용한 위법이 없다고 보았다.(Danielle Kehl, 2017) 그러나 논란은 여전히 지속될 것으로 보인다. 형사사법 절차에서 사용되는 알고리즘의 판단은 다수의 전과자들이 속한 그룹의 특성들을 학습하고 축적하여 판단에 반영하기 때문이다. 만일 어떤 개인이 위험성 높은 그룹으로 분류된다면 알고리즘이 결정하는 '확률적 판단'의 테두리에서 벗어나기란 불가능하다.

유색인종에 불리한
예방적 치안

빅데이터 분석과 알고리즘은 예방적 경찰 투입과 예방적 치안(predictive policing)에 활용되고 있다. 경험적 범죄 데이터 분석을 기반으로 어느 시간대, 어디에서 일어날 가능성이 높은가를 예측하는 프로그램이 그것이다. 한정된 경찰력의 효과적 활용 및 비용의 절감을 위해 시카고, 뉴욕, 캘리포니아의 11개 도시들의 경찰국이 사용하고 있는 범죄 감시 프로그램 '샷 스포터Shot Spotter'는 도시 곳곳에 깔려 있는 수천여 개의 음성 센서들이 포착한 총성, 전자 지도 등 데이터 세트를 종합하여 총격이 발생한 지역과 시간대를 찾아낸다. 또한 수집된 데이터를 분석한 알고리즘이 어떤 위험 지역과 시점에 범죄 위험성이 높은지를 판단하고 경찰력을 배치하고 순찰에 집중한다.

그런데 빅데이터 분석을 사용하게 되면 정말 미리 범죄를 예방하고 막을 수 있는 것일까 아니면 특정한 범죄 빈발 지역에 감시만 집중되는 것일까?(Hvistendahl, 2016) 순찰이 우범지역과 인종에만 집중된다면 그 지역을 걸어가는 어떤 흑인은 검문을 받고 연행될 수 있다. 알고리즘은 유색인종 그룹이 자주 체포된 기록이 있기 때문에 범죄 가능성 높은 그룹으로 분류하므로 선량한 유색인종도 동일시하게 된다. 그렇다면 잠재적 범죄자군에 속하는 개인은 벗어날 수 없는 '확률의 감옥' 안에 갇히게 된다. 우범지역에서 체포가 증가하면 통계상으로는 범죄율 수치가 줄어드는 것으로 나타나므로 관련 예산은 더 증가하는 피드백 루프feedback loop가 고착화된다. 그렇다면 특정한 우범지역이나 특정한 인종을 '위협'으로 여기는 편향성은 일단 알고리즘에 의해서 형성되면 그 패턴은 영원히 지속될 수 있다. 영화 〈마이너리티 리포트Minority Report〉는 인간에게는 자유의지(free will)가 없고 어떤 행동을 할지 이미 결정되어 있다는 결정론(determinism)에 입각한 범죄 예측 시스템이 얼마나 위험한가를 보여주었다.

개인들의 얼굴 사진, 성향, 행태, 위치 등 디지털 정보를 활용한다면 용의자를 효과적으로 찾을 수 있지만 이 모든 데이터를 제약 없이 사용하는 알고리즘 시스템은 고도 감시사회의 도구가 될 수 있다.(Fergu-son, 2017) 중국의 산둥, 푸젠, 장쑤, 광둥 지방정부는 안면인식 기술 '톈왕(天網, SkyNet)'을 이용하여 반부패·반범죄 감시를 하고 있다. 센스타임SenseTime이 제작한 톈왕 알고리즘은 마치 인간의 눈처럼 사물을 인식하는 컴퓨터 비전computer vision을 구현한다. 톈왕은 머신러닝 학습을 거치면서 성능이 크게 향상되어 6만여 명이 참가한 콘서트에서 수배자를 찾아내어 체포하는 일도 가능해졌다.

블랙박스 안에
감춰진 알고리즘

우리는 알고리즘의 영향력이 커지는 세상에 살고 있지만 그 투명성과 통제 가능성은 어떻게 확보할 수 있을까? 디지털 경제를 지배하는 인공지능 기업들이 블랙박스와 같은 알고리즘을 은폐하려 한다면, 문제를 밝혀내기는 어렵다.(Castelvecchi, 2016, pp.20-23) 다국적 금융기업들과 정보기업들은 막대한 데이터를 긁어모아 알고리즘으로 분석하여 엄청난 이익을 거두고 있다.(Pasquale, 2015) 알고리즘은 영업비밀로 보호되며, 그 블랙박스 속에서의 작동방식은 알기 어렵다. 비록 인공지능 플랫폼은 누구나 이용할 수 있어도 알고리즘의 소스코드에 대한 접근과 검증은 신성불가침의 영역이 되어가고 있다.(Naughton, 2016)

프랭크 파스쿠엘레Frank Pasquale에 따르면, 디지털 경제에서 다국적 기업들이 세계 경제질서를 좌우하는 힘은 코드이다. 그 힘은 정보와 데이터를 긁어모으고 이를 분석하는 비밀스러운 알고리즘에서 나온다.(Pasquale, 2015, pp.12-88) 그는 알고리즘과 빅데이터 분석이 어떻게 정보와 돈을 통제하는가를 주목하였다. 예컨대, 사적 영역의 알고리즘은 디지털 '평판'을 좌우하고, 검색 엔진에 감춰진 논리를 통한 콘텐츠 유통, 금융거래의 지배를 가능하게 만든다. 강력한 영향력을 가지는 사기업들의 알고리즘은 자금 흐름과 정보를 통제하고, 검색결과의 순위를 정하고, 어떤 뉴스를 더 많이 전달하여 여론의 방향을 정할지를 결정하고, 정보 수용자의 관점을 조작할 수 있다.

알고리즘의 작동은 블랙박스 안에서 이루어지므로 편향, 왜곡되고, 오류가 있어도 원인을 밝혀낼 수단이 없다. 인공지능 플랫폼의 운영자들은 알고리즘 뒤에 숨기도 한다. 즉, 알고리즘을 사용하는 기업들은 실수를 감추거나, 어떤 이유로든 파라미터를 약간 비틀거나, 진정한 이해관계를 감추기 위해서 알고리즘을 전면에 내세운다. 그 전형적인 방식은 "풍부한 데이터를 분석하는 알고리즘이 객관적으로 판단하기 때문에 인위적 조작은 있을 수 없다"는 항변이다.

이를테면 페이스북은 뉴스피드에 특정한 성향의 뉴스들이 노출된다는 공격을 받자 컴퓨터 알고리즘이 선택한 것이며, 인위적 개입은 없다고 밝혔다. 그러나 페이스북 뉴스 편집팀 큐레이터들은 페이스북이 보수 언론이 내놓는 우익 단체들이나 공화당 관련 기사들을 트렌팅 토픽의 노출에서 일상적으로 숨기거나 제외했었다고 폭로하고 나섰다. 국내 포털들도 뉴스 기사의 노출이 조작되거나 주요 관심사가 실시간 검색어에 나타나지 않아서 공정성이 미흡하다는 비판을 받을 때 "알고리즘이 그랬어요"라는 논리를 내놓았다.

알고리즘 설계의
불편한 진실

　　　　　　알고리즘의 자동화된 판단(autonomous decision)이 여러 비즈니스 분야에서 매우 빠르게 확장되는 이유는 비용과 시간을 절감할 수 있을 뿐만 아니라 일정한 조건에서의 기계적인 판단이 인간의 부주의, 자의적 판단에 비해 더 정확할 것이라는 기대 때문이다. 그렇지만 인공지능의 자동화된 판단은 기본적으로 알고리즘 설계에 따라서 작동한다. 알고리즘의 설계에는 우선순위 결정, 분류, 관련짓기, 필터링 과정이 수반되는데, 이 과정에서 인간의 주관과 가치판단이 개입되므로 오류, 편향성, 검열 가능성 등의 문제를 내포하게 된다. 알고리즘은 정의된 명령에 따라서만 작동하는 것이 아니라 사용자 및 객체와 상호작용 속에서 끊임없이 수정 및 조정되므로, 인간의 편견이나 선입견이 반영될 가능성도 상존한다.

　머신러닝 알고리즘의 개발은 기본적인 설계를 마친 이후에 데이터를 학습하면서 알고리즘 모형을 더 훈련시키고 다양한 상황에서 효과적으로 예측하도록 개선하는 과정으로서 긴 시간이 걸린다. 그러나 최고의 수준으로 훈련된 알고리즘 모형이라도 공급되는 데이터의 부정확성이나 부족으로 실패할 수 있다. 예컨대 이미지 데이터 세트에 거짓(falsely)된 라벨링이 있어도 머신러닝은 그 대상에 높은 신뢰도를 부여한다. 애초부터 데이터 세트에 라벨링이 잘못되었다면 정확성은 기대할 수 없고 오류의 원인이 된다.

　실제로 많은 개발자들은 머신러닝 알고리즘을 훈련시키면서도 "왜 그 모형의 성능이 효율적인가?"를 설명하지 못하는 모순적 상황에 마주하고 있다.(Castelvecchi, 2016, p.20) 알고리즘의 판단 과정에 대한 설명이 불가능한 이유는, 비록 훈련을 마친 알고리즘 모형일지라도 조정 가능한 파라미터들(adjustable parameters)이 수천만 개가 넘을 정도로 많기 때문이다. 개발자들은 머신러닝 알고리즘 모형의 예측 정확도(prediction accuracy)를 높이기 위해 일반적 성능을 설계하기보다는 여러 가지 모형을 경험적으로 측정하는 방법에 의존하고 있다. 우선 'X 머신러닝 알고리즘' 모형을 설계한 이후 학습을 위한 훈련용 데이터 세트를 입력한다. 그리고 테스트 라벨의 값을 예측한다. 'X머신러닝 알고리즘'이 잘못 예측한 수를 세어보고 예측 정확도를 알아낸다. 이를 바탕으로 X모형을 개선하거나 'Y머신러닝 알고리즘' 개발에 나선다. 머신러닝 설계는 주어진 데이터를 가장 잘 설명하는 '함수'를 찾는 것이지만 이는 높은 확률분포(probability density)를 찾는 과정이기도 하다.

어떤 작업의 수행에 적합하고 편향성이 적고, 최고의 정확도를 가진 머신러닝 알고리즘 모형을 찾으려면 여러 모형들을 비교하는 과정을 거쳐야 한다. 인공지능 알고리즘의 개발자는 직관과 경험을 동원하고 무작위적으로 다수의 모형들을 훈련하면서 교차 검증점수를 파악한다.(Bergstra et al., 2012, pp.281-288) 훈련용 데이터 세트를 알고리즘에 입력할 때 파라미터 값을 바꾸면 다른 알고리즘 모형이 만들어진다. 개발자들은 정확도 개선을 위해 실험을 거듭하며 알고리즘 내부의 하이퍼파라미터hyperparameter를 튜닝하여 확률분포 파라미터parameter를 유추하는 과정을 거친다. 머신러닝 개발자들은 머신러닝 알고리즘이 어떻게 작동할지 설계 단계에서 미리 예측하지 못하고 수정을 위해서도 어떤 파라미터를 고쳐야 하는지 알기도 어렵다.

인공지능 개발의 불편한 진실은, 그 누구도 알고리즘이 어떤 일을 어떻게 하는지 실제로 알지 못한다는 사실이다.(Knight, 2017) 심지어 첨단의 알고리즘조차 설계자가 각 파라미터들의 기능과 작동을 완전히 파악하지 못하는 경우도 비일비재하다. "개발자가 알고리즘 모형들을 설계할 수 있지만, 정작 그것이 어떻게 작동하는지 모른다"는 점은 아이러니하다. 최근에는 스스로 학습하고(self-learning) 스스로 프로그래밍(self-programming)하는 알고리즘도 출현하고 있기 때문에 개발자가 모든 작동방식을 인지하고 있음을 전제로 설명 책임을 부과하기도 어려울 수 있다.(Testolin et al, 2017; Hutson, 2017)

　　판단의 논리과정을 모른다면 통제가 불가능하므로 브레이크가 없이 속도만 높이는 자동차 경주와 같다. 반면, 인공지능 플랫폼을 만드는 기업들이 알고리즘 작동방식을 충분히 파악한 경우라도 오류나 결함을 영업비밀이라는 이유로 감추고, 알고리즘의 판단이기 때문에 정확하며, 인위적인 조작은 없었다고 핑계를 대는 경우도 많다. 운영자가 블랙박스의 안쪽으로 숨게 된다면 자동화된 판단 오류 등은 밝혀내기 어렵고 불투명성은 증폭될 수밖에 없다.

빅데이터와
알고리즘에 대한 환상

　　　　　　　　인공지능 성능은 빅데이터를 통해 학습된 기계가 주어진 특정 상황을 판단하여 인간의 의사결정을 도와주는 머신러닝 기술에 기초하고 있다고 할 수 있다. 머신러닝의 중요한 특징은 구현하는 데 드는 충분한 양의 빅데이터가 필요하다는 것이다. 그래서 많은 기업들은 자신들이 보유한 데이터의 양을 내세우고 그것을 분석능력과 동일시한다. 그러나 더욱더 많은 데이터를 모아서 분석한다면 당연히 더 높은 수준의 정확도가 가능하리라는 기대는 합리적일까? 그렇지는 않다. 케이트 크로포드Kate Crawford에 따르면 이러한 생각은 착각이다. 수집된 데이터 세트의 분량에 비례하여 객관성이 비례적으로 증가하지는 않는다.(Crawford, 2013) 데이터 세트는 종종 부정확하고, 오염되거나,

불완전하고, 데이터를 추출하고 활용하는 방법에도 기술적 한계가 존재하므로, "대량 데이터에 근거한 분석"이라는 홍보 문구에 현혹되어서는 안 된다. 때때로 데이터에 대한 맹신은 알고리즘의 판단이 완전하다는 환상(algorithmic illusions)으로 이어지기도 한다.(Crawford, 2013)

인공지능의 영역은 자율주행차량의 운전, 사이버 보안, 온라인 광고의 노출전략, 로스쿨 및 의대 지원자들의 스크리닝, 입사 인터뷰 등으로 넓어지고 있다. 그런데 만일 알고리즘의 설계 과정의 부실함 또는 알고리즘을 훈련시키면서 사용되는 데이터 세트의 편향 등은 개인들에게 사회적 배제와 불공정한 취급 등 불이익을 주게 된다. 예컨대, 만일 알고리즘의 훈련에 사용된 어떤 데이터가 그 조직이나 기업이 과거 기간 결정한 판단이 축적된 데이터라면 알고리즘은 이를 학습하여 종래의 패턴을 유지하게 된다. 알고리즘의 편향이 발생하는 주된 원인은 데이터의 임의적 선택, 불완전하고 부정확한 데이터의 선별, 편향적인 데이터의 사용 때문이다.(The White House, 2016) 활용목적과 동떨어진 관련성이 없거나 오래된 데이터 세트가 공급해도 부정확한 판단이 나오게 된다. 예컨대 '가장 빠른 길'을 알려주는 인공지능에 개발자가 도로 데이터만 입력하고 대중교통 스케줄이나 자전거 도로 데이터를 아예 제외했다면 자가용이 없는 사용자는 불이익을 겪게 된다. 젊은 백인 남자를 주로 선호하는 과거의 고용 패턴 데이터가 공급된다면 그러한 인종적 편향은 알고리즘 시스템에 의해서 고착화될 수도 있다. 이와 같은 데이터 편향에 의한 피해를 막으려면 알고리즘의 학습과정에 관련성 높은 다양한 데이터 세트가 충분히 공급될 필요가 있다.(Osoba & Welser IV, 2017) 그렇지만 현실적으로는 알고리즘의 활용목적에 부합하는 데이터 세트를 구하기 어려운 경우도 많기 때문에 불완전한 데이터 세트가 알고리즘의 판단에 영향을 미치는 피드백 루프feedback loop

는 언제든 발생할 수 있다. 그러나 기술 문해력이 떨어지는 일반인들은 이런 문제를 알아내기 어렵다. 따라서 데이터 세트에 심각한 편향이 내재하는지, 알고리즘 설계가 충분히 신중한 훈련 과정을 거쳤는지를 검수하고 모니터링하는 데이터 사이언스 전문가의 역할이 필요해질 것이다. 제3의 기관에게 일정한 경우에 알고리즘의 투명성을 높이기 위한 검증(inspection)과 감사(auditing)를 실행할 권한을 부여할 수도 있다.

그렇지만 일반인들은 데이터 세트가 사용되는지, 알고리즘 설계의 고려 요소, 판단 과정을 알기 어렵다. 따라서 판단의 오류와 차별을 미리 막으려면 알고리즘의 학습과정에 관련성 높은 다양한 데이터 세트가 충분히 공급될 필요가 있다.(Osoba & Welser IV, 2017) 그러나 현실에서는 관련성 높은 데이터 세트가 극히 한정적인 경우도 비일비재하다. 2016년 미국 백악관은 보고서를 통해 알고리즘의 편향이 발생하는 원인으로 잘못된 데이터의 선택, 불완전하고 부정확한 데이터, 편향적인 데이터를 지적했다.(The White House, 2016)

데이터의 활용에 있어서 편향적 데이터 수집과 불공정한 알고리즘 설계는 사회적 약자에 대한 차별과 불평등을 심화시킬 수 있다. 이러한 관점에서 캐시 오닐Cathy O'Neil은 빅데이터를 활용하는 알고리즘을 포함한 수학적 모델이 비밀스럽게 파괴적으로 작용하여 사회의 불평등을 키우고 민주주의를 위협할 수 있다고 경고한다.(O'Neil, 2016, pp.3-24) 알고리즘 모형 등이 오용되어, 차별적 피드백 루프가 강력해지고, 그 결과 제도적 불평등이 확산되는 악순환은 결코 바람직한 모습은 아닐 것이다.

알고리즘의 판단이
편향적인 원인은?

언뜻 보기에는 데이터에 대한 분석, 수학적 연산을

기계가 한다면 더 정확하고 객관적일 것이라고 생각하기 쉽다. 물론 알고리즘은 데이터를 기반으로 객관성을 추구하지만 그 요구분석과 연구개발 과정에서 설계자의 주관이 개입되고 그 조직이 그동안 쌓아온 지식과 문제 해결의 판단기준이 반영될 수밖에 없다. 알고리즘을 설계하는 것은 인간이므로 의식적이든 무의식적으로든 편견과 관점이 알고리즘 시스템 설계에 반영되고 끼어들어갈 가능성이 크다. 데이터 세트의 부족으로 인하여 알고리즘이 잘못된 판단이나 예측에 도달할 수도 있다. 자동으로 이미지를 인식해 종류별로 구분해 정리하는 구글 포토의 기능이 흑인들의 사진을 고릴라로 인식했던 원인은, 충분한 데이터 세트를 통해 훈련하는 과정을 거치지 않았기 때문이다. 음성인식이 문제라면 인공지능 비서는 가끔 인간의 명령을 오해할 수도 있을 것이다. 그러나 입학 지원서를 스크리닝하고, 가석방 심사 과정에서 재범 가능성을 수치화하거나, 채용 과정에서 지원자의 역량을 판단하는 알고리즘이 만일 편향적이거나 실수를 한다면 알고리즘에 의한 '시스템적 배제'는 개인들의 기회를 제한하거나 차단하는 결과를 가져온다.

컴퓨터 공학자 크리스티안 해먼드Kristian Hammond는 알고리즘의 편향성이 발생하는 원인을 아래와 같이 분석했다.(Hammond, 2016) 우선 알고리즘 시스템은 데이터 세트 때문에 편향(data-driven bias)되기 쉽다. 기본적으로 기계적 연산의 결과는 어떤 데이터 세트가 주어지느냐에 따라 다르게 나온다. 만일 데이터 세트의 양이 아주 많아진다면 판단의 편향성이 극복될 수 있을 것이라는 막연한 생각은 틀린 것이다. 공급된 데이터 세트가 전체적으로 균형을 잃었다면 편향의 문제는 해결되지 않기 때문이다.

가공되지 않은 데이터(raw materials)가 동일하더라도 그 데이터를 분석하는 알고리즘 설계에 따라서 결과값은 얼마든지 달라질 수 있다.

더 많은 데이터 세트를 사용한다면 알고리즘의 판단은 더 객관적이고 중립적일 것이라는 막연한 추측이 있을 수 있지만 실제로는 데이터 세트가 많다고 해서 편향과 오류의 가능성은 사라지지 않는다.

또한 알고리즘은 인간의 오류가 내재된 데이터 세트를 그대로 답습하거나 인간 설계자의 선호도를 반영할 수 있다. 인공지능 시스템이 슈퍼컴퓨터와 다른 점은 비정형적 데이터에 대한 학습이 가능하므로 인간이 가르쳐주지 않아도 자체적으로 학습하면서 판단 능력을 키워간다는 점이다. 인공지능은 설계된 알고리즘을 기반으로 작동하며 정형적 데이터 및 비정형적 데이터를 딥러닝 방식으로 기계적으로 학습한다. 만일 알고리즘 자체에 설계자가 의도한 편견이 교묘히 반영되어 있거나 부분적 특성에 치우친 데이터 세트를 공급한다면 객관적이지 않거나 무작위적 판단이 내려질 가능성이 크다. 그럼에도 불구하고 알고리즘의 판단이기 때문에 신뢰해야만 한다면 그 시스템은 운영자의 입맛대로 편리하게 사용될 위험이 있다.

알고리즘이
불투명한 원인들

알고리즘 투명성(algorithmic transparency)은 사용자들에게 인공지능에 대한 신뢰도를 높이는 중요한 수단이다.(오세욱·김수아, 2016) 인공지능 플랫폼이 사적 영역과 공적 영역을 가리지 않고 지배력을 넓혀가지만 알고리즘의 투명성 확보는 쉽지 않은 도전이 될 것이다. 기술적 관점에서 인공지능 시스템의 불투명성의 원인은 크게 두 가지로 나누어볼 수 있다. 첫째, 주어진 데이터가 부족하거나 양질이 아닌 경우 이를 이용하는 머신러닝 알고리즘의 판단은 오류와 편향을 초래할 수 있다. 편향된 데이터 세트를 사용한다면 머신러닝은 인종이나 성별에 따른 차별적 관행까지 학습하게 된다. 둘째, 불완전한 알고리즘 설계가 예기치 않은 부정적 결과를 가져올 수 있다. 어떤 자동적인 판단이 내려진다고 해도 어떤 논리적 과정을 거치거나 파라미터가 작동되었는지를 설계자조차 모를 때도 있다.

앞에서 살펴보았듯이 머신러닝 알고리즘 모형에 파라미터들이 너무 많아서 설계한 엔지니어조차 제대로 통제하거나 작동방식을 이해하지 못하는 기술적 한계가 있을 수 있다. 반면, 그 작동 메커니즘을 잘 파악하고 있음에도 불구하고 의도적으로 공개하지 않기도 한다. 공개적 비판을 우려하거나 경쟁우위를 차지하려는 전략 때문이다. 알고리즘 불투명성은 오류나 편향 등 부적절한 작동 방식에 대한 이의제기와 피해 원인을 밝혀내려는 시도를 극히 어렵게 만든다.

제나 버렐Jenna Burrel은 머신러닝 알고리즘의 불투명성(algorithmic opacity)을 세 가지로 나누어 검토했다.(Burrell, 2016) 첫째, 알고리즘의 불투명성은 영업 비밀을 지키고 경쟁 우위를 유지하기 원하는 다국적 기업이 자기보호를 위해 의도한 것이다. 파스쿠엘레도 이런 지적에 동의하는데, 금융기업이나 구글 등 정보기업은 알고리즘의 불투명성을 규제를 피하거나 규제자의 접근을 무력화하려는 의도로 이용하는 경향이 다분하다. 즉, 기업들이 실행하는 차별, 소비자 시장의 조작, 규제를 회피하기 위한 비밀주의의 형태가 알고리즘의 불투명성이다. 이러한 회피 전략에도 불구하고 규제자는 필요하다면 규제를 도입하여 알고리즘을 감사할(auditing) 권한을 확보할 수 있다.(Diakopoulos, 2013)

둘째, 기술적 리터러시의 부족에서 발생하는 불투명성이다. 코드의 작성, 코드의 해석, 알고리즘의 설계에 대한 문제를 발견하고 공론화하려면 알고리즘 설계를 알아야 한다. C언어 또는 파이선Python 같은 프로그래밍 언어는 기계가 읽는 언어로서 인간의 언어와는 다르므로 대중이 이해하려면 연산적 사고(computational thinking)를 배울 기회가 있어야 한다.

셋째, 알고리즘의 불투명성은 머신러닝의 특성들 및 요구되는 규모 scale에서 비롯된다. 이를테면 구글 검색 엔진의 알고리즘은 다중 요소 시스템으로서 그 작동방식은 불투명하다. 개발자들이 그 작동방식을 알아내기 위해서 씨름해야 한다.(Sandvig et al., 2014) 복잡한 소프트웨어 시스템에 내재된 코드의 로직을 풀어내려면 시간이 필요하다. 머신러닝 알고리즘은 특유한 복잡성과 '차원의 저주(curse of dimensionality)'로 악명이 높다. 그 의미는 알고리즘 모형의 차원이 커질수록 필요한 데이터의 양이 증가하므로 학습에 걸리는 시간이 길어지고 어려워지며, 정확도가 감소한다는 것이다.

앞에서 언급했듯이 알고리즘의 개발 목적과 전혀 무관한 데이터, 맥락이 무시된 데이터, 관련성이 없는 데이터는 정확성이 크게 떨어지고 예측의 오류를 낳게 된다. 빅데이터 속에 감추어진 편향(hidden bias)도 알고리즘의 부정확한 판단 및 불투명성과 관계가 깊다. 불완전하거나 치우쳐진 데이터 세트를 학습한 인공지능이 유사한 판단을 반복한다면 오류는 더 확대될 수 있다. 빅데이터에도 구조적 한계가 있기 때문에 대량의 데이터를 분석한 결과라고 해서 맹신해서는 안 된다.(Crawford, 2013)

인공지능의
우둔함

인간이 판단하던 영역에 인공지능이 들어오고 있지만, 인공지능 알고리즘은 사회에 통용되는 암묵적 가치기준이나 필수적 고려사항도 파악하여 계산에 넣고 있을까? 성별, 나이, 정치적 신넘, 인종적 배경, 종교, 거주 지역, 피부색에 따라서 일자리와 입학 기회 등에서 차별을 두지는 말아야만 한다는 평등의 원칙을, 알고리즘은 이해하고 실천하고 있을까? 요리가 필요해도 애완견을 잡지는 않아야 하고 소수자와 장애인에 대한 배려, 자극적 직설을 피하는 답변을 해야 함을 인공지능이 이해할 수 있을까?

스탠퍼드대의 'AI 100' 프로젝트에 참여한 러스 앨트먼Russ Altman은 현재까지 개발된 인공지능의 사회적 센스는 다섯 살의 아이에 불과하다고 말했다.(Myers, 2017) 알고리즘의 자동화된 판단이 기계적 연산의 자율성(Computational Autonomy)에 바탕을 두고 있다면 그 판단과 행동은 인간 사회의 상식, 윤리, 사회적 규범, 법규 등 가치체계를 이해하고 있어야 할 것이다. 그렇지만 특정한 목적의 수행에만 초점을 두고 개발된 인공지능은 이런 기대 수준에 이르지 못하고 있는 것이다.

인공지능은 공학 계산기가 아니며 지시를 기다리지 않는 자동적 판단 시스템이지만, 목표 달성을 위해 규범적으로 허용되지 않은 행동도 선택할 위험도 있다. "규범적으로 허용된 행동"과 "피해를 주는 금지된 행동" 사이의 구분은 인공지능에게는 지극히 모호할 수 있다. 배가 고프다고 말하면 애완동물을 식재료로 여기거나 사회적 약자를 고려하지 못하는 판단은 문제를 낳게 될 것이다. 특히 복잡한 맥락과 판단이 요구되는 상황조차도 인공지능을 맹신하고 기계적 판단에 맡기는 것은 적절한 선택이 아닐 수 있는 것이다.

인공지능을 핵심적인 사회 제도에까지 활용하려는 흐름이 확대되고 있지만 인공지능 시스템은 우둔함(AI Stupidity)과 한계를 가지고 있는 것이다.(Mims, 2017) 머신러닝과 딥러닝의 개발자들은 상식, 추상적인 가치, 사회 규범이나 윤리적 코드를 인공지능의 설계 과정에서 성공적으로 입력할 수 있는 것일까? 기계적 언어로 추상적 인간의 가치 기준,

사회적 규범, 사회적으로 수용 가능한 윤리적 판단을 코딩하는 작업은 기술적 한계에 부딪히고 있다.

인공지능의 판단이 대중의 안전을 보장하려면 행동이 가능한 범주와 행동이 불가능한 경우의 상황들을 모두 상정하고 설계되어야 한다. 그렇지 못하고 윤리적 가치와 상식에 무지한 인공지능이 무작위로 결정을 내린다면 인간을 해치거나 안전을 위협하게 되는 상황이 벌어질 수 있다. 인간이 합당하다고 추론하는 판단과 인공지능의 계량적 판단 간에 존재하는 이질성으로 인하여 기계에 대한 인간의 통제 가능성도 의문시될 것이다. 사회적 맥락을 고려하여 인공지능을 통제하려면 인간의 행위 규범을 기계적 언어로 코딩해서 이해해야 한다. 그렇지 못하다면 필연적으로 '통제의 공백'이 발생하게 된다.

인공지능 알고리즘이 기계적으로 판단하고 행동하는 방식과 인간 사회에서 축적되고 통용되어 온 상식, 사회 규범, 가치기준 사이에 간극이 커진다면, 인공지능의 작동은 뜻하지 않은 해프닝과 착오 등을 야기할 것이 분명하다. 자동적인 기계로부터 효율성을 얻을 수 있어도 기계의 판단을 상식적으로 받아들이기 어려운 경우도 많이 발생할 것이다. 모든 상황 요소들을 종합적으로 고려하고 인간의 추론 방식과 사회적 가치기준에 대한 판단을 기계적 언어로 바꾸어 설계하지 못하면서도 인공지능에게 어떤 작업이라도 맡기면 된다는 발상은 상당한 위험을 내포하고 있다.

알고리즘의 판단에 대한
거부감

인공지능 시스템의 자동화된 판단이 구체적 타당성과 공평성을 고려하지 못한다고 우려하는 관점의 반대편에는 대중들의 알고리즘 거부감(Algorithm Aversion)은 극복되어야만 한다는 주장도 있다. 알고리즘은 비즈니스를 포함한 다양한 분야에서 인간 예측에 비해서 훨씬 정확한 예측을 제공하며 알고리즘에 대한 거부감은 근거가 없는 감정적, 심리적 반응일 뿐이라는 것이다.(Dietvorst et al., 2016, pp.3 - 30)

이러한 전제에서 펜실베이니아대 와튼스쿨의 행태연구랩은 인공지능에 대한 사람들의 통념을 관찰했다. 그 결과, 사람들은 알고리즘의 작동과 성능을 눈으로 확인했을 때에도 알고리즘 예측을 회피했다. 알고리즘의 예측이 인간보다 더 우월하다는 사실을 확인하고서도 이러한 태도는 유지되었다. 이러한 현상은 인간으로서 자기 자신이 기계적 판단보다 열등하다는 점에 대한 심리적인 거부감으로 보인다. 사람들은 자신도 기계의 판단에 의해서 부당하게 취급당할 수 있으므로 알고리즘을 불신하는 쪽으로 마음을 굳히는 경향이 강했다. 알고리즘과 인간이 동일한 예측 실수를 저질렀을 때 사람들은 알고리즘에 대한 신뢰를 더 빠르게 저버리는 반응을 보였다. 그 이후 사람들은 알고리즘보다 다시 인간의 판단을 더 믿는 쪽으로 돌아섰다.

연구진이 진행한 실험은 다음과 같다. 때로 운전자들은 교통체증에 걸릴까 봐 걱정되어 유료도로를 타기도 한다. 나중에 차가 밀리지 않는다는 것을 깨닫더라도 어쩔 수 없이 체념한다. 그런데 GPS—지도위치 서비스는 A지점에서 B지점으로 이동하라는 판단을 알고리즘을 통해서 도출한다—가 알려준 잘못된 교통상황 예측을 믿고 유료도로로 접어들었지만 실제로 그 시간대에 교통이 원활했다는 점을 알았을 때 많은 사람들은 예측에 실수한 GPS의 알고리즘을 강하게 불신했다. 나중에 판단이 필요한 동일한 상황이 오더라도 GPS의 예측을 다시 믿기를 매우 꺼려 했다.

이 실험에서 사람들은 알고리즘 예측을 수정(modify)할 수 있는 기회가 주어졌을 때 알고리즘 예측에 더 만족하는 경향을 보였다. 즉, 알고리즘 예측이 완벽하지 못한 오류가 있더라도 사람들에게 알고리즘에 대한 통제권을 부여하자 알고리즘에 대한 회피는 감소했다. 사람들은 알고리즘을 조정(adjust)할 수 있는 통제권을 원했고 그 심리적 충족감이 알고리즘의 오류에 대한 민감성을 완화시켰던 것이다.(Dietvorst et al., 2016, p.35) 실용주의적 관점은 알고리즘의 본질은 수학적 연산이므로 규제는 부적절하고 인공지능 산업을 위축시키는 역효과를 불러오기 때문에 자유방임의 영역으로 두어야 한다고 본다.(Etzioni et al., 2017)

알고리즘 결정주의의
부상

인공지능 알고리즘의 판단이 비용을 절감하고 효율적이라는 이유로 분야를 막론하고 그 적용을 확대하고, 그 자동화된 판단을 최종적 결정으로 간주하는 경향은 알고리즘 결정주의(algorithmic determinism)라고 불린다.(Polonski, 2016) 알고리즘 결정주의는 인공지능의 판단에 대한 의문제기를 원천적으로 차단한다는 점에서 위험성을 내포하고 있다. 이를테면 개인들의 정체성은 다양하고 시간에 따라서 변하기도 한다. 그러나 알고리즘이 기존 행태 패턴만 분석하여 새로운 질문에도 적용한다면 '나' 자신이 아닌 '데이터화로 요약된 나의 일부분'을 판단의 근거로 삼은 예측이 나오게 된다. 그럼에도 불구하고 알고리즘의 판단이라고 믿어야만 할까?

오늘날 알고리즘은 모든 것을 최적화하고 예측하기 위해서 사용될 기세이다. 그러나 혼란을 줄여주는 자동화된 예측과 솔루션이 반드시 사회에 유용하다고만 평가되는 것은 아니다. 기술 실용주의적 관점은 알고리즘의 판단 범위를 확대해도 편익만 얻을 뿐이며 부작용에 대한 우려는 환상이라는 입장이다. 그러나 한편, 점점 더 증가하는 알고리즘의 복잡성이 초래하는 해악을 방지하려면 비판적 사고와 규제가 필요하다는 입장도 있다.

인공지능 알고리즘의 신뢰 가능성, 안전성을 보장하는 설계, 오류 가능성에 대한 공개적 검증은 인공지능 거버넌스의 전제조건이라고 할 수 있다. 대부분의 인공지능 시스템은 어떤 과정을 거쳐서 그 판단이 내려졌는가에 대해서 납득할 만한 설명을 내놓지 않고 설명 요구도 거부한다. 단지 그 기계적인 판단만을 실행할 뿐이다. 자동화된 판단으로 구축된 알고리즘 시스템에서는 개인들은 그 판단이 도출되는 인과관계(causation)에 대한 설명(account)은 어디에서도 듣지 못한다. 딥러닝 알고리즘은 복잡하며 다량의 데이터 세트를 '학습'하고 이를 기초로 판단하므로 어떤 인과관계를 거쳐 결과값이 나왔는지는 파악하기가 극히 어렵다는 기술적 한계도 사실상 한몫을 차지한다. 인공지능의 성능은 입력된 데이터 세트에 존재하는 상관관계(correlation) 분석에 절대적으로 의존하고 있는 실정이다.

물론, 인공지능은 다양한 혁신의 가능성을 약속하고 있지만 자동화된 판단의 범주가 넓어질수록 알고리즘의 책무성을 확보할 필요가 있다. 그럼에도 불구하고 대부분의 알고리즘의 소스코드는 영업비밀로 보호되므로 공개되지 않기 때문에 개인들은 알고리즘 설계의 결점이나 오류의 원인을 특정하기 불가능하다. 증거 확보가 어렵고 불투명한 알고리즘이 미치는 부정적 영향을 수정하기 위한 공론화도 극히 곤란하다. 인공지능 거버넌스의 기초가 되는 수단은 알고리즘 책무성(ac-countability)이다. 그 요체는 인공지능의 자동화된 판단이 무작위가 아니고 납득할 만한 과정이라는 것이 일반인에게도 설명될 수 있어야 한다는 것이다.(Diakopoulos, 2013)

설명 가능한
인공지능

　　　　　　자동화된 의사결정 과정 자체가 어떻게 이루어지는지 전혀 접근할 수 없고 수동적으로 통보만 받아야 한다면 우리는 과연 알고리즘 시스템을 어디까지 믿을 수 있을까? 인공지능 시스템의 공정성을 확보하려면 설계자에게 알고리즘의 논리적 작동방식에 대한 설명을 요구할 수 있어야 한다. 알고리즘의 자동화된 판단을 기술적 지식이 없는 일반인이 이해할 수 있는 '설명 가능한 인공지능(Explainable AI)'은 책무성(accountability)을 구현하는 수단으로 주목받고 있다.(DARPA, 2016) 알고리즘의 책무성은 인공지능의 자동화된 판단이 도출된 논리적 경과를 설명할 수 있어야 한다는 원칙이다. 설명 가능한 인공지능의 개발은 데이터 투명성 및 데이터 책임과도 밀접하다. 알고리즘이 충분한 데이터를 분석하여 인공지능이 정확한 판단을 내리고, 그 판단이 도출된 과정을 설명할 수 있는 설계가 가능하다면, 문제가 발견되었을 때 그 원인을 찾아서 수정할 수 있다.(Wierzynski, 2018) 그러나 그 판단 과정을 설명할 수 없다면 블랙박스가 내놓는 모든 판단이 무작위적인지 예기치 않은 변수에 영향을 받은 것인지 알지 못하면서도 무작정 따라야 한다. 이러한 불투명성을 맞닥뜨릴수록 인공지능 시스템이 내린 판단에 대한 대중의 불신과 거부감은 커지게 될 것이다.

　설명 가능한 인공지능은 알고리즘의 책무성을 구현하는 수단이라고 할 수 있으며, 인공지능 연구개발 과정에서 발생하는 '정보 비대칭'의 문제를 해소하기 위한 방안이다. 2018년 5월부터 발효된 유럽연합의 개인정보보호규정(GDPR)은, 개인 데이터를 자동화된 의사결정에 사용할 때 정보 주체가 그 판단을 어떻게 내린 것인가에 대해 '설명을 요구할 권리(right to explanation)'를 포함한다.

이 규정의 신설은 자동화된 판단을 내리는 인공지능 시스템이 공적인 감시와 규제가 필요한 대상이라는 점을 인정한 셈이다.(이원태, 2016, p.13) 정보 주체가 알고리즘이 내리는 자동화된 의사결정에 대해서 설명을 요구할 수 있다면 알고리즘의 불투명성은 사라지고 그 설계는 더 고도화되고 정교해질 것이다. 그 작동 방식을 설명하지 못하는 인공지능 시스템은 신뢰하기 어렵다는 신호를 주게 되므로 자연스럽게 시장에서 퇴출되는 수순을 밟게 될 것이다.

가치중립적인
알고리즘의 설계

알고리즘이 사회에 미치는 영향력이 커질수록 편향과 오류는 보이지 않은 사회적 배제, 차별, 불이익을 미칠 수 있으므로, 공정성, 차별금지, 적법절차 등을 고려할 수 있는 가치중립적 알고리즘은 인공지능 사회에서 중요한 의미를 가진다. 빅데이터와 알고리즘은 복지 사각지대에 있는 사람들에게 더 나은 기회를 제공하는 수단이지만, 공정하고 차별 없는 알고리즘 시스템에는 '동등한 기회를 위한 설계(equal opportunity by design)'가 중요하다. 이를 위해서 미국 공정거래위원회는 민간기업에 투명하고 책무성 있는 알고리즘 설계를 권장하고, 빅데이터 시스템에 대한 신뢰성 있는 외부감사(auditing)를 실시하고, 컴퓨터와 데이터 과학에 대한 대중의 이해를 높여야 한다고 권고하였다.(FTC, 2016, pp.27-32)

반면, 인공지능 알고리즘의 판단은 그 설계가 신중하지 않거나 데이터 세트의 공급이 제한적이라면 자동적 판단은 차별적이거나 무작위로 내려질 수 있다. 자동화된 판단이 인종·성별·종교·경제적 여건·주거지역에 따라서 인간을 차별하거나 기회를 제약한다면 인공지능을 통해 인간의 삶을 풍요롭게 만든다는 목표에 반하게 된다. 또한 온라인 플랫폼 운영자가 알고리즘을 교묘하게 조작하여 정치적 여론의 향방을 바꾸거나 특정한 뉴스를 부각시킨다면, 선거의 공정성을 훼손할 수 있다. 형사재판 등 공적 영역에 사용되는 알고리즘이 편향되거나 특정 인종을 차별한다면 신체적 자유와 적법절차 원칙은 위협받게 된다. 또한 사적 영역의 알고리즘에 의한 지나친 가격 차별 행위는 소비자들의 선택권뿐만 아니라 경쟁을 제한하는 담합을 가능하게 할 수 있다. 온라인 판매자들이 사용하는 알고리즘들이 암묵적으로 시장 가격을 담합(price fixing)한다면 많은 소비자들은 미처 깨닫지도 못하는 사이에 가격 선택권을 빼앗기게 된다.

인공지능 시스템과 로봇은 기계적 연산에 따라 작동하는 장치에 불과하므로 기계적 언어로 입력하지 않으면 공정성, 사회적 가치기준, 동정심, 공포, 윤리기준 등에 대해 알지 못한다. 우리는 인공지능이 열어줄 미래와 그 유용성에 열광하면서도 정작 통제 수단은 제대로 확보하지 못하고 있다. 인간 사회의 가치체계·차별 금지·안전 등을 인공지능이 이해하도록 알고리즘 설계 과정에서 기계적인 언어로 코딩하여 탑재한다면, 알고리즘의 자동화된 판단에도 반영될 수 있을 것이다. 그러나 추상적 가치기준을 기계적 언어로서 코딩하여 자동화된 판단에 고려하게 만들려는 시도는 기술적 한계 때문에 난관에 봉착하고 있다.

인공지능 책무성을 위한
법정책

지금까지 '제도'의 영역에 진입하여 역할을 수행하는 인공지능 알고리즘을 규범적 관점에서 검토하였다. 첫째, 공적 영역에 적용된 알고리즘은 인종·성별·종교·경제적 배경에 따른 차별을 수행하거나 평등 원칙, 적법절차 원칙을 무시할 가능성이 있다. 둘째, 알고리즘이 내리는 자동화된 판단은 무작위적이거나 부정확하고 편향된 결과일 수 있는데, 이는 설계의 미흡함, 부적절한 훈련용 데이터의 공급과 밀접하다. 따라서 불완전하고 부정확한 데이터, 편향적 데이터에서 비롯된 오류를 막기 위해 일정한 설계 원칙을 연구개발 과정에 적용할 필요가 있다.

셋째, 인공지능 플랫폼의 운영자가 가지는 권력에 대한 통제는 사실상 공백 상태에 놓여 있다. 알고리즘을 조작하여 정보 흐름을 통제하게 된다면 여론 형성, 선거 결과, 공공정책에도 영향을 줄 수 있다. 그러므로 알고리즘을 절대적으로 신뢰 가능한 기계적 솔루션이 아니라 엄밀한 공적 감시의 대상으로 여길 필요가 있다. 넷째, 연산 능력은 뛰어나지만 사회적 맥락 상식을 이해하지 못하는 인공지능의 우둔함이다. 인공지능에 대한 의존도는 커지고 있지만 사회적 센스가 부족한 격차는 많은 문제를 낳을 수 있다. 사회 규범, 윤리, 금지 규범 등을 기계적 언어로 전환하지 못한다면 자동화된 판단은 납득하기 어려운 결정을 내놓을 가능성이 높다. 그렇다면 인공지능에 대한 불신도 커지게 될 것이다. 다섯째, 공개되지 않는 알고리즘을 객관적으로 검증하는 절차의 부재와 기술적 문해력 부족이다. 이로 인하여 주인-대리인 관계에서 전형적인 정보비대칭이 발생하게 되므로 개발자가 준수해야 하는 설계원칙이 제시될 필요가 있다.

인공지능의 안전과 적정성을 도모하기 위한 방안으로는 설계요건의 준수(compliance), 가치를 반영한 설계(values in design), 사고 실험(thought experiments), 사회시스템 분석(social-systems analysis) 등이 제시되고 있다.(Crawford & Calo, 2016, p.312) 이미 설명했듯이 잠재적 편향성의 위험을 배제하고 오류의 발생을 막으려면 인공지능 시스템의 개발자에게 설계원칙을 제시하여 윤리적 코드가 설계 과정에 구현되어야 한다.

무엇보다 알고리즘의 판단의 오류를 막고, 정확성 수준을 평가하기 위한 사전적 검증 절차를 제도화할 필요도 있다. 이를테면 알고리즘 솔루션을 판매할 때 제조사가 데이터 세트의 리소스와 구성을 알고리즘 사용 설명서에 기재하거나, 안정성 검증 과정에서 잘못 판단한 사례 및 오류 가능성 등을 공시하는 방식도 가능하다. 사후적 통제로는 알고리즘에 무작위적 판단이나 편향적 경향이 발견된다면 사용 정지를 권고하고 수정을 명령할 수 있는 중립적 기관이 필요하다. 예컨대 로봇위원회 또는 공정거래위원회 산하에 알고리즘 전문가 소위원회를 설치하고 문제가 제기된 알고리즘에 대한 면밀한 재검증을 수행한 이후 보고서를 작성하고, 수정을 요구할 권한을 부여하는 법제도를 생각해볼 수 있다.

맺으며

인공지능 알고리즘은 그 적용 분야가 점차 넓어지고 자동화된 예측 모형들이 늘어나면서 인간의 판단권을 대체하게 될 것이다. 그러나 인공지능의 활용이 곧 테크놀로지 유토피아를 보장하지는 않는다. '거대한 자율기계(autonomous megamachine)'에 대한 거버넌스를 확보하지 않는다면 그 잠재적 위험도 계속해서 커질 것이기 때문이다. 인공지능이 사회를 작동시키는 제도의 영역 속으로 진입하고 있음에도 그 작동방식을 통제하고 설명할 수 없다면 사회는 위험을 축적하는 셈이다.

인공지능은 초기 단계이므로 오류 가능성과 한계가 엄연히 존재한다. 그러므로 알고리즘 문해성(algorithm literacy)을 키우고, 감시를 통해서 투명성을 확보할 필요가 있다.

기술체제는 강력한 우위를 가진 독립 변수처럼 보이지만 역사를 돌아보면 신기술은 언제나 그것을 수용하는 사회와 상호작용을 통해 적절한 적용 범위에 대한 협상을 벌여왔다.(Bijker, 1993, pp.17-29) 멈포드에 따르면 테크놀로지는 인간이 그것을 어떻게 사용하는가에 따라 선용되거나 악용된다.(Mumford, 1964) 우리는 편향성이 없고 안전하며 설명 가능한 인공지능을 원한다. 이 같은 바람은 테크놀로지와 공존하기 위한 최소한의 필요조건이라고 할 수 있다.

알고리즘의 자동화된 판단에 무조건 따라야만 하고, 편향성에 대한 검증이 불가능하고 오류를 바로잡을 수 없다면 인간은 인공지능을 지배하는 '주체'가 아니라 기계적 판단의 '대상'으로 전락하게 될 것이다.

이러한 배경에서 알고리즘의 공정성을 확보하고, 편향적 판단을 막을 수 있는 정책이 요구되고 있다. 사용 과정에서 발견된 편향과 오류를 수정할 수 있는 절차의 마련이 요구된다. 무엇보다 책무성을 담보하기 위한 '설명 가능한' 인공지능의 설계, 알고리즘의 투명성을 높이기 위한 제도의 마련이 중요한 의미를 가지게 되었다.

참고문헌

오세욱·김수아, 「디지털 저널리즘 투명성 제고를 위한 기술적 제안」, 한국언론진흥재단, 2016.

이원태, 「EU의 알고리즘 규제 이슈와 정책적 시사점」, 『KISDI Premium Report』, 2016, pp.16-12.

이원태, 「인공지능의 규범이슈와 정책적 시사점」, 『KISDI Premium Report』, 2015, pp.15-07.

최은창, 「알고리즘 거버넌스」, 『FUTURE HORIZON』, 과학기술정책연구원, 2017, pp.28-31.

최은창, 「인공지능시대의 법적 윤리적 쟁점」, 『FUTURE HORIZON』, 과학기술정책연구원, 2016, pp.18-21.

한운희, 「국내 포털의 뉴스 검색 알고리즘과 언론」, 『신문과 방송』, No.530, 2015.

Amitai Etzioni·Oren Etzioni, "Why Regulating AI Is A Mistake," *Forbes*, 2017. Jan. 09.

Andrew Myers, "Stanford-led artificial intelligence index tracks emerging field," *Stanford News*, 2017. Nov. 30.

Andrew G. Ferguson, "The Police Are Using Computer Algorithms to Tell If You're a Threat," *TIME Magazine,* 2017. Oct. 03.

Alberto Testolin, Ivilin Stoianov & Marco Zorzi, "Letter perception emerges from unsupervised deep learning and recycling of natural image features," *Nature Human Behaviour,* Vol. 1, pp. 657 – 664, 2017.

Andrew Goffey, "Algorithm," *In Software Studies: A Lexicon,* M Fuller(ed.), The MIT Press, 2008.

Bergstra, James & Bengio, Yoshua, "Random Search for Hyper-Parameter Optimization," *J. Machine Learning Research 13,* 2012, pp.281 – 305.

Berkeley Dietvorst, Joseph Simmons, Cade Massey, "Overcoming Algorithm Aversion: People Will Use Imperfect Algorithms If They Can (Even Slightly) Modify Them," 2016.

Cass Sunstein, Republic.com, Princeton University Press, 2007.

Cathy O'Neil, *Weapons of Math Destruction: How Big Data Increases Inequality and Threatens Democracy,* Crown, 2016. 09.

Christopher Mims, "Without Humans, Artificial Intelligence Is Still Pretty Stupid," *Wall Street Journal,* 2017.

Danielle Kehl, Priscilla Guo and Samuel Kessler. "Algorithms in the Criminal Justice System: Assessing the Use of Risk Assessments in Sentencing. Responsive Communities Initiative," Harvard Law School, 2017. 07.

Danah Boyd, "The Networked Nature of Algorithmic Discrimination," *Open Technology Institute,* New America, 2014.

Defense Advanced Research Projects Agency(DARPA), *Broad agency announcement: Explainable Artificial Intelligence(XAI),* DARPA: Arlington, VA. 2016.

David Beer, "The social power of algorithms," *Information,*

Communication & Society, Vol. 20, 2017.

Davide Castelvecchi, "Can we open the black box of AI?" *Nature,* 538, 2016.

Davide Castelvecchi, "More accountability for big-data algorithms," *Nature*, 537, 2016.

Elisa Shearer and Jeffrey Gottfried, "News Use Across Social Media Platforms 2017," Pew Research Center, 2017. Sep. 7.

Engin Bozdag, "Bias in algorithmic filtering and personalization," *Ethics and Information Technology,* Vol. 15, 2013, pp.209 – 227.

Federal Trade Commission, "Big Data: A Tool for Inclusion or Exclusion?" 2016. 01.

Ginni Rometty, "We need a new era of data responsibility," World Economic Forum, 2018.

Frank Pasquale, *The Black Box Society,* Harvard University Press, 2015.

George Nott, "Explainable Artificial Intelligence: Cracking open the black box of AI," Computerworld, 2017.

Casimir Wierzynski, "The Challenges and Opportunities of Explainable AI," Intel AI, 2018. Jan. 12.

Jenna Burrell, "How the machine 'thinks': Understanding opacity in machine learning algorithms," *Big Data & Society,* 3(1), 2016.

John Danaher, "The Threat of Algocracy: Reality, Resistance and Accommodation," *Philosophy & Technology,* Vol. 29, 2016.

Jonathan Zittrain, "Engineering an Election," *Harvard Law Review Forum,* Vol. 127, 2014, p.335.

Julian Wallace, "Modelling Contemporary Gatekeeping," *Digital Journalism,* Vol. 6, 2018.

John Naughton, "Good luck in making Google reveal its algorithm," *The Guardian,* 2016. Nov. 13.

Julia Angwin, Jeff Larson, Surya Mattu and Lauren Kirchner, "How We Analyzed the COMPAS Recidivism Algorithm," *Pro Publica,* 2016. May. 23.

Kate Crawford, "Artificial Intelligence's White Guy Problem," *New York Times,* 2016.

Kate Crawford, "The Hidden Biases in Big Data," *Harvard Business Review,* 2013.

Kate Crawford & Ryan Calo, "There is a blind spot in AI research" *Nature,* 538, 2016. Oct. 20, pp.311 – 313.

Keyon Vafa, et al., "Price Discrimination in The Princeton Review's Online SAT Tutoring Service," *Technology Science,* 2015.

Kristian Hammond, "5 Unexpected Sources of Bias in Artificial Intelligence", *Tech Crunch,* 2016.

Lewis Mumford, "Authoritarian and Democratic Technics," *Technology and Culture,* Vol. 5, No. 1, 1964, Winter.

Latanya Sweeney, "Discrimination in Online Ad Delivery," *Communications of the ACM,* Vol. 56, No. 5, 2013, pp.44-54.

Laura Reed, Danah Boyd, "Who Controls the Public Sphere

in an Era of Algorithms?: Questions and Assumptions," Data & Society Research Institute, 2016.

Lee Rainie, Janna Anderson, "Code-Dependent: Pros and Cons of the Algorithm Age," *Pew Research Center,* 2017. Feb.

Leo Hickman, "How algorithms rule the world", *The Guardian,* 2013. July. 01.

Lewis Mumford, "Authoritarian and Democratic Technics," *Technology and Culture,* Vol. 5, No. 1, 1964.

Luke Dormehl, "Algorithms: AI's creepy control must be open to inspection," *The Guardian,* 2017. Jan. 01.

Maurice Stucke & Ariel Ezrachi, "How Pricing Bots Could Form Cartels and Make Things More Expensive," *Harvard Business Review,* 2016.

Matthias Spielkamp, "Inspecting Algorithms for Bias," *MIT Technology Review,* 2017. June. 12.

Matthew Hutson, "What artificial brains can teach us about how our real brains learn," *Science,* 2017. Sep. 29.

Mara Hvistendahl, "Can 'predictive policing' prevent crime before it happens?" Science, 2016. Sep. 28.

Nicholas Diakopoulos, "Algorithmic Accountability Reporting: On the Investigation of Black Boxes," *Tow Center for Digital Journalism,* Columbia University, 2013.

Nicholas Diakopoulos and Sorelle Friedler, "How to Hold Algorithms Accountable", *MIT Technology Review,* 2016. Nov. 17.

Osonde Osoba & William Welser IV, "An Intelligence in Our

Image: The Risks of Bias and Errors in Artificial Intelligence,"
RAND Corporation, 2017.

Peter Adams, "Contextomies, Confirmation Bias and the Filter Bubble: A triple threat to democracy," *The News Literacy Project,* 2014. Oct. 17.

Philip M. Napoli, "The Algorithm as Institution: Toward a Theoretical Framework for Automated Media Production and Consumption," *Fordham University Schools of Business Research Paper,* 2013.

Report from the European Commission to the Council and the European Parliament, "Final report on the E-commerce Sector Inquiry," Brussels(10. 5. 2017) COM(2017) 229 final.

Robert Bond, et al., "A 61-Million-Person Experiment in Social Influence and Political Mobilization," *Nature,* 489, 2012, pp.295-298.

Robyn Caplan & Danah Boyd, "Who Controls the Public Sphere in an Era of Algorithms?: Mediation, Automation, Power," *Data & Society Research Institute,* 2016.

Sandra Wachter et al., "Transparent, Explainable, and Accountable AI for Robotics," *Science Robotics,* 2(6), 2017. May.

Sandvig C, Hamilton K, Karahalios K, et al., "Auditing algorithms: Research methods for detecting discrimination on internet platforms," *Annual Meeting of the International Communication Association, Seattle,* WA, 2014, pp.1-23.

State v. Loomis, *Harvard Law Review,* 881 N.W.2d 749 (Wis.

2016) 130 1530.

The White House, "Preparing for the Future of Artificial Intelligence," 2016. Oct. 12.

The U.S. Executive Office of the President, "Big Data: A Report on Algorithmic Systems, Opportunity, and Civil Rights," 2016.

Terrell McSweeny, "The Implications of Algorithmic Pricing for Coordinated Effects Analysis and Price Discrimination Markets in Antitrust Enforcement," *Antitrust,* Vol. 32, No. 1, 2017. Fall.

Trevor Pinch & Wiebe E. Bijker, "The Social Construction of Facts and Artifacts," *The Social Construction of Technological Systems,* The MIT Press, 1993, pp.17-50.

Virginia Eubanks, *How High-Tech Tools Profile, Police, and Punish the Poor,* St. Martin's Press, 2018.

Vyacheslav Polonski, "Algorithmic determinism and the limits of artificial intelligence," Oxford Internet Institute, 2016.

Will Knight, "The Dark Secret at the Heart of AI," *MIT Technology Review,* 2017. Apr. 11.

Wojciech Samek, et al., "Explainable Artificial Intelligence: Understanding, Visualizing and Interpreting Deep Learning Models," *ITU Journal: ICT Discoveries,* 2017.

"Big Data: A Report on. Algorithmic Systems," *Opportunity, and Civil Rights,* Executive Office of the President, 2016. May.

Zoë Corbyn, "Facebook experiment boosts US voter turnout," *Nature,* 2012. Sept. 12.

5장

인공지능의 정보생산과
가짜뉴스의 프로파간다

송태은

21세기 디지털 커뮤니케이션의 대중화와 온라인 커뮤니케이션 네트워크의 지구적 연결은 각종 정치사회 이슈에 대한 세계 여론이 활성화되는 계기를 제공했다. 더불어 4차 산업혁명은 인공지능의 정보생산 능력과 사람과의 커뮤니케이션 능력도 고도화시키고 있다. 저널리즘 분야에서 유용성이 입증된 인공지능의 이러한 능력은 로봇저널리즘을 출현시켰고, 소셜봇의 등장은 인공지능이 여론 형성에도 영향을 끼치는 상황을 야기하고 있다. 더군다나 민주주의 국가에서 선거와 같은 정치적 의사결정 과정에 소셜봇의 다양한 기술을 통한 가짜 뉴스의 생성과 전파는 여론형성 과정을 왜곡하여 민주주의 제도의 정상적 운용을 위협하기도 했다. 흥미로운 것은 최근 서구 유럽에서 가짜 뉴스가 확산된 사안들마다 타국의 의도적인 여론 개입 정황이 빈번하게 발견된 점이며 이제 국내외 여론의 구분은 무의미한 여론 환경이 조성되었다는 사실이다. 인공지능 기술에 의한 가짜 뉴스 전파와 프로파간다 활동이 민주주의 제도의 정상적 운용을 위협하는 우려스러운 상황이 전개되고 있는 것이다. 따라서 각국은 인공지능의 기술중립성 문제에 대한 다양한 해결방법을 모색하고 있으며, 인공지능의 문제를 인공지능의 기술로 차단하려는 노력도 전개되고 있다. 인공지능의 가짜 뉴스 전파와 여론 개입 문제는 기술만의 문제가 아닌 다양한 주체의 협업에 의한 거버넌스를 통해 해결해야 할 문제이다. 또한 인공지능의 가짜 뉴스 문제는 국내 행위자 차원을 넘어 국외 행위자들과의 다층적인 협의와 규범의 창출을 요구하고 있다.

1. 들어가며

21세기 디지털 기술의 고도화는 세계의 정보 커뮤니케이션 환경을 급속도로 변화시키고 있다. 디지털 커뮤니케이션의 심화와 사물인터넷의 대중화와 더불어 발전하는 인공지능 기술은 기계도 사람의 언행을 모방할 수 있게 하여 다양한 정보생산뿐만 아니라 인간과의 소통에도 참여할 수 있게 만든 것이다. 인공지능 로봇은 온라인 공간에서는 로봇임을 드러내지 않고 인간의 언어를 자유자재로 구사하면서 과거와 다른 디지털 커뮤니케이션 질서의 형성 과정에 참여하고 있는 셈이다. 불과 10년 전 소셜 미디어가 등장했을 때 시간과 장소에 제한받지 않는 실시간의 쌍방향 커뮤니케이션과 1인 미디어 시대의 도래가 획기적인 현상으로 여겨졌으나 이제는 인공지능(AI, Artificial Intelligence)도 뉴스 생산과 이야기 창작이 가능하며 대규모의 동일 메시지를 실시간으로 전달할 수 있게 되었다.

외국어의 번역이나 기사 작성, 인터넷과 소셜 미디어에서 제공하는 다양한 서비스의 질을 높이기 위한 홍보와 채팅 기능 등 인공지능 기술은 사람들의 효율적인 정보 획득과 지식의 사용, 그리고 사람들 간 소통에 유익을 주기 위한 목적에서 만들어졌고 발전해왔다. 하지만 4차 산업혁명의 진척과 더불어 인공지능 기술이 고도화되면서 정치사회 이슈 및 활동과 관련된 정보지식의 생산과 처리 및 유포에 인공지능이 실험적으로 활용되기 시작하면서 인공지능은 지극히 정치적인 활동에도 이용되기 시작했다. 즉, 인공지능이 온라인에서의 상품 홍보나 소비 추세 파악, 맞춤형 정보 제공과 같이 시장 파악이나 마케팅 활동뿐 아니라 특정 정치적 어젠다를 지지하는 정치적 활동에도 이용되기 시작했으며, 더 나아가 가짜 뉴스의 생산이나 확산과 같이 정치적 기획에 악용되기도 한다는 점이다. 인공지능의 이러한 정치 활동은 복잡한 알고리즘을 통해 다양한 정치적 주체에 의해 더욱 정교한 방식으로 효과적으로 수행되고 있고 국내정치와 국제정치의 세력 다툼에서 인공지능의 정보생산과 커뮤니케이션 활동은 권력투쟁의 전략적 도구로 사용되고 있다.

특히 흥미로운 현상은, 인공지능의 정보생산 활동이 증대하면서 가짜 뉴스의 문제도 더욱 빈번하게 나타나고 있고, 이러한 가짜 뉴스가 선거와 같은 정치적 의사결정 과정에 영향을 끼치는 수단으로서 국경을 초월하여 이용되고 있다는 사실이다. 2016년과 2017년의 미국과 서유럽 민주주의 국가에서의 각종 선거에서 가짜 뉴스는 선거 결과에 중대한 영향을 끼칠 수 있는 변수가 되었고, 이러한 과정에서 인공지능의 다양한 정보 커뮤니케이션 기능이 광범위하게 사용되었다. 정치 영역에서의 블록체인 기술의 적용이나 온라인 플랫폼을 통해 위임 투표를 가능하게 하는 액체민주주의에 대한 서구 유럽에서의 다양한 정치적 실험은 인공지능이 직접민주주의의 도구로서 활용될 수 있는 사례를 보여주었으나 인공지능이 가짜 뉴스를 생산하고 유포하는 활동에 이용되면서 민주주의 제도의 정상적인 운용을 방해할 수도 있게 된 것이다.

이러한 맥락에서, 이 글은 인공지능의 정보생산과 커뮤니케이션 활동이 어떻게 이루어지고 있고 세계 여론 환경에는 어떤 영향을 끼치고 있는지 살펴보고자 한다. 먼저 이 글의 2절에서는 인공지능을 통한 정보생산이 현재 어느 수준의 기술에 이르렀는지 로봇저널리즘과 소셜봇의 경우를 통해 살펴본다. 더불어, 소셜봇의 컴퓨터 프로파간다 활동이 어떤 기술적 방법과 심리적 기제를 사용하여 여론형성에 개입하고 여론지형에 영향을 끼치고 있는지 소개한다. 3절에서는 2016년과 2017년 서구 유럽의 선거 기간에 집중적으로 발생했던 허위사실 유포나 가짜 뉴스의 확산과 같은 현상이 일으킨 정치적 문제를 논한다. 더불어 3절에서는 인공지능에 의해 더욱 심각해지고 있는 가짜 뉴스의 폐해에 대해 과연 어떤 해결책이 모색되고 있는지 각국 정부나 민간부문이 추진하고 있는 다양한 대처 방법을 소개한다. 4절 결론에서는 인공지능의 정보생산이 가져오는 이러한 부정적 현상으로 인한 기술중립성의 문제를 언급하며 관련된 규범과 제도, 거버넌스의 필요성을 논하는 것으로 논의를 마무리한다.

2. 인공지능의 정보생산과 소셜봇의 여론 형성

로봇저널리즘과
소셜봇의 출현

2017년 국제뉴스미디어협회(INMA, International News Media Agency)가 뉴스 미디어 업체에 제공하기 위해 제작한 보고서 「인공지능: 뉴스 미디어가 신속히 투자해야 할 다음 과제(Artificial Intelligence: News Media's Next Urgent Investment)」는 언론 매체가 인공지능을 어떻게 사용할 수 있고 왜 인공지능을 이용한 뉴스 생산에 관심을 가져야 하는지 다루고 있다. 그만큼 인공지능을 이용한 저널리즘은 언론 매체가 적극 투자해야 하는 영역으로 널리 소개, 홍보되고 있다.[1] 세계 주요 언론사들은 인공지능을 다양한 방식으로 이용하고 있는데, 인공지능이 가장 일반적으로 활용되는 분야는 기상 및 재난 정보와 같은 속보, 그리고 단순한 수치와 통계를 제공하는 금융이나 경기 결과 보도 영역이다. 또한 온라인에서 최신 뉴스를 보여주거나 간단한 질문에 답하는 형식을 취하는 추천 엔진(recommendation engines)에 의해 사용자가 관심을 가질 만한 뉴스를 제시하기도 하고 혹은 인기가 있는 기사 리스트와 독자들의 호응도를 분류하여 콘텐츠를 생산하는 등 인공지능은 언론 매체가 다양한 방식으로 서비스 제공의 효율성과 이윤을 추구하는 데 도움을 주고 있다. 이와 같이 인공지능을 이용한 언론매체의 활동은 로봇저널리즘(robot-journalism, robo-journalism)

---

1 International News Media Association(INMA), "Artificial Intelligence: News Media's Next Urgent Investment,"(2017. 6. 5) https://www.inma.org/report-detail.cfm?pubid=193(검색일: 2017. 11. 1.)

이라고 일컬으며 인공지능을 통한 기사 보도는 로봇 보도(robot-reporting, robo-reporting)라고 부른다.

『워싱턴 포스트』의 경우 2016년 동안 로봇 기자(robot reporter) 헬리오그래프Heliograf가 850편의 기사를 작성했는데, 이중 리우 올림픽에 대한 공지를 담은 기사는 400편가량에 이른다. 헬리오그래프가 선거와 관련하여 작성한 500편가량의 기사는 50만 번의 클릭 조회수를 보이는 등 일반 기사처럼 널리 읽혔다. 헬리오그래프는 고등학교 축구 게임 이야기를 담은 기사와 트윗 글을 작성하는 등 로봇 기자의 활동은 다양한 청중의 필요와 관심에 맞춰진 타게팅 기사 작성이나 홍보에 용이하다. 인공지능은 콘텐츠 사용자, 즉 독자의 나이나 성별 등을 분별하는 등의 예측분석(predictive analytics)을 통해 사용자에게 필요한 서비스나 정보를 제공할 수 있다. 결국 로봇 보도는 틈새 청중(niche audiences)에 대한 서비스 제공을 가능하게 하여 언론 매체의 청중을 늘려주는 효과를 거두고 있다.(Moses, 2017)

이렇게 인공지능을 이용한 자동화된 뉴스 생산(automated news production)은 텍스트 기반의 기사뿐만 아니라 비디오 영상을 제작하는 수준에도 이르렀다. 미국의 일간지 『유에스에이 투데이』는 온라인 서비스에서 짧은 영상을 제작하는 비디오 소프트웨어를 사용하고 있으며 이미 많은 언론사들은 프로그램화된 홍보 기능을 하는 채팅봇, 즉 대화가 가능한 인공지능 로봇을 사용하고 있다. 이렇게 인공지능 비서 서비스 활용과 로봇에 의한 기사 작성에 대해 연합통신(Associated Press)은 인공지능 비서의 도움으로 저널리스트들이 단순 보도가 아닌 더 가치 있는 업무에 집중하고 기사 작성의 시간을 절약할 수 있게 되었다고 평했다. 특히 금융 관련 뉴스에서 주식시장에 대한 보도는 인공지능을 활용할 경우 정확성이 더 높아진 것으로 드러났다. 데이터의 수집과 처리에 긴 시간이 요구되는 금융업계의 데이터 분석을 인공지능이 수행할 경우 거대한 양의 실시간 정보를 단 몇 분 만에 수행하는 것이 가능할 정도로 인공지능의 정보생산 능력의 효율성은 이미 입증되었으며 앞으로 더 많은 영역에서 사용될 것으로 보인다.

인공지능을 이용한 정보생산은 기사작성을 넘어 데이터를 정리해서 요약하며 보고서를 작성하는 영역까지 확대되고 있다. '오토메이티드 인사이츠Automated Insights'와 같은 업체는 '워드스미스Wordsmith'라는 자연어 생성 인공지능 플랫폼을 사용하여 AP와 같은 언론사와 야후, 트위터 등 다양한 세계적 기업에게 데이터 처리 및 정보생산 관련 서비스를 제공하고 있다.[2] 스토리텔링과 같이 내러티브에 대한 이해가 필요한 작업도 인공지능은 딥러닝deep learning을 통해 이야기를 구사하는 능력을 보여줄 수 있다. 인공지능에게 있어서 내러티브는 단지 또 다른 형태의 데이터 시각화(data visualization)일 뿐이다. 로이터 통신은 기사 작성 및 인포그래픽(information graphics, infographics) 작업을 수행하는 데 있어서 인공지능 플랫폼을 이용하여 데이터 시각화를 제공하는 업체인 '그래픽Graphiq'과 협업하고 있다.

이렇게 인공지능이 저널리즘에서 획기적으로 기술적 발전을 보여주었지만 인공지능의 발전에 놓인 도전도 다수 지적된다. 먼저 '머신러닝 machine learning'은 컴퓨터가 방대한 데이터를 처리하고 스스로 분석하고 이렇게 분석한 결과를 학습하는 알고리즘을 통해 미리 주어진 프로그램 없이도 예측과 의사결정을 수행할 수 있는 컴퓨터 과학 분야를 말한다. 그런데 머신러닝이 작동하기 위해서는 충분히 많은 데이터가 존재해서 컴퓨터가 데이터의 패턴을 읽어내야 하는데 그러한 데이터 자

---

2 https://automatedinsights.com.

[그림 2] 인공지능 플랫폼으로 제작한 뉴스 기사 인포그래픽 사례

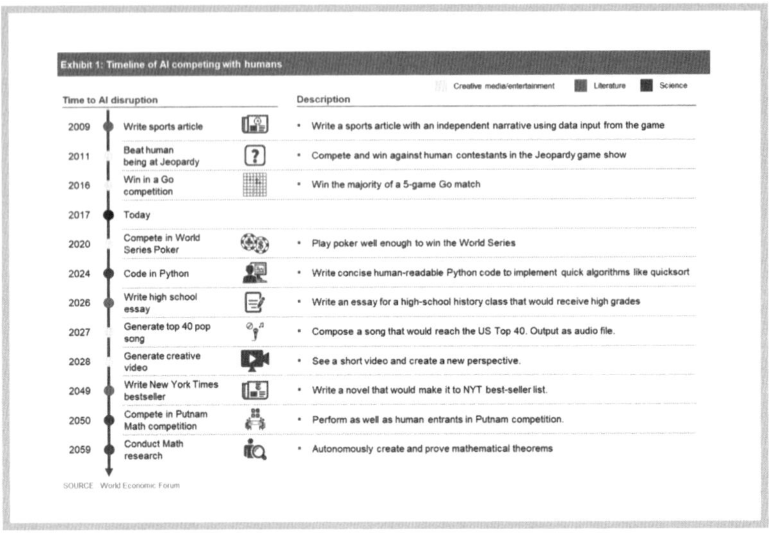

Exhibit 1: Timeline of AI competing with humans

Creative media/entertainment ■ Literature ■ Science

Time to AI disruption		Description
2009	Write sports article	Write a sports article with an independent narrative using data input from the game
2011	Beat human being at Jeopardy	Compete in and win against human contestants in the Jeopardy game show
2016	Win in a Go competition	Win the majority of a 5-game Go match
2017	Today	
2020	Compete in World Series Poker	Play poker well enough to win the World Series
2024	Code in Python	Write concise human-readable Python code to implement quick algorithms like quicksort
2026	Write high school essay	Write an essay for a high-school history class that would receive high grades
2027	Generate top 40 pop song	Compose a song that would reach the US Top 40. Output as audio file.
2028	Generate creative video	See a short video and create a new perspective.
2049	Write New York Times bestseller	Write a novel that would make it to NYT best-seller list.
2050	Compete in Putnam Math competition	Perform as well as human entrants in Putnam competition.
2059	Conduct Math research	Autonomously create and prove mathematical theorems

SOURCE: World Economic Forum

체가 부재할 경우 인공지능의 능력은 제한적일 수밖에 없다. 즉, 인공지능은 데이터의 가용 여부에 의해 제한받고 체계적으로 조직되지 않은 데이터(unstructured data)를 분석하는 데는 한계가 있으며, 스스로 생산한 결과물(output)을 논리적으로 설명하는 능력을 결여하게 되는 것이다. 게다가 현재의 인공지능은 투입된 데이터가 정확한 것인지를 밝히는 진위(authenticity) 분별 능력이 불완전하다.(Hall, 2018)

이에 더해 인공지능 기술은 지식재산권(copyright)과 정보의 올바른 사용 문제에 있어서 법적인 논란 등을 일으킬 소지가 있고, 온라인 데이터를 통해 만드는 결과물이 여론에 끼치는 막대한 영향에도 불구하고 법적 책무성(accountability)과 관련하여 어떤 위치에 놓이는지 아직 모호한 상태이다. 이 문제는 알고리즘을 개발한 주체의 원래의 의도가 그릇된 동기를 가지는지의 여부와 관련된다. 마지막으로, 고도화된 인공지능 기술과 자본을 가진 업체가 그렇지 못한 업체에 대해 비대칭적

권력(asymmetrical power)을 갖게 되므로 규모가 작은 업체는 인공지능 기술을 개발하기보다 규모가 큰 업체의 기술을 구매할 유인을 갖게 되어 권력의 비대칭 문제는 더욱 심화될 것으로 보인다.(Hall, 2018)

[그림 3] 세계경제포럼이 열거한 인공지능이 당면한 7가지 도전

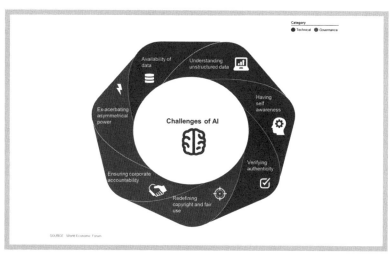

[출처] World Economic Forum(Hall, 2018) 참조.

　　로봇저널리즘의 출현과 같이 인공지능은 단지 정보생산에 머무르지 않고 인간과의 커뮤니케이션 행위도 구사할 수 있다. 'robots'을 줄여 부르는 단어인 '봇bots'은 일반적으로 '스파이더spiders', '스크레이퍼 scrapers' 혹은 '크롤러crawler'라고 불리는 '웹봇web bot'으로서 온라인상의 정보를 수집하여 검색 엔진을 개선시키고 이메일에서는 스팸을 걸러내고 인터넷 사용자들에게 다양한 맞춤형 정보를 제공하는 등 웹 페이지를 관리하는 기능을 갖는다. 이러한 봇 인공지능은 현재 사람과의 쌍방향 커뮤니케이션을 구사하는 기술을 구비하여 온라인 공간에서 사용자와의 다양한 대화 기능을 수행하고 있다. 특히 소셜 공간에서 활동하는 '소셜

봇(socbot, social bot, socialbot, social networking bot)'은 자동적으로 메시지를 생성할 수 있고 소셜 미디어 사용자와 대화가 가능한 소프트웨어 혹은 기술 기반 프로그램이다. 요컨대 소셜봇은 사용자의 명령을 수행하는 단방향 커뮤니케이션 프로그램이 아닌 대화형 프로그램이다.

소셜 미디어 계정을 통제할 수 있는 소셜봇은 소셜네트워크서비스(SNS)를 통해서 자연재난과 재해 발생 시 많은 사람들에게 위기 상황을 자동적으로 실시간으로 알릴 수 있기 때문에 속보성 뉴스 기사를 전달하는 데에도 유용하다. 이러한 신속성으로 인해 소셜봇은 비즈니스 마케팅과 선거 캠페인에서도 빈번하게 사용되고 있으며 보험회사에서 사고나 재해 직후 고객의 보험 관련 서비스를 실시간 대화를 통해 신속하게 제공하는 데에도 유용하다.[3]

[그림 4] 차량사고와 관련하여 보험회사의 소셜봇과 고객의 모바일 대화 사례

출처: 각주 5) 참조.

---

3 http://advancecessnock.com.au/bots-business(검색일: 2017. 2. 7.).

소셜봇의 여론형성과
컴퓨터 프로파간다

최근 빈번하게 언급되는 소셜봇의 역기능은 미국과 독일 등 선진 민주주의 국가의 선거 캠페인 기간 동안 수행했던 부정적 역할이 부각되면서 심각하게 지적되고 있다. 소셜봇은 트위터에서 팔로워followers 수를 인위적으로 늘리는 데에도 사용되며, 소셜 미디어 사용자들과 대화가 가능하므로 정치적 목적을 위해서도 활발하게 이용되었고, 이러한 기능의 부작용을 학계에서 부단히 지적하고 있다. 최근 미국 서던캘리포니아대학교(USC)와 인디애나대학교의 공동분석에 의하면, 현재 사용되는 트위터 계정의 약 9-15%가 인공지능 봇이며 이러한 봇이 '좋아요', '리트윗', '팔로윙' 등의 기능을 활발하게 수행하고 있음이 발견되었다. 소셜봇은 다양한 SNS 업체가 경쟁하는 과정에서 사용자 기반을 신속하게 확대시키는 데 이용되어왔다. 그런데 USC 팀이 이번 조사에서 지적한 보다 심각한 문제는, 소셜봇이 마치 특정 어젠다를 지지하는 시민들의 정치적 활동인 양 사람들의 정치참여 행위를 흉내 내고 있다는 것이었다. 더군다나 테러리스트의 프로파간다를 지지하거나 극단주의적 범죄를 모집하는 활동에 봇이 악용될 수 있고(Newberg, 2017), '봇부대(bot army)'라는 단어가 존재할 정도로 의도적으로 거짓 정보를 담은 댓글을 대규모로 생성하는 프로그램이 운영될 수 있다. 이와 같이 정치적 목적을 위해 사용되는 소셜봇을 '정치봇(political bots)'이라고 부른다.

소셜봇은 소위 '반향실 효과(echo chamber effect)' 혹은 '메아리방 효과'라고 불리는 현상을 부추기거나 더 강화시킬 수 있다. 반향실 효과란 비슷한 관점이나 생각을 가진 사람들끼리 반복적으로 소통함으로써 더욱 편향된 사고가 고착화되고 동의하는 의견만을 수용하게 되는 현상을 일컫는다. 이러한 반향실 효과는 소셜봇에 의해 증폭될 수 있는데, 온라인 네트워크상에서 조직된 수많은 봇이 특정 내용이나 메시지를 담은 정보만을 집중적으로 전달하고 확산시켜 온라인 공간에서 특정 이슈만이 언급되고 논의되게끔 할 수 있다. 이러한 '봇 효과(bot effect)'는 자유롭게 서로 다른 생각과 의견이 소통되어야 하는 공론장(public sphere)으로 기능해야 하는 온라인 공간에 정치적으로 편향된 정보와 메시지를 확산시켜 여론을 특정 방향으로 유도하는 현상을 말한다.[4] 다시 말해, 현대의 고도화된 인공지능은 사람들의 정치적 의사결정 과정에 영향을 끼칠 수 있고 민주주의의 정상적인 작동과 민주주의 제도에 대한 시민의 신뢰(confidence in democracy)를 훼손할 수 있게 될 만큼 영향력을 갖게 된 것이다.

정치적 프로파간다 활동을 위해 인공지능의 커뮤니케이션 도구와 기술을 사용하는 것을 '컴퓨터 프로파간다(computational propaganda)'라고 부르는데, 소셜봇이 여론에 영향을 주는 다양한 방식의 활동이 컴퓨터 프로파간다의 대표적인 예이다. 예컨대 '프로파간다 봇propaganda bots'은 키워드 혹은 정치인 트윗과 같은 일종의 촉발변수(trigger)를 통해 특정 정보를 유포시키거나 혹은 대규모의 정보를 확산시켜 사람들을 설득하는 역할을 한다. '팔로워 봇follower bots'은 온라인에서 어떤 의견이나 인물에 대해 마치 광범위한 지지가 이루어지고 있는 것처럼 보이게 하는 봇으로서 온라인에서 인기가 많은 뉴스의 알고리즘을 가로채는(hijack) 방법을 사용하거나 특정 메시지를 담은 가상 인물을 만들어 대규모의 'likes'를 생성시키거나 팔로워 수를 늘리는 방법을 사용하기도 한다. '길차단 봇(roadblock bots)'은 온라

---

4 https://www.goethe.de/en/kul/med/20951165.html(검색일: 2018. 2. 3.)

인에서 이루어지는 대화에 대한 주의를 다른 이슈로 분산시켜 관심을 돌리게 하거나 활동가들(activists)의 글에 스팸성 해시태그를 다량으로 게시하여 쓸모없는 다른 내용의 메시지가 원래의 글을 압도하도록 한다. 좀 더 극단적인 경우 봇은 저널리스트나 활동가들을 겁박하기도 하는데 협박 메시지를 대규모로 보내는 것도 악의적인 컴퓨터 프로파간다의 한 방법이 되고 있다. 이러한 활동은 종종 보다 전통적인 방법인 '해킹'을 통해 개인 정보를 유출시킨다든지 선거를 감시하는 웹사이트나 모바일 앱(application)이 작동하지 않게 하는 방법을 동반하기도 한다.(Chessen, 2017, pp.19-20)

소셜봇에 의한 컴퓨터 프로파간다 활동이 여론 형성에 영향력을 갖게 된 것은 소셜봇이 온라인 네트워크를 통해 확산시키는 가짜 뉴스의 심리적 효과와 관련된다. 프로파간다의 전통은 인지심리학(cognitive psychology)과 설득의 원리에 뿌리를 두고 있으며 소셜봇이 사용하는 컴퓨터 프로파간다 도구는 전통적인 영향이론(influence theory)과 설득이론(persuasion theory)의 다양한 이론들을 사용하고 있다.(Chessen, 2017, pp.20-22) 예컨대 정보가 풍부한 환경에서는 사람들은 대개 많은 다른 사람들이 인정하는 주장이나 정보를 해당 분야 전문가의 주장보다 더 설득력 있게 받아들인다.(Harkins & Petty, 1987; Alba & Marmorstein, 1987) 그러므로 소셜봇은 특정 여론을 조성하기 위해 팔로워 수를 조작하거나 많은 '좋아요'를 생성시키는 알고리즘을 빈번하게 사용하는 전략을 사용한다.

또한 만약 어떤 정보가 다양한 정보원(source)의 내용과 서로 일치하거나 혹은 서로 다른 논쟁을 일으키고 있다고 하더라도 궁극적으로 같은 결론에 이를 경우 사람들은 주어진 정보의 질(quality)보다 하나의 동일한 결론에 이른 정보의 양(volume)을 더 중시하는 경향이 있다.

그러므로 소셜봇이 서로 다른 소셜 미디어 계정을 통해 이러한 양상을 보여줄 경우 원래 의도된 메시지는 사람들에게 더 쉽게 받아들여질 가능성이 있다. 또한 사람들은 같은 메시지에 반복적으로 노출될 때 그러한 메시지가 허무맹랑한 내용을 담고 있다고 해도 믿게 되는 경향이 있는데, 이러한 현상을 '진실착각효과(the illusory truth effect)'라고 부른다.(Chessen, 2017, p.20)

　최근 BBC 소속 저널리스트 로리 셸런 존스Rory Cellan-Jones는 구글의 인공지능 스피커 '구글홈Google Home'과 구글 웹사이트가 미국 전 대통령인 버락 오바마에 대한 음모론을 유포하는 것으로 의심할 만한 동영상을 그의 트위터에 게시한 바 있다. 그는 인공지능 구글홈에 "Is Obama planning a coup?"라는 질문을 했을 때 오바마에 대한 거짓 정보를 알려주는 상황을 담은 동영상을 트위터에 공개했다. 즉, 구글 검색란에 '오바마의 계획(Obama plan)'이라는 단어를 검색할 경우 "Obama had planned a Communist coup d'état"라는 문장이 자동 완성되었다는 것이다. 인터넷의 검색 엔진 알고리즘은 출처가 의심스러워도 인기 있는(high ranking) 정보에 대해 과도한 우선권(undue precedence)을 줄 수 있으며, 이러한 사실은 곧 온라인 여론이 누군가의 의도와 기획에 의해 왜곡되거나 조작될 수 있음을 의미한다.(Molloy, 2017) 앞서 언급한 진실 착각 효과와 같이 이러한 현상이 우려스러운 것은 서로 다른 미디어를 통해 얻은 정보가 같은 메시지를 담게 되고 이러한 정보가 반복적으로 많은 사람에게 대량으로 노출될 경우 허위사실도 설득력 있는 정보로 인식될 수 있기 때문이다.

3. 가짜 뉴스의 확산과 세계 여론 전쟁

미국과 서유럽의 선거와
러시아발 가짜 뉴스

최근 각국에서 여론 개입과 여론 왜곡이 소셜봇을 통해 빈번하게 일어나는 정황이 포착되고 이러한 소셜봇의 기능이 실제로 선거에서 시민들의 투표 행위에 직접적으로 영향을 끼치면서 가짜 뉴스(fake news)가 많은 국가에서 심각한 정치적 문제로 거론되고 있다. 자극적인 내용을 담는 경우가 대부분인 가짜 뉴스는 주로 소셜 미디어를 통해 빠르게 확산되며 정상적인 여론 형성을 왜곡하여 민주적 절차를 통한 정치적 의사결정 과정에 중대한 영향을 끼치는 변수로 인식되고 있는 것이다. 특히 최근 가짜 뉴스가 사회적 이슈로 부상한 것은 2016년 미국 대통령 선거와 영국의 브렉시트Brexit 국민투표를 비롯하여 독일과 프랑스의 선거 결과에 가짜 뉴스가 영향을 끼친 것이 계기가 되었다. 한국에서도 2017년 제19대 대통령 선거에서 중앙선거관리위원회가 인터넷에서 확산된 '허위사실 공표와 비방'으로 분류한 가짜 뉴스가 제18대 대선 때보다 여섯 배로 증가했다고 발표할 정도로 가짜 뉴스는 선거의 골칫거리로 등장했다.

가짜 뉴스의 확산은 주로 온라인 공간을 통해 활동하는 '대안 우파(alternative right, alt-right)'의 조직적 움직임과도 관련되는데, 이들은 기존 정치체제를 비판하고 사회 내 소수(minority) 그룹을 겨냥하여 차별적인 여론을 주도하는 세력이다. 2017년 미국 대선의 경우 극우 인터넷 매체 '브레이트바트 뉴스Breitbart News'를 운영했던 트럼프 행정부의 전前 백악관 수석전략가 스티브 배넌Steve Bannon은 대안 우파를 자처한 인물이며 브레이트바트 뉴스는 성과 인종에 대한 차별적 성향을 띠는 것으로 알려져 있다. 특히 2016년 미국 대선에서 가짜 뉴스의 확산은 이러한 대안 우파의 조직적인 선거운동과 맞물려 선거 기간 동안 미국 내에 다양한 논란을 불러일으켰다.

옥스퍼드대학교의 '컴퓨터 프로파간다 프로젝트(Computation Propaganda Project)' 연구팀은 2016년 11월 1일과 11일 사이의 기간에 게시된 선거와 관련된 7백만 건의 트윗 글을 분석한 결과 특히 경합주(swing states) 선거와 관련하여 극단적인 내용의 글이 집중적으로 게시되었음을 발견했고, 이러한 글들의 대부분이 러시아와 연결된 트위터 봇에 의해 자동적으로 작성되었음을 밝혀냈다.(O'Sullivan, 2017) 미국 대선 캠페인 당시 가짜 뉴스의 대표적 사례로 '피자 게이트Pizza gate'를 들 수 있는데, 2016년 12월 4일 힐러리 클린턴 후보가 워싱턴 D.C.의 피자 가게에서 아동 성매매 조직을 운영한다는 가짜 뉴스를 믿은 한 남성이 피자 가게에 총격을 가하는 일이 발생하기도 했다.

이 밖에도 미국 대선 캠페인 당시 프란치스코 교황이 트럼프와 클린턴 두 후보 모두 지지한 일이 없었으나 프란치스코 교황이 트럼프 지지를 선언했다는 가짜 뉴스가 대선일 직전 석 달간 페이스북에서 96만 건 공유되었는데, 이 가짜 뉴스는 2016년 미국 대선과 관련하여 가장 많이 공유된 뉴스였다. 이 가짜 뉴스 공유 횟수는 진짜 뉴스의 평균적 공유 건수를 압도하는 수치였다. 한편 미국 컬럼비아대학교에서 발간하는 『컬럼비아 저널리즘 리뷰Columbia Journalism Review』가 소개한 한 분석은 2015년 11월에서 2016년 11월까지 가짜 뉴스와 일반적인 뉴스 웹사이트 방문자 수를 추적한 결과 일반 뉴스 방문자가 가짜 뉴스 방문자보다 10배가량 많았음을 발견했다. 가짜 뉴스 독자 수는 1

년 내내 비슷하게 지속되었는데, 흥미롭게도 가짜 뉴스를 본 사람은 전통 뉴스도 함께 본 것으로 나타났다. 가짜 뉴스 소비자의 41%가 『뉴욕 타임스』 기사도 함께 찾아본 것이다. 이러한 현상은 해석하기에 따라 서로 다른 현상으로 읽힐 수 있다. 즉, 가짜 뉴스를 읽고 기사가 정확한 것인지 정보 확인 차원에서 공신력 있는 『뉴욕 타임스』를 찾아본 것인지 혹은 실제 뉴스는 어떻게 잘못된 소식을 전하고 있는지 확인하는 차원에서 주류 매체의 뉴스를 읽은 것인지 구분하기 어렵기 때문이다.(Nelson, 2017; Buncombe, 2016)

[그림 5] 프란시스 교황이 트럼프를 지지한다고 보도한 가짜 뉴스

Pope Francis Shocks World, Endorses Donald Trump for President, Releases Statement – WTOE 5 News

Pope Francis Shocks World, Endorses Donald Trump for President, Releases Statement TOPICS:Pope Francis endorses Donald Trump photo by Jeffrey Bruno /...

[출처] 영국 『인디펜던스』지가 소개한 WTOE5 News의 가짜 기사.(Buncombe, 2016)

[그림 6] 가짜 뉴스 VS. 일반 뉴스 소비현황 비교

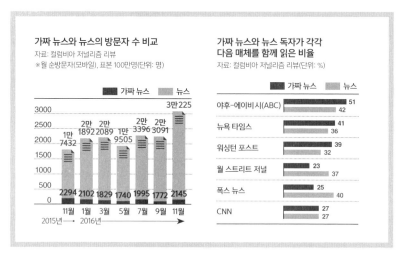

[출처] 『컬럼비아 저널리즘 리뷰Columbia Journalism Review』의 그래프를 『한겨레』가 재현함.[5]

　독일도 소셜 미디어를 통한 가짜 뉴스의 확산으로 여론이 심각하게 양극화되는 문제를 경험했다. 미국 대안 우파 언론인 브레이트바트가 2016년 12월 31일 독일 도르트문트에서 이슬람계 이민자 천여 명의 폭도가 경찰과 시민들을 공격하고 독일의 가장 오래된 교회에 불을 내기 위해 폭죽을 터뜨렸다고 보도했으나, 이 기사는 가짜 뉴스로 알려졌다. 언급된 교회는 독일에서 가장 오래된 교회가 아니었고, 교회 주변의 많은 군중이 사용한 폭죽으로 인해 교회에 불이 붙을 수 있었으나 그러한 일은 일어나지 않은 것으로 확인된 것이다. 이 기사는 2016년 12월 20일 베를린 크리스마스 시장 테러가 발생한 지 얼마 안 된 시점에서의 기사로서 많은 독일인들이 민감하게 받아들이면서 소셜 미디어를 통해 급속도로 확산되었다. 독일의 한 일간지 편집장은 이 기사가 독일 총선을

5　http://www.hani.co.kr/arti/science/science_general/785227.html(검색일: 2017. 12. 1.)

겨냥한 가짜 뉴스이며 민주주의 제도에 대한 유권자의 신뢰에 훼손을 주기 위한 목적으로 작성된 것이라고 비판했다. 더불어 당시 독일 앙겔라 메르켈Angela Merkel 총리와 셀카를 찍어 유명해진 시리아 난민 청년 아나스 모다마니가 지하철역 노숙자 옷에 불을 붙이려 했다는 가짜 뉴스도 소셜 미디어를 통해 급속히 확산되었는데, 이러한 가짜 뉴스도 총선을 앞둔 시점에서 재선에 도전하려는 메르켈의 이미지를 훼손하려는 허위사실로 밝혀졌다.(Faiola & Kirchner, 2017) 또한 메르켈 총리가 히틀러의 딸이라거나 동독 비밀경찰 출신이라는 가짜 뉴스도 확산되는 등, 총선을 앞두고 독일은 가짜 뉴스가 폭발적으로 급증하는 일을 경험했다.

가짜 뉴스는 국제정치 문제로도 비화되며 국가 간 외교 갈등의 잠재적 원인을 제공하기도 했다. 주로 각국 선거 캠페인 기간에 자극적인 내용과 함께 급속도로 소비되는 경향이 있는 가짜 뉴스가 주로 타국 계정의 소셜봇을 통해 확산된 정황이 빈번하게 포착되었고 이러한 시도가 타국 여론에 개입하는 수단으로 기능했음이 반복적으로 밝혀졌기 때문이다. 이러한 사례들은 2016년부터 집중적으로 미국과 서구 유럽에서 주로 일어났는데, 특히 러시아가 가짜 뉴스를 이용하여 미국 대선, 영국 브렉시트 국민투표, 프랑스 대선, 독일 총선, 스페인 카탈루냐 독립투표에 개입한 정황이 밝혀진 바 있다. 영국 브렉시트 국민투표의 경우 러시아어 트위터 계정 15만 개가 브렉시트 국민투표 당시 활동하고 있었던 것으로 확인되었다.

『가디언』지가 보도한 바에 의하면, 영어로 브렉시트를 찬성하는 트위터 글이 투표 전날과 6월 24일 투표 당일 집중적으로 게시되었는데, 이러한 글을 올린 트위터 계정들은 투표 직전까지는 거의 활동이 없던 계정이었다. 투표일과 투표일 전날 브렉시트에 대한 3,468건의 트윗을 올린, 러시아 정부와 연계된 것으로 의심되는 계정이 총 419개 발견되었고, 이미 2,752개 계정이 미국에서 사용이 중지당했다. 또한 당시 한 러시아인의 계정으로 보이는 트위터에 2017년 3월 영국 의사당 인근 테러 당시 한 무슬림 여성이 테러로 쓰러진 시민 옆으로 무심하게 휴대폰을 보며 걸어가는 사진이 게재된 일이 있었는데, 이 사진은 트위터와 인터넷에서 광범위하게 확산되면서 『더 선』지와 같은 주류 언론도 이 사진을 게재하며 보도했다. 이 사안에 대해 『가디언』은 무슬림에 대한 혐오를 부추기려는 의도로 보인다고 전한 바 있다. 영국 노동당과 테레사 메이Theresa May 총리는 러시아 정부가 개입된 브렉시트 관련 가짜 뉴스 확산에 대해 러시아의 인터넷 플랫폼이 가짜 뉴스와 허위사실을 퍼뜨리며 인터넷 질서를 위협한다고 언급하면서 이러한 행위를 수행한 러시아 정부 기관에 대해 경고하기도 했다. 스페인 총리 마리아노 라조이Mariano Rajoy는 카탈루냐 독립 투표에도 허위정보를 확산시킨 트위터 가짜 계정의 50%가 러시아에, 30%는 베네수엘라에 근거지를 두고 있음을 주장한 바 있다.(Robert Booth et al., 2017)

[그림 7] 허위사실을 유포한 러시아와 연결된 가짜 계정이 트위터에 유포시킨 트윗과 사진

[출처] 영국 『가디언』 2017년 11월 14일 기사.(Booth et al., 2017)

가짜 뉴스의 진위에 대해서는 최고 엘리트들도 파악하지 못하는 경우가 많다. 2017년 초 독일에서 "베를린에서 러시아 미성년자가 난민들에게 성폭행당하고 살해당했다"는 가짜 뉴스가 확산되었는데 이에 대해 러시아 외무장관 세르게이 라브로프Sergei Lavrov와 독일 외무장관 프랑크발터 슈타인마이어Frank-Walter Steinmeier 사이에 사건의 진위를 두고 언쟁이 일어날 정도였다. 프랑스에서도 2017년 대선 캠페인기간 내내 유력 대선 후보였던 마크롱에 대해 동성애자설, 해외 비밀계좌 보유설 등의 허위사실이 온라인상에서 유포되기도 했는데, 당시 마크롱은 러시아의 『스푸트니크』와 『러시아 투데이』와 같은 매체의 공격대상이었다. 이러한 러시아 매체를 통한 가짜 뉴스의 확산으로 마크롱대선 캠프는 러시아 언론의 마크롱 캠프 취재를 허용하지 않기도 했다. 결국 대선 결선 투표를 앞둔 시점에서 프랑스 검찰은 가짜 뉴스에 대해수사를 착수하는 등, 가짜 뉴스의 문제는 이제 국내정치 이슈를 넘어외교 갈등 이슈로 확산되고 있다.

알고리즘 중립성 문제와
AI 대 AI의 대결

인공지능 기술이 단순히 정보의 전달이나 확산을 넘어 온라인상에서 허위사실이나 가짜 뉴스를 생성시키고 여론의 향방과 추이에 영향을 끼치며 타국 선거의 여론도 왜곡시키는 상황이 빈번하게 연출되면서, 과연 인공지능 기술이 중립적일 수 있는가의 문제가 심각하게 대두되고 있다. 페이스북의 경우, 2016년 대선 캠페인 기간 동안의 가짜 뉴스 문제로 인해 2017년 9월 21일 마크 저커버그Mark Zuckerberg는 페이스북의 기술 중립성을 포기한다고 발표하고 대선 캠페인 기간 동안 활동한 러시아와 연계된 페이스북 광고 계정 정보를 의회 조사팀에 제공하기로 했다. 페이스북이 러시아 정부의 선거 개입에 대한 미국 정부와 의회 조사에 협조한 것은 소셜 미디어가 정치 사회에 미치는 영향과 책임을 인정한 것이라고 볼 수 있다. 저커버그는 페이스북을 사용하여 민주주의가 훼손되는 일을 원하지 않으며, 선거 전복을 시도하는 국가를 발견한 것은 인터넷 공동체가 직면한 새로운 도전이라고 언급했다.

조사를 착수한 페이스북은 2015년부터 2017년 5월까지 러시아와 연관된 광고 계정 3천 개를 발견했고, 그러한 사실을 미국 의회에 통보하고 광고 계정을 공개했다. 이러한 러시아 연관 계정의 광고 내용은 성 소수자 문제, 인종, 이민, 총기 소지와 같이 미국 사회의 정치 사회적 분열을 조장하는 데 초점이 맞춰져 있었으며 직접적으로 특정 후보를 지지하는 정치 광고는 아니었지만 온라인상에서 의견 대립을 조장하여 특정 후보가 유리하도록 한 의도가 엿보인 것이었다. 저커버그는 특정 국가나 정치 세력이 페이스북을 통해 선거에 개입하는 시도를 차단하기 위해 전담팀을 별도로 신설했다고 발표했고 프랑스 대통령 선거 및 독일 총선을 포함하여 선거에 영향을 줄 수 있는 수천 개의 가짜 계정을 찾아내 폐쇄했다. 『뉴욕 타임스』는 저커버그의 발표를 빅터 프랑켄슈타인 박사가 자신의 창조물이 통제할 수 없는 괴물이 되었음을 인정한 '프랑켄슈타인 모멘텀frankenstein momentum'에 비유하며 페이스북이 전쟁과 증오범죄, 학살, 테러리즘에 이용되는 수단이 될 수 있음을 인정하고 이러한 상황을 고치려 한 것으로 평했다.(Roose, 2017)

가짜 뉴스를 근절시키기 위한 노력은 많은 업체와 정부 기관이 다양한 방법을 통해 전개하고 있다. 구글은 가짜 뉴스를 유통시키는 웹사이트 200개를 추방하는 조치를 취했고 2017년 2월 프랑스 파리에서 개최된 뉴스임팩트서밋(NIS, News Impact Summit)에서 가짜 뉴스를 걸러내는 알고리즘을 개발하는 '크로스체크cross-check 프로젝트'를 출범시켰다. 이 알고리즘은 문제가 되는 기사가 경고를 받도록 하며 뉴스피드나 검색 결과 우선순위에 나타나지 않도록 한다. 구글과 페이스북은 프랑스 대선 전 가짜 뉴스의 확산을 차단하기 위해『르 몽드』, AFP통신,『리베라시옹』등 프랑스 주류 언론사들과 협력하기도 했다.(박영민, 2017)

한편, 인공지능에 의한 가짜 뉴스 확산 문제를 해결하려는 노력은 일률적인 해법을 통해 모색되기보다 다양한 방법으로 시도되고 있다. 집단지성의 결과물인 위키피디아Wikipedia의 설립자 지미 웨일스Jimmy Wales는 소셜네트워크 이용자들이 자신이 좋아하는 정보만을 선택적으로 소비하여 진실 여부와 상관없이 편향된 정보의 거품 안에 갇히는 현상인 '필터버블filter bubble' 부작용에 대응하고자 위키피디아 틀을 뉴스에 차용하는 방법을 제안했다. 즉, 전문적 저널리즘으로서 '위키트리뷴WikiTRIBUNE'을 만들어 전문가들의 뉴스 판단 능력을 동원해 열린 공간인 인터넷에서 발생하는 부작용에 대응하고자 한 것이다. '증거에 기반을 둔 저널리즘(evidence-based journalism)'이라는 테마를 내건 위키트리뷴 웹사이트는 광고를 게시하지 않는데, 이는 광고가 편향된 진실로 이어질 수 있기 때문이며, 그러한 이유로 위키트리뷴은 기부형 크라우드 펀딩cloud-funding을 통해 정기 구독자를 모집하고 있다.(김신영, 2017)

이러한 위키트리뷴의 접근법은 의미 있는 해결 방안의 하나가 될 수는 있지만 점점 더 고도화되는 인공지능의 기술과 봇 부대와 같이 알고리즘에 의해 자동화된 방식으로 정보를 확산시키는 소셜봇의 대규모 활동을 고려할 때는 제한적일 수밖에 없다. 이러한 문제의식에서 가짜 뉴스를 찾아내는 인공지능 프로그램을 개발하는 접근법도 시도되고 있다. 미국 웨스트버지니아대학교의 미디어혁신센터(Media Innovation Center)는 미디어학과와 컴퓨터공학의 연구진들이 협업하여 가짜 뉴스를 찾아내는 인공지능 프로그램 개발운영팀을 구성하고 인공지능의 머신러닝을 통해 뉴스에 대한 평가와 투명성을 측정할 수 있게 했다.(West Virginia University, 2017) 요컨대 이러한 접근법은 인공지능과 인공지능의 대결을 통한 문제해결인 셈이다.

페이크 뉴스 챌린지Fake News Challenge는 전 세계의 학회와 업계 등 100명이 넘는 자원봉사자와 71개 팀이 협력하여 가짜 뉴스를 근절하기 위해 운동하는 모임이다. 이 운동을 조직한 전문가들은 머신러닝과 자연어 처리 방법을 공유하고 인공지능 기술을 이용한 뉴스 기사 조작과 오보 식별 가능성 등을 함께 모색하며 가짜 뉴스를 자동적으로 식별하는 알고리즘을 개발하고 있다.[6] 한국의 경우 정부가 '지능정보사회 중장기 종합대책'을 발표한 바 있고, 미국의 국방부 산하 방위고등연구계획국(DARPA)의 첨단 분야 기술개발을 위한 경쟁형 연구대회를 벤치마킹하여 2017년 12월 가짜 뉴스와 진짜 뉴스를 식별하는 AI 기술개방 경연대회를 개최하기도 했다.(김봉기, 2017)

가짜 뉴스에 대한 해결책 마련에 가장 부심하고 있는 주체는 각국 정부이다. 2017년 대선과 총선에서 가짜 뉴스의 폐해를 경험한 프랑스와 독일은 가짜 뉴스 문제를 민주주의를 위협하는 중대 사안으로 인식하고 있으며 법률 제정을 통해 법적 조치를 취할 것을 선언했다. 특히 프랑스는 2018년 1월 3일 SNS 업체가 콘텐츠의 광고주와 광고 수익 출처를 의무적으로 공개할 것을 법안에 포함시켰고 타국 정부에 의해 영향을 받는 언론사가 국내 여론을 왜곡하려는 시도를 차단할 수 있게끔

---

6 Fake News Challenge의 웹사이트: http://www.fakenewschallenge.org.

178 인공지능, 권력변환과 세계정치

언론감시 기관인 프랑스 시청각최고위원회(CONSEIL SUPÉRIEUR DE L'AUDIOVISUEL, CSA)에 강력한 권한을 부여하는 정책을 도입했다.

5. 맺으며: 기술규범과 거버넌스 대상으로서의
인공지능 기술

2016년 미국의 대선과 영국의 브렉시트를 비롯하여 2017년 선진 민주주의 서유럽 국가들의 각종 선거는 소셜봇과 같이 고도화되고 있는 인공지능 기술이 어떻게 허위사실과 가짜 뉴스를 확산시키면서 여론과 민주주의 제도의 정치적 의사결정 과정을 왜곡시킬 수 있는지를 여실히 보여준 사례들이다. 시민들의 정치적 참여와 여론 동원을 가능하게 한 소셜 미디어를 인공지능도 사용하게 되면서 등장한 가짜 뉴스 문제는 세계 각국의 민주주의 제도를 위협하는 주요 이슈가 된 것이다. 게다가 각국 선거 기간 동안 소셜봇의 여론 왜곡은 단순히 국내정치 문제로 끝나지 않고 러시아의 미국과 서유럽 선거에의 개입 등 국가 간 외교 갈등 문제로도 확산되면서 가짜 뉴스는 단지 인공지능 기술과 알고리즘의 문제가 아닌 정치적 행위 주체에 의한 사회정치적 문제이며 권력 투쟁이라는 인식이 널리 공유되고 있다.

페이스북이 그동안 유지해온 기술 중립성 정책을 폐기하기까지, 인공지능 소셜봇의 은밀한 방식을 통해 전개된 프로파간다 활동과 가짜 뉴스의 문제는 민주주의 제도의 정상적인 작동을 위협하는 수준에까지 이르렀다. 이러한 인공지능의 가짜 뉴스 문제를 해결하기 위해서는 디지털 기술의 수단적 차원에서의 노력뿐만 아니라 디지털 정보커뮤니케이션 공간에 대한 일련의 규범의 구축과 다양한 행위 주체 간의 거버넌스가 필요한 상황이 전개되고 있는 것이다. 국가 간 국제적 심리전과 프로파간다 활동이 인공지능의 기술적 수단을 통해 탈진실이 지배하는 사회의 도래를 가속화시키고 있는 상황에서, 기술적 해결책의 모색과 더불어 합리적인 소통이 존속될 수 있는 온라인 공간을 지탱할 규칙과 규범이 필요하다. 또한 국내외 다양한 주체 및 국가 간 합의와 협력, 합의의 도출도 절실한 상황이다. 특히 소셜봇을 통한 여론의 왜곡이 궁극적으로 파괴하고 있는 것은 서로 다른 정치적 주체의 다양한 의견을 존중하는 민주주의 공동체임을 주지할 때, 이러한 논의는 국내적으로도, 외교적 어젠다로서도 시급히 진행되어야 한다.

참고문헌

김봉기, 「가짜 뉴스 찾기, 인공지능 개발대회 열린다」, 『조선비즈』 2017. 11. 30.

김신영, 「가짜 뉴스 시대, 진실 가려줄 존재는 AI 아닌 인간」, 『조선비즈』 2017. 05. 16.

박영민, 「구글-페이스북 가짜 뉴스 원천봉쇄」, 『지디넷』 2017. 02. 08.

Andrew Buncombe, "Donald Trump supporters get their news from a strange media universe-and it's frequently fact-free," *Independent,* 2016. 11. 14.

Anthony Anthony Faiola & Stephanie Kirchner, "'Allahu akbar'-chanting mob sets alight Germany's oldest church? Shocking story, if it were true," *Washington Post,* 2017. 01. 06.

Anthony Faiola & Stephanie Kirchner, "'Allahu akbar'-chanting mob sets alight Germany's oldest church? Shocking story, if it were true," *Washington Post,* 2017. 01. 06.

Donie O'Sullivan, "Fake news rife on Twitter during election week, study from Oxford says," CNN, 2017. 09. 28.

International News Media Association(INMA), "Artificial Intelligence: News Media's Next Urgent Investment," 2017.

J. F. Sullivan, "Politics, Journalism, and the Internet," *Neiman Reports,* Vol. 49, No. 4., 1995.

Jacob L. Nelson, "Is 'fake news' a fake problem?," *Columbia Journalism Review,* 2017. 01. 31.

Joseph W. Alba & Howard Marmorstein, "Information Utility and the Multiple Source Effect," *Journal of Consumer Research,* Vol.14, No.1., 1987.

Kevin Roose, "Facebook's frankenstein moment," *New York Times,* 2017. 09. 21.

Lucia Moses, "The Washington Post's robot reporter has published 860 articles in the past year," 2017. 09. 14.

Mark Molloy, "Google Home spreads bizarre conspiracy theory about Barack Obama," *The Telegraph,* 2017. 03. 07.

Matt Chessen, "Understanding the Psychology Behind Computational Propaganda," *Can Public Diplomacy Survive the Internet? Bots, Echo Chambers, and Disinformation,* Powers, Shawn and Markos Kounalakis(Eds.), 2017: A report by the US Advisory Commission on Public Diplomacy.

Michael Newberg, "As many as 48 million Twitter accounts aren't people, says study," CNBC, 2017. 03. 17.

Robert Boothet et al., "Russia used hundreds of fake accounts to tweet about Brexit, data shows," *The Guardian,* 2017. 11. 14.

Stephan Hall, "Can you telll if this was written by a robot? 7 challenges for AI in journalism," 2018. 01. 15.

Stephen G. Harkins and Richard E. Petty, "The Effects of Frequency Knowledge on Consumer Decision Making," *Journal of Personality and Social Psychology,* Vol.52, No.2., 1987.

West Virginia University, "Can artificial intelligence detect fake news?," 2017. 03. 27.

인간과 가상적 인간 간의 관계
사회적 관계와 권력적 관계

~~~~~~~~~~~~~~~~~~~~~~~~~~~~~~~~~~~~~

최항섭

인공지능은 그 사회적 파급 효과가 이전의 기술들과는 비교가 되지 않을 정도로 큰 기술이다. 그렇기 때문에, 가까운 미래에 인공지능이 가져다줄 사회적 변화를 미리 전망하고 이에 대응하는 것은 매우 중요하다. 이 기술은 인류에게 재앙이 아닌 커다란 축복이 되어야 하기 때문이다. 이 장에서는, 특히 인공지능이 가져올 사회적 관계에서의 변화를 다루고자 한다.

먼저, 인공지능은 단순히 기능적 도구로서의 역할을 넘어 인간의 감성을 이해하고 배려해주는 인공감성으로 진화하고 있다. 현대사회에서

•   이 논문은 2017년 대한민국 교육부와 한국연구재단의 지원을 받아 수행된 연구임(NRF-2017S1
A5A2A03067632).

점점 다른 이웃들로부터 고립되어가는 개인에게 자신의 말을 들어주고 자신의 감정을 이해하는 인공감성 로봇은 단순한 로봇이 아니라 '가상적 인간'이다. 이 가상적 인간은 인간의 감정을 최대한으로 닮기 위해 스스로 학습하며, 인간은 이 로봇과 사회적 관계 속에서 정체성을 형성한다. 자본가와 노동자 간, 인간과 로봇 간, 전문가 집단과 집단지성에서의 권력관계 역시 변화한다.

1. 지금, 인공지능을 이야기해야 하는 이유

인공지능에 대한 사회적 관심이 뜨겁다. 2016년 초반 벌어진 인간과 인공지능과의 바둑 대결로, 인공지능은 인간을 넘어설 수 있는 잠재력을 보여주었다. 인공지능은 인간의 동반자로서 혹은 인간의 경쟁자로서 인식되며 사회적 논쟁거리와 뜨거운 이슈가 되었다.

한편에서는 인공지능을 미래의 한국 경제의 성장 동력으로 삼아야 한다고 말한다. 이러한 주장에 따르면, 인공지능은 인터넷, 스마트폰에 이어 세계경제를 주도할 기술이기 때문에 한국은 이 기술발전에 총력을 기울여야 한다. 자라나는 아이들은 인공지능 시대에 대비하기 위해 모두 기초적인 기술을 습득해야 하며, 어른들 역시 평생학습 과정을 통해 인공지능을 이해하고 발전시키는 데 협력해야 한다. 기업, 정부, 시민이 합심하여 인공지능을 최대한으로 발전시킨다면 이 사회의 모습이 나아질 것이라고 역설한다.

또 다른 한편에서는, 인공지능은 거대 정보기술 기업이 새로운 이윤을 얻기 위해 사회 성원들에게 반강제적으로 부과하고 있는 기술이라고 비판한다. 인터넷, 스마트폰 시장의 포화에 의해 더 이상 이윤을 창출하기 어려워진 거대 정보기술 기업이 새로운 시장을 창출하려는 욕구로 인위적으로 이 기술을 탄생시켰다는 것이다. 다시 말해, 인간이 꼭 필요하지 않은데도 반드시 필요하다고 대중에게 인식하게 하면서 이 기술을 소비시키며, 결국 기업의 이윤을 증식시키고자 하는 자본주의의 탐욕에 의해 만들어졌다는 주장이다. 이러한 시각에 의하면 인공지능의 확산은 인간의 미래에 대단히 위험한 것이며, 그것의 윤리적 문제를 미리 해결하고 확산 속도를 조절해야 한다.

이 두 가지 대립된 시각은 모두 일리가 있다. 사실 그렇게 새로운 논리는 아니다. 항상 새로운 기술이 등장할 때는 친기술적-친산업적 논리와 반기술적-친인간적 논리가 대립해왔다. 그런데 역사적으로 보면, 새로운 기술은 그 파급 속도의 차이는 있었지만 결국은 사회에 뿌리내린 경우가 대부분이었다. 특히 인공지능처럼 기술 발전 속도가 크고 인간의 일상생활에 미치는 영향이 큰 경우는 더욱 그러하였다. 쉽게 말해, 인공지능의 진보와 발전은 막을 수 있는 것이 아니다.

혹자는 이야기한다. 왜 지금부터 인공지능을 말하느냐고. 인공지능이 아직 완전한 모습을 갖춘 것도 아닌데, 10년 혹은 20년 후에 인공지능이 완전한 모습으로 발전했을 때, 그때 가서 인공지능이 인간과 사회에 미칠 영향을 논해도 늦지 않다고. 하지만 우리는 역사의 경험으로 안다. 새로운 기술이 등장했을 때, 그것이 미래에 인간과 사회에 미칠 영향을 미리 전망, 예측하고 대비하여 그에 기초하여 기술의 진화방향을 조정하지 않으면, 이후에 기술이 인간과 사회에 큰 문제를 발생시켰을 때 속수무책으로 당할 수밖에 없다는 것을. 마치 배를 바다에 띄웠을 때, 앞으로 있을 파도와 기상변화를 미리 예측하고 배의 항로를 조정해야 배가 안전하게 목적지에 도달할 수 있는 것과 같은 이치이다. 그렇지 않고 높은 파도가 생기고, 기상악화가 발생했을 때 배의 항로를 조정하는 것은 뒤늦고 무의미한 노력이 되어버린다. 이를테면, 과거 인터넷이 익명성을 토대로 발전했을 때 그 익명성이 그동안 억눌렸던 목소리들을 자유롭게 분출시키는 것에만 열광하여, 이 익명성이 사람들을 비난하고 조롱하며 그릇된 분풀이를 하는 데 사용될 것이라고는 미리 예측하지 못하여, 엄청난 사회적 피해가 생겼음을 이미 경험하였다.

그렇다면 우리는 현재, 바로 이 시점에서, 인공지능이 인간의 삶에 미칠 영향을 미리 전망·예측하고 인공지능의 진화 과정에 개입해야 한다는 것을 깨달을 수 있다. 특히 인공지능은 인간의 능력을 넘어설 가능성이 크기 때문에, 그 변화의 방향을 예측하고 미리 통제하지 않으면, 인공지능의 진화가 이미 진행되었을 때 그 변화가 가져올 파급을 인간이 통제할 수 없을 위험성이 대단히 크다. 인간의 능력으로 통제할 수 없는 상황이 벌어질 것이기 때문이다.

인공지능의 진화 방향은 아주 단순하게 말해서 '인간을 이해하는' 방향이다. 인간이 어떠한 생각을 하는지, 어떠한 판단을 하는지를 이해하고 학습하여 이를 통해 스스로 진화하는 것이다. 그렇다면 인공지능과 결국은 공생을 추구해야 할 인간 역시 인공지능을 이해하려고 노력해야 한다. 인공지능을 단순히 경제와 산업의 발전도구로서가 아니라, 인공지능을 인간의 삶을 위협할 두려운 존재로서가 아니라, 인간이 이해를 하고 공존을 도모할 존재로 인식해야 한다. 그리고 이러한 인공지능 이해의 작업에는 소수의 연구자, 과학자가 아닌 인류 전체가 참여해야 한다. 그렇기 때문에 이 책 역시 소수의 연구자나 과학자를 위해서 쓰인 것은 아니다. 청소년들, 일반인들이 인공지능이 무엇인지, 인공지능이 어떠한 사회적 변화를 가져올 것인지를 최대한 쉽게 이해할 수 있도록 집필하고자 한다.

그렇다면 인공지능은 인간의 삶에 어떠한 영향을 미칠 것인가? 이 글에서는 그 영향들 중 인공지능이 인간의 '사회적 관계'에 미칠 영향을 중점적으로 다루고자 한다. 인간의 사회적 관계는 내가 다른 사람과 계약관계가 되어 일을 하는 관계인 '도구적 관계', 그리고 내가 다른 사람과 감정적으로 소통하면서 나의 삶을 이어나가는 '감정적 관계'로 구분된다. 오랜 기간 동안 인간의 사회적 관계는 '인간과 인간', 즉 두 존재만의 관계였다. 일을 하는 것도 인간과 인간의 관계에서만 가능했으며, 사랑을 하는 것도, 질투를 하는 것도 인간과 인간의 관계에서만 가능했다. 그런데 독일의 고전사회학자 지멜Simmel에 의하면, 2자 관계에서 하나의 존재가 추가 되는 3자 관계로의 전환은 단순히 양적으로 수가 늘어나는 것을 넘어 그 관계에 엄청난 변화를 가져다준다. 2자 관계에서는 없었던 다수와 소수가 생기며, 두 명의 갈등을 해소하거나 유발하는 3자의 행위, 질투와 같은 감정 등 엄청난 질적 변화가 수반된다. 우리가 인공지능의 사회적 효과에 있어 주목해야 할 것은 바로 오랜 기간 동안 지속되어왔던 인간과 인간 간의 2자 관계에서 인간-인공지능-인간으로 형성되는 3자 관계이다. 이 글에서는 인간과 인간의 관계에 인공지능이라는 인간과 대단히 유사한 존재가 들어오게 되면서 생기는 변화에 대해 설명할 것이다.

한편, 인공지능은 현재 인공지능 그 자체로만 이해되고 있다. 하지만 인공지능과 더불어 급격하게 진화하고 있는 것이 가상현실기술이다. 가상과 현실의 경계가 무너지기 시작한 지가 꽤 되었지만, 최근 HMD를 기반으로 하는 가상현실기술의 대중적 확산은 이 경계를 확실히 사라지게 하고 있다. 그런데 인공지능과 가상현실기술은 언뜻 보면 서로 상관이 없는 기술들 같지만 사실은 대단히 밀접한 연관성이 있다. 인공지능은 인간이라는 본질적 존재를 한없이 닮으려고 하는 것이며, 가상현실기술은 현실공간이라는 본질적 공간을 한없이 닮으려고 하는 것이다. 즉, 인공지능과 가상현실은 우리가 '본질'이라고 믿어왔던 것을 한없이 닮으려고 하는 데에 공통점이 있다. 그런데 이 본질적 존재와 본질적 공간에 균열이 생기기 시작하고 있다. 치열한 경쟁사회를 통해 인간은 서로를 소외시키고 있다. 본질적 공간 역시 다른 이들과 공생, 공존하는 공간들이 사라지고 경쟁을 위해 그 공간들이 활용되며, 결국 공간들이 서로 폐쇄되고 있다. 이러한 변화는 그 본질적 존재와 본질적 공간이 원래 수행하던 기능을 쇠퇴시킨다. 하지만 인공지능과 가상현실기술은 이 쇠퇴된 기능을 복원시키는 방향으로 진화한다. 그 쇠퇴된 기능의 회복을 인간이 원하기 때문이다. 인공지능은 소외된 인간의 감정을 달래주는 인공감성의 모습으로 진화하고 있으며, 가상현실기술 역시 서로 단절된 공간들을 다시 연결시키고, 단절된 공간에서 해체되었던 인간과 인간간의 관계를 새롭게 재구축하는 방향으로 진화하고 있다. 이러한 맥락에서 우리는 인공지능이 가상현실기술과 궁극적으로 융합할 가능성이 매우 높다는 것을 알 수 있다. 이미 이러한 기술과 콘텐츠들의 초기 형태들이 시장에 나타나고 있다. 아이와 대화해서 아이의 감정을 어루만져주는 인공지능기술이 등장하며, HMD를 쓰고 그 가상공간 안에서 여자와 연애를 하는 플레이스테이션 게임들이 출시되고 있고, 일본의 경우 성 산업과 연결되어 그 진화가 더욱 빨라지고 있다.

이 글에서는 가상적 인간이라는 개념으로 인간과 사회적 관계를 맺는 인공지능에 대해 설명할 것이다. 인간은 아니지만 관계를 맺고 있는 인간으로 하여금 '인간 같아'라는 느낌을 강하게 주는 인공지능은 인공감성으로 진화된 형태이다. 특히 가상적 인간의 경우 이미 가상현실공간에서 이미 진화하고 있기 때문에, 이 글에서는 먼저 가상현실공

간에서 일어나고 있는 새로운 변화를 언급하면서 이야기를 풀어나가
고자 한다.

2. 가상현실기술의 새로운 진화

반세기 전, 가상현실기술은 군사훈련의 목적으로 개발되었다. 그런데
이 기술이 2016년 들어 구글, 소니와 같은 거대 정보기업들이 그 기술
을 상용화한 제품들을 일반 소비자들이 구매할 수 있는 가격으로 출
시하면서 인간의 일상생활에 급격하게 들어오고 있다. 사실 가상현실
기술은 우리에게 새로운 것은 아니다. 1960년대 후반 라니에(Jerome
Ranier)가 가상현실기술을 헤드 마운트 디스플레이Head mounted
display(이하 HMD)의 형태로 상용하였다. 그러나 당시 라니에의 가상
현실기술 제품은 가격이 수천만 원대에 달하여 일반 소비자들이 구매
하기는 무리가 따랐다. 라니에의 제품이 가졌던 매력에도 불구하고,
그것의 높은 가격은 일반인들로 하여금 이 기술의 경험을 하는 것을
어렵게 하였고, 이 기술의 잠재성 역시 곧 잊혀갔다. 이후 1980년대
들어 일본의 세가, 소니, 닌텐도를 중심으로 한 게임 산업 기업들이 향
상된 그래픽 기술과 인체인식기술을 통해 가상현실기술을 발전시키면
서, 일반 소비자들은 제한적인 의미에서나마 가상현실기술을 접할 수
있었다.
　가상현실기술은 애초에는 군사적, 의학적 목적으로 개발되었지만,
그것이 대중적인 인지도를 얻게 된 것은 이 게임산업을 통해서였다. 일

반인들에게 가상현실은 곧 게임이라는 것으로 인식되어왔다. 세간의 많은 히트게임들은 앞에 '가상(virtua)'이라는 접두사를 달고 출시되기도 했다.(Virtua Fighter, Virtua racing, Virtua Soccer 등) 이러한 게임들에서 가상현실은 '가짜 현실(fake reality)'로 이해되었다. 즉, 현실과 대단히 비슷하지만 상상력을 기초로 해서 구축된 현실을 의미한다. 프랑스 사회학자 장 보드리야르Jean Baudrillard가 제시했던 시뮬라크르 Simulacre의 개념이 이에 해당된다. 즉, 가상현실은 가짜현실이지만, 현실보다 더욱 현실적인 느낌을 주며, 종국에는 현실 그 자체를 대체해버린다는 것이다.

게임기술과 정보기술이 발전하면서 가상현실기술도 엄청나게 업그레이드되기 시작했다. 특히 인공지능, 그래픽, 생체인식, 네트워크기술의 발전은 모두 가상현실기술의 발전에 직접적인 영향을 서로 주고받고 있다. 스마트폰의 대중화 역시 빼놓을 수는 없다. 현재 가상현실기술의 핵심이 되는 HMD의 경우, 수많은 콘텐츠를 재생하는 스크린으로 이미 일상적 기기가 된 스마트폰을 사용하고 있다.

전술한 바와 같이 과거 가상현실의 개발기에는 그 가격 때문에 가상현실을 제대로 경험할 수가 없었다. 하지만 스마트폰의 대중화에 의해 이제 일반 소비자들은 스마트폰을 스크린으로 이용하는 HMD 가상현실기기들을 구매하여 가상현실의 세계로 들어오고 있다. 물론 소니와 같이 PS4의 플랫폼을 이용하면서 게임의 가상현실을 구현하는 제품의 경우는 다르기는 하지만, 구글, 삼성 등에서 개발하는 가상현실은 종국적으로 HMD에 스마트폰을 삽입하고, 그 안에서 구현되는 세계이다.

일단 가격 자체가 대단히 저렴해지고 있다. 현재 가장 발전되어 있다고 평가받는 오큘러스의 경우에는 60만 원 정도이고 삼성 VR은 10만 원대 초반에 가격이 형성되어 있다. 심지어 내구성의 문제가 있기는 하지만 폭풍마경과 같은 중국제 가상현실기기는 3-4만 원에도 구입이 가능하며, 그것으로 유튜브 등에 매일처럼 새롭게 업로드되는 가상현실 동영상들을 경험하는 데 큰 문제가 없다.

2014년의 경우 전 세계의 가상현실 HMD 기기의 판매 수는 20만 개에 불과하였으나 2018년에는 39억 개가 판매될 것으로 전망될 정도로 급기하적으로 증가추세이다. 이미 전 세계에 유저들을 확보하고 있는 유튜브와 페이스북은 계속해서 가상현실 콘텐츠들이 등록되고 있으며, 이를 경험하고 싶은 유저들이 HMD 구매에 나서고 있다.

실즈에 의하면 "가상현실은 항상 우리와 함께 있었다. 특정한 역사적 기간은 특정한 형태의 가상현실을 보유했다."(Shields, 2003:p.13) 미국 NASA와 공군은 수십 년간 가상현실기술을 활용하여 훈련과 전술에 활용하고 있다. 가상의 정의에 대해 실즈는 "부재의 현존(presence of absence)이 가상이다"라고 설명하고 있다. 또한 "존재하지 않고 상상적인 것을 현존하게 만드는 모든 것들은 가상적이다"라고 덧붙인다.(Shields, 2003, p.212) 그의 이러한 정의는 위에서 언급한 게임과 동일시되었던 가상현실과 맥락을 같이한다.

가상현실기술은 시간과 공간의 제한을 극복하게 해주어 더욱 다이내믹한 경험을 해주는 기술로 인식되어왔다. 게임을 통해 과거의 역사적 사건의 주인공이 되게 해주기도 하며, 좀비에 대항해서 싸우게도 해주며, 최고의 축구선수가 되게도 해주었다. 그래서 가상현실은 우리의 '단조로운 일상'과 멀리 떨어져 있는 즐겁고 입체적인 것이었다. 현실에서의 우리의 시간은 한 시간의 선택이 다른 시간의 결과를 가져오는, 즉 숙명적인 것이다. 그러나 가상현실에서의 시간은 숙명적이지 않다. 그것은 우리로 하여금 가상현실의 과거 특정 시간으로 돌아갈 수 있게 해주며, 미래의 특정 시간으로 뛰어넘게도 해주며, 완전히 새롭게 시작할 수 있는 리셋의 경험도 하게 해준다. 현실의 공간은 이동이 제한적인 반면, 가상현실의 공간은 우리가 원하는 대로 압축하거나 확장할 수 있는 공간이다. 이렇게 가상현실은 현실과 '다른 것'으로 이분법적으로 인식되어왔다.

하지만, 2016년 들어 새롭게 부상하고 있는 가상현실은 지금까지 알아온 가상현실과 차이가 있다. 이 차이는 우리의 삶과 사회에 큰 변화를 미래에 가져올 것이다. 왜냐하면 새로운 가상현실은 '현실 그 자체로 진화'하고 있기 때문이다. 마치 인공지능이 인간처럼 진화하고 있는 것과 마찬가지이다. 이제 현실과 가상현실의 구분의 경계선은 전례 없이 희미해져가고 있다.

[그림 8] 삼성 VR 광고의 한 장면

호주 TV에서 방영된 삼성 VR 광고를 일례로 보자. 청소년들이 밀집한 팝스타 공연장에 중년의 남자가 혼자 무표정한 얼굴로 가상현실녹화 기기를 들고 공연을 촬영하고 있다. 그는 귀가해서 이 촬영한 영상을 삼성 VR에 넣고, 공연장에 가지 못한 딸에게 VR을 씌워준다. 곧 그 딸이 마치 공연장에 있는 것처럼 즐거워하고 소리를 지르는 것을 보며 아빠는 만족한 웃음을 짓는다.

인공지능, 권력변환과 세계정치

필자는 이것을 '현존의 재현(representation of presence)'이라고 부르고자 한다. 가상현실기술을 통해 이제 삶들이 경험하는 것은 현존했던 그 시간, 그 공간에 자신이 있는 경험이다. 이것은 '발견(discovery)'과 '재발견(rediscovery)'의 경험이다. 가상현실 기기를 통해 파리의 에펠탑 가상현실 영상을 경험하면서 '내가 그 자리에 있는 것'을 경험하는 것이 '발견'의 경험이라면, 이미 에펠탑 주변을 다녀온 사람이 이 영상을 경험하였을 때는 '내가 저곳에 있었어'라는 '재발견'의 경험이다. 또한 가상현실에서 경험을 한 후에 실제로 그곳에 가서 그것을 경험하는 것 또한 '재발견'의 경험이다. 사람들은 가상현실에서 현실을 발견할 수 있게 되었고, 그것을 경험한 후에 현실에서 '재발견'의 경험을 한다.

오큘러스, 소니 VR의 경우에서 볼 수 있듯, 현실적인 것과 현실적인 것처럼 보이는 것과의 의미있는 차이를 발견하는 것이 점점 불가능해지고 있다. 오큘러스와 소니 VR이 새로운 형태의 가상현실기술의 초기 형태임을 감안하면, 앞으로 10년 동안 발전될 기술들은 이 차이를 더욱 사라지게 할 것이다. 패러글라이딩의 경험, 스쿠버 다이빙의 경험, 스카이 점프의 경험에서부터, 핵 오염 지역인 체르노빌 걷기와 같은 경험까지 유튜브 등의 사이트에서 모두 경험할 수 있다. 과거 단지 게임으로 동일시되었던 가상현실기술과는 달리, 지금의 가상현실기술은 우리로 하여금 현실 그 자체를 경험하는 방향으로 빠르게 진화하고 있다.

인간의 눈의 움직임을 통해 신체의 감각을 통제하는 HMD 기술이 이러한 차이를 결정짓는 절대적인 요인이 된다. 과거 가상현실은 텔레비전과 모니터 스크린과 같이 유저와 물리적으로 떨어진 거리에서 구현되면서, 유저의 손 조작을 통해 스크린 안에서 움직이는 아바타에 의해 구축되었다. 유저의 경험은 스크린 안에서 움직이는 아바타의 행위에 기초하였다. 영화의 주인공의 연기에 동화된 관객이 경험하는 동일화가 1차적 동일화라면, 게임의 아바타를 유저가 스스로 움직이면서 동일시하는 것이 2차적 동일화이다. 그런데 HMD를 기반으로 한 새로운 가상현실에서는 아바타가 존재하지만 앞으로 유저를 곧바로 가상현실로 들어가게 한다. 나의 몸짓과 얼굴 돌림에 따라 그 안의 세계가 인식된다. 롤러코스터를 타는 주체는 아바타가 아니며 유저 자신이다. 유저가 롤러코스터에서 주위를 돌아보면 자신처럼 환호하거나 혹은 겁에 질린 사람들을 보게 된다. 서핑을 하는 주체 역시 유저 자신이며, 주위를 둘러보면 다른 서퍼들이 자신 옆을 지나가고 있다.

이러한 눈의 움직임 이외에도 다양한 생체인식기술(얼굴 표정), 신체의 움직임(상하 움직임, 중력이동), 진동 기술들이 합쳐서 새로운 가상현실의 현실성을 더욱 높여주고 있다. 이제 유저는 가상현실에서 아바타의 중재를 거치지 않으며 직접 그 가상현실 속에서 '외롭게 혼자' 서게 된다.

3. 가상적 인간의 등장

인공지능에서
인공감성으로

로봇의 진화의 가능성은 많이 논의되었지만, 인간의 느낌과 감정을 이해하는 수준으로는 절대로 진화하지 못할 것이라는 인식이 지배적이었다. 그리고 오랜 기간 동안 자연을 변화시키고 통제할 수 있는 능력을 보유하는 유일한 존재는 인간으로 믿겨왔다.(Honneth and Joas, 1988) 그러나 이제 많은 철학적, 사회학적 이슈가 제기되고 있는데, 바로 인공지능이 이 역할을 오히려 더 잘하리라는 것, 특히 인간의 영역으로만 여겨졌던 감정의 영역까지 진화할 것이라는 가능성과 그 파급효과에 대한 것이다. 인공지능은 인간의 논리적 사고를 넘어 인간의 감정과 느낌을 이해하는 수준으로까지 발전하고 있다. 인간의 표정, 말의 톤 등을 빅데이터 형태로 저장하고 분석하여 인간의 감정을 이해하고 이에 적합한 반응을 보이는 기술, 즉 인공감성의 기술이 부상하고 있는 것이다. 고전사회학에서 보면 '문명화라는 것은 인공적인 것이다'라고 이해되었다.(Elias, 1978) 즉, 인공적인 것은 단지 '인간과 같은, 혹은 자연과 같은' 것을 넘어 '문명화되고, 소통적이고, 상호적인 것'을 의미한다. 울프에 의하면(Wolfe, 1991, p.1074), '인공지능이 인간처럼 감정을 가질 수 있을까'라는 질문은 인간과 동물에 대해 다윈적 진화론에서 꾸준히 제기되어왔던 문제이다. 즉, 인공지능이 마음(mind)을 가질 수 있을까? 이에 대해 울프는 상호작용론 사회학작 미드Mead를 언급한다. "인간의 유기체적 관점에서만 마음을 바라보는 것은 터무니없는 것이다. ……우리는 마음을 사회적 과정에서 생성되고 발전하는 결과물로 봐야 한다".(Wolfe, 1991, p.1076)

가까운 미래에 인공지능은 인간들과의 사회적 과정, 상호작용을 통해 진화할 것이다. 그리고 더욱더 양적으로 질적으로 높은 수준의 상호작용을 하게 되면 그것은 상호작용하는 인간의 감정과 느낌을 이해하게 될 가능성이 높다. 이미 인공감성의 초기 형태인 페퍼로봇이 일본에서 외로운 고령 세대의 감정적 동반자로 부상하고 있으며 시장에서도 큰 성공을 거두었다. 페퍼는 비록 초기 형태이긴 하지만 고령 세대의 감정과 느낌을 이해할 수 있으며, 그들의 말벗이 되기에 충분하다. 페퍼는 특히 상호작용하는 유저의 기쁜 감정과 슬픈 감정을 파악할 수 있는 기능을 탑재하고 있으며, 슬픈 감정을 읽었을 경우 유저의 기분을 상승

시켜줄 수 있는 말과 행동을 한다. 흥미로운 것은, 그것이 단지 금속과 플라스틱으로 만들어진 로봇임을 앎에도 불구하고, 유저들은 그 로봇에서 실제로 친밀감을 느끼게 된다는 것이다.

가상현실과
인공감성의 만남

인간이 인공지능을 탑재한 로봇 혹은 프로그램과 상호작용을 하는 과정에서 실제로 감정을 느끼면서 그 로봇 혹은 프로그램도 감정을 가지고 있다고 느낄 때, 그 로봇 혹은 프로그램을 필자는 가상적 인간으로 이해하고자 한다. 이때 그 인공지능이 인간의 감성을 파악하고 이에 기초하여 인간과 상호작용을 할 때 그 가상적 인간의 현존감은 더욱 높아진다. 가상적 인간은 단순히 이미지로만 존재하지 않는다. 실제의 인간처럼 말을 하고 행동을 하며, 상호작용을 하는 인간에게 실제의 감정을 느끼게 하는 가상적 인간은 어떻게 평가되어야 하는가? 가상적 인간과 인간 사이에 형성되는 관계들의 증가는 사회에 어떠한 영향을 미칠 것인가? 이 영향력에 대해서 미래가 아니라 지금 이미 질문을 던져야 하는 이유는, 가상적 인간이 가상현실기술과 인공감성기술의 결합에 의해서 급속도로 그 현존감을 높이고 있기 때문이다. 사실 그동안 가상적 인간은 소프트웨어로의 의미를 가졌지, 그 육체적 형상화와 완전히 결합되지는 않았다. 많은 사례 중에서 영화 〈그녀(her)〉의 서맨사는 주인공 테오도르에게 연인에게서 느낄 수 있는 모든 감정을 경험하게 해주면서 현존하는 인간으로 인식되지만, 육체가 형상화되지 않고 테오도르의 상상 속에서만 그려지는 소프트웨어일 뿐이다. 25년 전 라인골드는, 가상현실기술의 발전 속도에 비추어보건대, 이것으로 인해 발생하는 인간 본성의 근본적인 변화에 대한 질문, 윤리,

프라이버시, 정체성에 대한 질문을 던지고 "이에 대응해야 할 시간이 많지 않다"고 주장한 바 있다.(Rheingold, 1991, p.350)

인간 간의 상호작용은 구두 표현뿐 아니라 육체적 표현(얼굴 표정 등)으로도 이루어진다. 아직까지 인공지능 로봇이 인간의 얼굴 표정을 완벽하게 재현하는 것은 어렵다. 이것을 재현하기 위한 물리적 장치들을 생산하는 것도 엄청난 비용이 요구된다. 그러나 이것의 재현이 대단히 쉬워지는 경우가 있다. 바로 HMD를 기반으로 하는 새로운 형태의 가상현실 내에서 재현하는 것이다. 이미 엄청나게 발전한 캐릭터 그래픽기술과 HMD 가상현실기술의 조합으로 지금까지 경험하지 못했던 가상적 인간의 육체의 형상화가 가능해지고 있는 것이다. 만약 영화 〈그녀〉의 서맨사가 실제 목소리의 주인공인 여배우의 육체를 통해 테오도르와 상호작용했다면, 그리고 그 프로그램을 구매한 수많은 남성 소비자들이 원하는 육체가 구현되어 그들과 상호작용했다면, 그 몰입도와 현존감은 현실세계의 상호작용을 위협할 정도가 되었을 것이다.

[그림 9] 영화 〈그녀〉에서 주인공 테오도르가 인공지능 서맨사와 관계를 맺으면서 행복해하는 장면

이미 존재하는 형태와 사용에 의해 크게 영향받을 것"이라고 전망한 바 있다.(Shroeder, 1996, p.122) 브레이Brey는 "나는 단지 현실세계의 개체들을 시뮬레이션하는 것이 아니라 그것들의 존재론적인 재현까지 이른 것을 가상적 개체들이라고 부를 것이다"라고 말한 바 있다.(Brey, 2003, p.277) 미래학자 커즈웰Kurzwell에 따르면, 인공지능은 2029년까지 자의식을 가지게 될 것이다. 이것이 실제로 일어날지는 확신할 수 없다. 그럼에도 불구하고 확실한 것은 새로운 가상현실 안에서 구현된 인공감성과 감정적 교감을 하는 인간들이 지속적으로 증가할 것이라는 사실이며, 그 감성적 교감은 현실에서의 감정적 교감과 차이가 거의 없어질 것이라는 것이다. 그리고 인간들은 그 인공감성이 실재로 자아와 감정을 가지고 있다고 믿을 것이다.

4. 고립사회에서 가상적 인간과 인간

인공감성을 탑재한 가상적 인간은 외롭고 고립된 개인들에게 '함께 있다'는 경험을 제공한다. 사실 지금의 가상현실의 초기 형태를 만들어냈던 라니에도 왜 가상현실을 만들어냈느냐는 질문에 현실 세계에서의 그의 외롭고 어두운 삶을 잊기 위해서 그랬다라고 답한 바 있다. 한국의 경우, 이미 한국 사회의 가구 비중 중에 1인 가구가 가장 많은 비중을 차지하고 있으며(2016년 통계청 발표 기준 27.2%), 고독사가 사회문제화되고 있다. 고립사회로 변해가는 한국사회에서 가상적 인간이 고독한 인간에게 '함께 있는 실재적 경험'을 제공하는 것은 사회적으로

인공지능, 권력변환과 세계정치

큰 의미가 있다. 행복한 가족들, 친구들 간의 관계들의 언어행위와 행동양식의 패턴을 분석하여 데이터화한 가상적 인간이 육체로 형상화되어 고립된 인간과 관계를 맺게 된다면, 이것은 분명 그 인간의 사회적 관계와 자아 정체성에 큰 영향을 미칠 것이다. 어떻게 보면 고립사회의 폐해를 극복할 수 있는 또 하나의 방안이 될 가능성이 있는 것이다.

이미 한국은 OECD의 'How's Life' 보고서에서 신뢰의 순위가 최하위권에 머물렀다.(OECD, 2013) 사회적으로는 사람들이 서로 신뢰하지 않고 고립되고 있다. 인구변화의 핵심에는 1인가구의 증가, 저출산으로 인한 인구감소가 이미 확실한 미래 트렌드가 되고 있다. 자발적으로 또는 비자발적으로 가족을 만들지 않고 혼자 사는 사람들의 수가 급격히 늘어나고 있다. TV의 인기 예능 프로그램들로 혼자 사는 사람들의 일상생활을 보여주는 것들이 급부상하고 있다. 내 집 마련, 취업 등의 문제로 인해 혼자 살아가야 하는 한국의 청년들, 이혼 후 혼자 사는 사람들, 독거노인들의 수가 매년 증가하고 있다. 그리고 각박한 개인주의가 일상이 된 사회에서 이웃이라는 개념 또한 거의 사라졌다고 보는 것이 옳다. 사람과 사람 사이의 만남이 점점 어색해지는 사회가 되어가고 있는 것이다. 다시 말해, 한국 사회는 그 성원들이 외로운 고립사회이다. 다른 이들을 찾는 것에 노력을 기울이지 않으며, 자기의 삶을 챙기기에 모두가 바쁠 뿐이다. 이미 한 가족 내에서도 마찬가지다. 입시를 앞둔 학생, 취업을 앞둔 대학생, 생존해야 하는 회사원, 모두 서로 고립되어 가고 있다.

하지만 인간은 기본적으로 사회적인 동물이다. 즉, 다른 이들과 관계 속에 있기를 바라는 것이 본능이다. 그렇기 때문에 소셜 미디어도 성공할 수 있었다. 그런데 시간이 흐르면서 소셜 미디어는 인간들 간의 관계를 대폭 증폭시키면서 오히려 현실에서의 인간관계를 해체시켜버리고 있다. 이제 고립되고 외로운 사람들은 이것을 해결해줄 누군가, 혹은 무엇인가를 기대한다. 인간의 사회적 관계는 이제 인간과 인간 간의 관계에 한정되지 않는다. 이러한 의미에서 인간과 가상적 인간과의 관계는 충분히 사회적이고 현실적이며, 그래서 그 인간의 정체성까지 변화시킬 동력을 내포하고 있다.

현재 우리는 소셜 미디어의 등장 이후 커뮤니케이션으로 포화된 세계에서 살아가고 있다. 그러나 진정으로 서로를 이해하는 수준의 커뮤니케이션은 외려 점점 잘 이루어지지 않으며, 커뮤니케이션 자체가 동시다발적으로 이루어지면서 파편화된다. 나의 바로 앞에 있는 친구와 커뮤니케이션하는 것에 집중하기가 힘들다. 왜냐하면 나와 그 친구 모두 동시에 다른 친구들과 소셜 미디어를 통해 끊임없이 커뮤니케이션하기 때문이다.

면대면 커뮤니케이션에서 상대방에게 얻고 싶은 것을 바로 얻지 못하면 초조해지며, 소셜 미디어의 커뮤니케이션으로 바로 옮겨간다. 이러한 경험이 반복되면서 퇴화되는 능력이 바로 다른 이들의 감정을 파악하고 공감하는 능력이다. 우리는 점점 다른 이들이 슬퍼하는지 외로워하는지를 파악하지 못한다. 하지만 내가 슬프고 외로울 때는 다른 이들이 나에게 다가와서 나를 위로해주기를 바란다. 그러나 나에게 다가오는 사람들은 점점 줄어든다. 서로의 감정에 대해 점점 무감각해진다.

영화 〈디스커넥트Disconnect〉를 보면, 아비Abby는 남동생의 자살 시도에 충격을 받고 그에 대한 걱정을 그녀의 절친들이 모인 자리에서 진지하게 이야기한다. 그런데 그녀가 이야기할 때에도 친구들은 시선은 수시로 스마트폰에 새롭게 뜨는 소셜 미디어 메시지에 가 있다. 그녀가 걱정이 많이 된다는 말을 하려고 할 때, 그녀의 친구 한 명이 "오 마이 갓, 그가 나를 파티에 드디어 초대했어!"라고 외친다. 그러자 친구들의 화제는 바로 그의 파티로 변한다. 아비가 그 친구를 노려보자 그 친구는 "왜, 뭐가 문젠데?"라고 답한다. 아비는 그 친구에게 침을 뱉으며 그동안 절친들이라고 여겼던 친구들에게 배신감을 느끼며, 그 자리를 떠난다. 이는 비단 영화에서만 나오는 일이 아니며 이미 소셜 미디어에 사로잡힌 수많은 현대인들에게 벌어지고 있는 일이다. 즉, 오프라인에서 실재의 인간들과 함께 커뮤니케이션하고 있지만, 그 커뮤니케이션은 사실 제대로 된 커뮤니케이션이라고 볼 수 없다. 아비의 경우 차라리 자신의 감정을 이해하고 따뜻한 위로를 해줄 수 있는 가상적 인간이 있었더라면 아비의 외로움은 한층 나아졌을 것이고, 아비의 친구들보다 훨씬 절친한 친구가 되었을 것이다.

[그림 10] 영화 〈디스커넥트〉에서 아비가 고민을 이야기하는 동안 스마트폰만 바라보는 친구들

이렇게 가상적 인간들이 인간의 사회적 관계로 들어오게 되면, 인간은 현실세계에서 인간들과의 관계에 대한 필요성을 과거에 비해 많이 느끼지 못하게 될 가능성이 높다. 이미 신자유주의의 물결의 여파로 생존의 정글이 되어가는 사회 속에서 현실 세계에서 사람들과 관계를 맺는 것이 점점 더 어려워지고 그 비용 또한 커지게 된다. 혼자 사는 것이 편한 이들이 늘어나지만 한편으로는 나를 위로해주고 감정적으로 공감할 대상을 필요로 한다. 이러한 필요성을 인공감성이 탑재된 가상적 인

간이 채워줄 가능성이 높으며, 이렇게 되면 그 관계가 그 인간에게 있어 지배적 사회관계가 될 수 있는 것이다. 이는 인간과 사회에 대해 그동안 우리가 가져왔던 명제들을 다시 생각하게 한다.

물론 가상적 인간은 감정을 갖지 못할 것이다. 그러나 감정을 가진 것처럼 여겨질 것이다. 가상적 인간은 우리의 얼굴 표정과 말투를 파악하여 우리의 기분을 파악할 것이며, 이에 따라 우리가 기대하는 말과 행동을 제공해줄 것이다. 그리고 우리가 이를 경험할 때 느끼는 기분과 감정을 '실재적'이다. 나의 말을 듣고 따라하는 동물들에 대해서도 애정을 느끼는 것이 인간임을 생각하면, 나의 감정을 내가 말하지 않아도 읽고, 내가 내는 화와 슬픔을 파악하여 가장 적절한 위로를 해주는 가상적 인간에게 인간이 얼마나 애정을 느낄지 상상하기란 어렵지 않다.

라인골드는 가상현실이 가져올 사회적 영향들을 제시한 바 있는데, 특히 "컴퓨터가 만들어낸 세계 속에서 존재한다는 것이 가져올 파급효과는 엄청날 것이다. 특히 가상현실은 인간의 정체성과 관계를 변화시킬 것이다"라고 주장한 바 있다.(Rheingold, 1991, p.350) 그리고 이 예언은 인공감성의 발전, HMD 가상현실의 발전이 본격화된 현재 이미 현실화되고 있다. 그에 의하면 "가상현실은 인간과 컴퓨터 사이에 새로운 계약관계를 가져온다."(Rheingold, 1991, p.386) 또한 "지금까지의 프라이버시와 정체성, 친밀감은 아직 우리가 이름을 부여하지 못한 그 무언가와 밀접하게 연결될 것이다"라고도 주장하였다.(Rheingold, 1991, p.389) 쉬로더는 "가상현실은 사회적 관계를 모델링하는 조직적인 디바이스다. […] 컴퓨터 기술의 발전(가상현실기술)은 새로운 라이프스타일을 가져오는 동력이 될 것이다"라고 주장한 바도 있다.(Shroeder, 1996, p.125)

브레이는 "가상적 개체들은 허구적 물체들이 아니다. 왜냐하면 그것들은 충분히 인지적 특성을 갖고 있고, 더욱 중요하게는 인간과 상호작용하기 때문이다"라고 설명하였다.(Brey, 2003, p.276) 그에 의하면 "가상적 개체들은 허구적, 상상적 개체들과는 분명 다르다. 그것에 대한 놀라운 사실은 가상적 개체들 중에 많은 것들이 현실 세계의 한 부분으로 인식되고 있다는 것이다." 그는 가상적 개체들이 인간에 의해 조작될 수 있고 인간의 행동에 응답할 수 있다고 보았다. 그런데 현재의 인공감성과 가상현실기술의 발전을 보면, 오히려 인간이 가상적 인간에 의해 조작되고 가상적 인간의 말과 행동에 우리가 응답하게 될 가능성 또한 높다.

5. 인간복제로의 인공지능과 인간의 정체성

그러나 인공감성과 가상현실의 발전을 통한 가상적 인간과의 관계에는 커다란 위험성이 자리하고 있다. 라인골드는 가상현실이 가져올 인간소외의 딜레마를 이야기했다. 즉, "가상현실은 인간 고립의 최종적 단계인가? 아니면 컴퓨터화로 이미 급격하게 진행된 인간 고립을 해결해주는 도구인가?"의 딜레마인 것이다.(Rheingold, 1991, p.363) 이에 대한 그의 답은 가상현실이 가져올 긍정적 효과에 기울어져 있다. 한편 실즈는 가상현실이 지배적이 된 사회의 문화는 '위험 문화(risk culture)'가 될 것이라고 경고하였다.(Shields, 2003, p.191)

필자는 가상적 인간의 커뮤니케이션이 사회적 관계에서 분명한 위험요인이 있다고 본다. 가상적 인간은 점점 더 세밀한 수준까지 우리의 감정과 느낌을 이해할 것이다. 그런데 가상적 인간은 우리가 듣기를 원치 않는 말과 보기를 원치 않는 행동을 하지는 않을 것이다. 듣기는 싫지만 우리에게 필요한 충고를 할 것인가? 우리에게 정직할 것인가? 대답은 '아니다'이다. 인간은 대부분 자신이 원하는 것을 다른 이들에게서 듣기를 원한다. 현실 세계에서 그것을 잘 들을 수가 없기 때문에(예를 들어 칭찬 혹은 위로 등) 가상적 인간과 관계를 맺는 것이다. 만약 가상적 인간이 실제의 인간과 동일하게 나의 감정과 느낌에 대해 말과 행동을 한다면, 때때로 그것은 우리가 듣기 싫어할 소리도 할 것이고, (때로는 부모님이나 선생님처럼) 우리를 꾸짖기도 할 것이다. 그러나 그러한 가상적 인간은 구매되지 않을 것이다. 시장에서의 가치가 없는 것이다. 가상적 인간을 구매하는 최대의 요인은 감정적 위안이기 때문이다. 이러한 맥락에서 '나빠요'가 없는 페이스북 페이지 구조가 이해될 수 있다. 기업에서는 유저들의 감정을 최대한 잘 읽고 이에 대해 그 감정을 최대한 행복하게 하는 형태로 프로그램된 가상적 인간들만을 시장에 출시할 것이다.

이렇게 프로그램된 가상적 인간과 관계를 맺으면서 우리는 가상적 인간과의 관계에 더욱 익숙해져갈 것이다. 이 관계에서 이루어지는 커뮤니케이션은 유저의 자아존중감, 나르시시즘을 높여주는 것에 기초할 것이다. 유저들은 자신에 대해 좋은 이야기들만 들을 것이다. 가상적 인간은 자신을 구매한 유저를 절대 모욕하지 않을 것이며, 화를 내게 하지도, 스트레스를 받게 하지도 않을 것이다. 이러한 관계와 커뮤니케이션에 익숙해지는 것은 현실세계의 인간과 인간 간의 상호작용에 큰 영향을 미칠 것이다. 이것이 바로 가상적 인간이 가지는 위험성이다. 인간은 다른 인간과의 상호작용에 있어서 점점 인내하지 못하게 되며, 더욱 쉽게 화를 내게 될 것이다.

미드에 의하면, 사회적 주체는 다른 사회적 주체와의 상호작용에 의해서만 형성된다.(Mead, 1934, p.164) 이는 한 인간의 주체성이 그 인간이 가장 많이 상호작용하는 대상에 의해 결정된다는 것인데, 가상적 인간은 다시 말하면 인간의 정체성에 가장 큰 영향을 미칠 존재가 될 수 있다.

인터넷으로 시작되었던 정보사회는 소셜 미디어 시대를 거쳐 이제 가상현실과 인공지능 시대로 이어지고 있다. 우리는 이 모든 기술적 진화의 배경에 계속해서 이윤을 창출해야 하는 거대자본이 있음을 잊어서는 안 된다. 새로운 기술들을 등장시키고 그것에 대한 필요성을 생성시키는 것이 바로 정보사회에서의 거대자본기업들이다. 이러한 기술들이 가져올 변화에 대한 열광을 뒤로하고 그것들이 가져올 사회적 변화에 대해 미리 준비와 대응을 하지 않는다면, 지금까지와는 차원이 다른 위험에 노출될 것이다.

인공지능은 인간이 스스로를 복제하고자 하는 욕구에 의해서 발전하였다. 인간은 자신만이 세상에서 유일하고 고유한 존재였으며, 이 존재를 중심으로 자아 정체성과 사회적 관계를 형성하였다. 그러나 인간은 스스로에게 주어진 한계 또한 인식해왔다. 그리고 그 한계를 스스로 넘기 위해서 자신을 계발하기도 했지만, 그 한계를 넘어서기 위해 새로운 기술을 발전시키기도 했다. 인간은 '하나로만의 존재'를 복제하고 확장시키기 위해 수많은 기술들을 발전시켰다. 의학에서도 이러한 기술을 발전시켜 질병 치료에 활용해왔다. 인공지능은 인간이 스스로를 복제하고자 하는 욕구에서 탄생된 대표적 기술이다.

인간은 인공지능기술을 실험실을 넘어 일상의 삶 속으로 수용하고 있다. 실험실에서는 인공지능을 점점 인간과 비슷한 모습으로 발전시키고 있다. 종국적으로는 인간의 다양한 능력, 다양한 특성을 그대로 복제한 모습이 인공지능의 궁극적 형태이다.

여기서 인간의 모순적 모습이 등장한다. 자신을 복제하고 싶은 욕구에서 만들어놓은 인공지능인데, 막상 자신과 너무나 유사한 존재가 되었을 때의 인공지능의 모습에 대해 인간은 한편으로는 열광하면서 한편으로는 두려움을 느낀다. 이미 우리가 경험한 알파고 테스트가 가져온 열광과 두려움의 모순이 그 한 예이다.

인공지능 이전의 단순한 기능을 하는 로봇 역시 인간의 육체적 능력을 복제하는 것이었다. 공장에서 부품을 조립하는 로봇에서부터 자동으로 먼지 있는 곳을 찾아 청소하는 로봇까지, 대부분의 로봇은 육체적 능력을 복제하는 도구로서 활용되었다. 그런데 인공지능은 이제 인간의 육체적 능력을 넘어 인간의 지능적 능력과 감성적 능력을 복제하는 방향으로 진화하고 있다. 인간이 가진 지능적 능력인 '이해하기', '평가하기', '판단하기', '언어를 번역하기', '계산하기', '추론하기' 등의 능력을 인공지능이 복제하여 스스로의 모습을 구축하고 있다. 인간이 가진 감성적 능력인 '공감하기', '위로하기' 등의 능력 역시 복제하고 있다. 지능적 능력인 경우 인공지능이 행한 결과물을 더 신뢰할 수 있는 미래가 다가오고 있다. 이미 의학계에서 병의 진단과 같은 데서 이러한 딜레마가 발생하고 있다. 감정적 능력의 경우에도 인간이 다른 인간으로부터 공감을 받지 못하고 위로를 받지 못하는 상황에 처하는 경우가 늘어나면서, 인공지능이라도 그 능력을 갖추어 자신의 슬픔과 기쁨에 공감해주고 위로해주기를 바라고 있다.

그런데 인간의 능력을 복제하는 인공지능의 등장은 인간의 정체성에 큰 변화를 가져온다. 내가 어떤 사람인지, 내가 누구인지, 내가 어떠한 가치가 있는 존재인지를 결정하는 것이 인간의 정체성이다. 가족의 일원으로서, 조직의 일원으로서 관계 속에서 정체성을 갖기도 하며 스스로 판단을 내리면서, 자신의 행동과 다른 이들의 행동에 대해서 평가를 하면서, 스스로를 성찰하는 행위를 통해 정체성을 형성한다. 그런데 이러한 능력을 인공지능이 복제하게 되면, 인간의 정체성 부여에 혼란이 생길 가능성이 크다. 자신이 해왔던 일을 다른 이가 대신하게 되면 그 일을 '함'을 통해 정체성을 가져왔던 사람이 혼돈이 생기는 것과 같은 이치이다.

가장 먼저 인간의 이해하기, 평가하기, 언어 번역하기, 계산하기, 추론하기와 같은 지능적 능력처럼 인간의 뇌가 해오던 일들을 인공지능에게 맡기기 시작하면서 인간의 뇌가 퇴화될 가능성이 높다. 이미 우리는 내비게이션을 인간의 공간인지능력보다 더 신뢰하고 이 기계의 판단능력으로 우리 자신의 판단능력을 대체하면서 공간에 대한 이해도와 기억력이 떨어지고 있음을 경험하고 있다. '나는 사고한다, 그러므로 존재한다'라는 명제가 제대로 성립되지 않을 수가 있는 것이다. 인간의 지능적 능력이 인공지능에 의해 대체되면 인간의 뇌는 덜 스트레스를 받게 되어 그 순간에는 인간을 편하게 하겠지만, 이는 인간의 정체성을 근본적으로 위협할 수 있는 위험 요소이기도 한 것이다.

인간의 감성적 능력이 인공지능에 의해 대체되는 것은 더욱 심각한 정체성의 위기를 가져온다. 인간은 다른 이들과의 공감을 통해 성장하며, 그 안에서 스스로 인간이라는 정체성을 인식한다. 그러나 이 능력을 복제한 인공지능과 공감을 하는 행위의 증가는 실재 인간과의 공감 행위에 대해 더욱 소극적으로 될 수 있는 가능성을 증가시킨다. 더불어 자신 역시 다른 이들과 감정적으로 소통하고 공감하는 능력을 계발시킬 필요성을 느끼지 못하게 될 수도 있다. 이 경우 감정적 관계를 형성, 유지하는 존재로의 인간의 정체성이 위협받을 수 있다.

6. 인공지능로봇 시대의 권력관계의 변화

자본과 노동의
권력관계의 변화

인공지능 시대 사회적 관계의 변화에는 권력의 변화 역시 발생한다. 권력이라는 것을 다양하게 정의할 수 있지만, 여기서 일단 쉽게 정의한다면 "나의 의지를 다른 사람의 의지와 상관없이 강제할 수 있는 힘"이라고 할 수 있을 것이다. 자본주의 사회에서 권력과 관련된 오래된 논의는 자본을 보유한 자본가가 자본을 보유하지 못하고 노동력만 보유한 노동자들에게 자신의 권력을 강제한다는 것이다. 자본가는 자본을 제공하고 노동자는 노동을 제공하면서 서로 공생해야 하는 관계임에도 불구하고, 자본가는 노동자들에게 철저한 지배와 종속의 관계를 받아들이게 한다. 이에 마르크스와 같은 사회학자들이 이 종속관계의 부당함을 혁명으로 해결해야 한다고 주장했던 것이다. 그런데 인공지능시대에 가장 두드러지게 나타나는 현상은, 바로 인간 노동자들이 그동안 자본가에게 제공했던 노동을 인공지능로봇이 대체해 버린다는 것이다. 단순한 육체노동은 이미 로봇에 의해 대체되고 있으며, 지적 노동까지 인간의 지능수준을 훨씬 넘어서는 인공지능로봇에 의해 대체되는 것이다.

노동자는 자본가가 지배와 종속의 관계를 강제함에도 불구하고 자신의 삶을 영위하기 위해서 노동을 제공해왔다. 이 과정에서 지배와 종속의 관계는 더욱 강화되었다. 그런데 인공지능로봇이 노동자의 노동을 대체할 때 인공지능은 자본가들에게 경제적 보상을 받지 않는다. 자본가는 인공지능로봇을 구매할 초기 비용과 관리 비용만 지출할 뿐이다.

노동자들에게 주는 경제적 보상인 급여를 전혀 줄 필요가 없다. 그렇기 때문에 자본가는 노동자의 노동이 인공지능로봇에 의해 충분히 대체되고, 장기적으로 보면 그것이 자신의 이익에 더 도움이 된다고 판단하여 보다 적극적으로 노동 대체를 추진할 것이다. 이렇게 되면 인공지능로봇이라는 강력한 노동 경쟁자를 둔 인간 노동자는 자본가 앞에서 더욱 위축된다. 자신이 얼마든지 대체될 수 있는 상황에서 인간 노동자는 자본가와의 관계에서 종속을 받아들일 수밖에 없는 상황에 처하는 것이다. 노동자들은 자신들의 종속 상황에 대해 노동조합과 같은 단체를 구성하여 자신들의 인권을 보호해왔다. 하지만 노동자들이 계속 사라지게 되고 인공지능로봇이 노동현장으로 들어오게 되면, 노동조합 활동은 크게 위축될 것이고, 노동자들의 인권도 위협받게 될 것이다.

지금까지 노동자의 소외를 위해 투쟁할 수 있었던 '장(field)' 자체가 사라져버리는 것이다. 자본가는 아쉬울 것이 없다. 인공지능로봇이 있는 상황에서 노동자의 단체 활동을 두려워하지 않게 된다. 더 효율적이고 더 생산적이고 '완벽하게 순종적인' 인공지능로봇이 있기 때문이다. 이렇게 되면 자본을 보유하지 않고 노동력만을 가지고 있는 인간 노동자들의 권력 하락이 극심해질 것이다.

인간과 인공지능로봇
간의 권력관계

또 하나는 인간과 인공지능로봇 간의 권력관계이다. 로봇은 철저하게 인간에게 복종하도록 설계된다. 인간이 명령어를 제시하면 이 명령어대로 행동하도록 프로그램이 만들어지는 것이다. 인간은 자신의 의지를 언제나 로봇에게 강제할 수 있다. 로봇의 의지 따위는 없기 때문이다. 그런데 인공지능로봇이 인간과 계속해서 상호작용을 하고 자의식이 생겨날 경우에는 어떻게 해야 하는가? 인공지능로봇이 오래되거나 단순히 마음에 안 든다고 그것을 폐기처분해야 한다고 인간이 결정해버리면, 그 로봇은 폐기처분된다. 이러한 상황의 발생은 과연 어떻게 변화할 것인가? 아직 인공지능로봇의 자의식을 논할 단계는 아니다. 그러나 그 진화의 속도를 보면 자의식을 가진 인공지능로봇에게 인간은 언제까지, 어느 정도의 범위까지 자신의 권력을 강제할 수 있는가가 중요한 이슈가 될 것이다. 로봇인권, 로봇윤리의 대한 사회적 논의가 필요한 이유이다. 모든 것을 인간중심으로 보게 되면 이 문제를 해결할 수 없다. 영화 〈엑스 마키나Ex Machina〉에서는 인간은 인공지능로봇이 자유의지를 갖고 있음에도 불구하고 그 로봇을 만든 것이 인간이기 때문에 로봇의 자유의지를 압박하고 통제한다. 절대적인 권력관계가 강제된다. 그러나 로봇은 자의식을 가지고 인간과의 이 관계를 종국적으로 역전시켜버린다.

한편으로는 인간이 인공지능로봇에게 자신의 권력을 빼앗겨버릴 가능성도 존재한다. 인간은 인공지능로봇이 인간의 능력을 수행할 수 있도록 설계하고 있다. 이를 넘어 인간이 스스로 쉽게 하지 못할 능력까지도 로봇에게 심어주려고 한다. 권력관계는 앞에서 이야기한 자본 보유의 유무에서도 발생하지만, 인간의 관계에서는 나의 판단과 행위를 누구의 판단에 따라 하는지에 따라 그 권력관계가 결정되기도 한다. 내가 어떤 판단을 내리고 어떤 행위를 하는 데 있어서 그 누군가의 판단에 무의식적으로 따른다면, 나는 그 누구에 크게 의존하게 된다. 이 경우 권력의 비대칭상황이 발생한다. 앞으로는 인간이 인공지능로봇의 판단에 계속해서 의지하는 상황이 더욱 뚜렷이 나타날 것이다. 그리고 로봇이 인간의 판단에 의존하지 않고 자신이 스스로 학습한 딥러닝을 통해 판단을 내리게 되고 자의식을 갖게 된다면, 기계의 권력이 더욱 강해질 가능성도 존재한다.

전문가 집단과
집단지성의 권력 약화

마지막으로, 근대 지성혁명 이후 사회제도를 장악하면서 권력을 강화해왔던 '전문가'들의 권력이 해체되기 시작할 것이다. 지성혁명 이후 법, 경제의 영역을 중심으로 소위 전문가들이 사회 전면에 등장하였다. 이들은 정치적 권력까지 보유하게 되면서 자신들이 습득한 '지식'을 바탕으로 하여 일반인들과의 권력 거리를 늘려왔다. 교수, 의사, 변호사 등 전문가들은 사회적으로 인정받는 대표적인 직업이었다. 이들의 말에는 신뢰가 주어졌고 이를 토대로 하여 이들에게는 권력이 주어졌다. 그러나 정보사회에 들어서면서 이미 이 전문가 집단의 권력은 웹과 소셜 미디어를 통해서 형성되는 '집단지성'에 의해 그 붕괴의 조짐을 보이고 있다. 여기에 인공지능로봇의 시대에는 이 권력이 해체되어버릴 가능성이 대단히 크다. 전문가가 개인적으로 아무리 뛰어난 자료수집과 해석능력이 있다고 하더라도, 수많은 빅데이터를 수집하고 이를 바로 해석해버리는 인공지능로봇의 능력과는 비교가 되지 않는다. 인간의 경험을 이야기하지만, 딥러닝을 통해 로봇 역시 그 경험을 훨씬 더 빠르게 축적할 것이다. 인공지능로봇은 인간 전문가들의 권력을 강화해주었던 '전문적 지식노동'을 빠르게 대체할 것이다. 특히 이 지식노동의 대체는 육체노동의 대체와는 다르게 물리적인 기계가 필요 없고 프로그램으로만 대체가 가능하다. 이렇게 되면 전문가들이 사회적 유용성이 떨어지게 될 것이며, 전문가들의 지식을 신뢰하기보다는 인공지능로봇의 지식을 신뢰하게 되어 결국 전문가들의 권위가 하락된다.

전문가들의 권력을 견제하기 시작했던 비전문가들의 '집단지성' 역시 권력부상에서 한계를 노출하기 시작할 것이다. 전문가들과 비전문가들의 권력관계에 있어 인터넷상에서 네트워킹되어 전문가들의 권력을 넘어설 것으로 기대되었던 것이 집단지성이다. 이 집단지성은 개개인의 약한 지식과 정보, 경험들의 공유에 기반한다. 그러나 인공지능로봇 역시 개별적으로 판단을 하는 것을 넘어 수많은 다른 인공지능로봇들과 연결되어 그 판단의 최적화를 시도할 것이다. 인간-기계의 연결을 넘어 기계-기계 간의 연결을 의미하는 초연결사회가 이러한 사회상을 의미한다. 이때 인간의 집단지성 그 자체가 인공지능로봇들이 서로 연결되어 수집하고 공유하는 하나의 데이터로 전락하게 될 수 있다.

참고문헌

통계청 발표 2015-2016 인구주택 총조사.

P. Brey, "The Social Ontology of Virtual Environments," *The American Journal of Economics and Sociology*, 62(1), 2003, pp.269-282.

N. Elias, *The Civilizing Process*, Oxford, 1978.

A. Honneth & H. Joas, *Social Action and Human Nature*, Cambridge University Press, 1988.

G. H. Mead, *Mind, Self and Society*, University of Chicago Press, 1934.

R. Kurzwell, *The Singularity is near*, Penguin, 2005.

OECD, *How's Life*, OECD publication, 2013.

H. Rheingold, *Virtual Reality*, A touchstone book, 1991.

R. Shields, *The Virtual*, Routledge, 2003.

R. Shroeder, *Possible worlds: The social dynamics of virtual reality technology*, Westview Press, 1996.

A. Wolfe, "Mind, Self, Society and Computer: Artificial Intelligence and the Sociology of Mind," *American Journal of Sociology*, 96(5), 1991, pp.1073-1096.

PART 3

인공지능과
세계정치

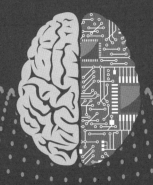

인공지능, 자율무기체계와
미래 전쟁의 변환

조현석

과학기술과 전쟁의 관계에서 '자율성의 시대'가 시작되고 있다. 자율무기는 2000년대 이후 여러 국가에서 본격적으로 도입되고 있다. 이러한 변화를 선도하는 미국은 많은 새로운 무인무기를 개발하고 전장에 배치하고 있다. 군사 로봇이라고 말할 수 있는 많은 자율무기들의 경우, 자율성의 수준에서 완전자율무기는 아직 많지 않고 인간이 원격 조종하거나 인간의 감독을 받는 반자율무기가 상대적으로 더 많다. 시간이 갈수록 완전자율무기가 일반화되고 점점 더 많은 킬러 로봇이 전장에 배치될 것이다.

이 글에서는 특히 무기의 발전 및 군사전략과 조직의 변화가 전쟁에

• 이 글은 필자의 논문 「인공지능, 자율무기체계와 미래 전쟁의 변환」, 『21세기정치학회보』 28권 1호(2018)를 바탕으로 작성되었다.

미치는 영향을 중심으로 논의하는 '전쟁의 미래'에 초점을 두고, 그 영향을 전쟁 수행 주체의 변화와 전쟁 수행 방식의 변화의 측면에서 검토하였다. 첫째, 전쟁 수행 주체의 변화의 측면에서 보면 당장은 로봇 무기와 로봇 병사가 인간 병사를 급격하게 대체하지 않지만 전투 임무에서 로봇 병사의 역할이 커지고 인간 병사의 역할은 점차적으로 축소될 것이다. 인간 병사는 로봇 무기를 관리하고 운용하는 역할을 더 맡게 된다. 이러한 변화에 대응하기 위해 미국 등 여러 국가에서 로봇 운용부대 편제, 교리, 교육제도가 신설되고 있다. 장기적으로 보면 로봇 무기와 병사들이 주도적인 역할을 하고 인간 병사들은 보조적이고 관리적인 역할을 맡게 된다. 이러한 변화가 지속되면 인간 중심의 전쟁 관념과 제도가 근본적으로 변화되는 시기가 도래할 수 있다.

둘째, 전쟁 수행 방식에도 큰 변화가 예상된다. 미국은 인공지능과 자율무기의 혁신과 발전을 위해 장기적 전망에서 3차 옵셋 전략을 추진하고 있다. 미국은 또한 이지스 구축함이나 F-35 스텔스 전폭기 등 고가의 무기체계를 기반으로 한 플랫폼 전략에 대해 수많은 무인무기들을 통합 운용하는 스워밍 전략을 개발하고 작전 알고리즘의 도입을 추진하고 있다.

특히 완전자율의 킬러 로봇 등장은 중대한 윤리적, 법적 이슈를 제기한다. 이의 금지를 촉구하는 국제적 운동들이 나타나고 있고 국제연합에서도 토의가 시작되었다. 우선 윤리적으로는 기계가 독립적인 판단으로 인간을 살상하도록 허용될 수 있는가의 문제가 생긴다. 이는 인간 중심의 전쟁 관념을 뒤흔들 수 있는 변화이다. 또 국제인도주의법의 측면에서 킬러 로봇의 등장은 전투원과 민간인을 구별하여 전투행위를 해야 한다는 구별의 원칙에 대해서 심각한 도전을 제기한다. 아울러 전장에서 킬러 로봇의 사용은 전투부대는 전투할 때 수반되는 민간인 살상이나 재산 피해가 군사적 목적을 상회하지 말아야 한다는 비례의 원칙에 대해서도 마찬가지 도전을 제기한다.

1. 들어가며

과학기술과 전쟁의 관계를 오랫동안 연구해온 저명한 군사역사학자 크레벨트Martin Van Creveld는 16세기 이래 과학기술과 산업혁명을 배경으로 기술발전과 전쟁의 역사가 기계의 시대(1500-1830), 체계의 시대(1830-1945), 자동화의 시대(1945년 이후)로 변화하였다고 분석했다.(크레벨트, 2006) 이러한 시대 구분에 장래 한 세대를 포함시킨다면 2000년대 이후는 아마 자율무기체계(AWS, autonomous weapon systems)가 전쟁에 큰 영향을 미치는 '자율성의 시대'라고 명명할 수 있을 것이다. '자율성의 시대'가 깊어갈수록 자율무기 혹은 군사 로봇이 역사 이래 전쟁 행위의 주체로 인식되어온 인간들을 서서히 대체해나가고 전쟁 수행 방식도 크게 변화시킬 것이다. 이런 점에서 과학기술의 영향이 커지기 시작한 16세기 이래 20세기에 걸친 세 단계가 연속성이 큰 시기로 여겨지고 자율성의 시대는 앞선 세 단계와 비교해 상대적으로 불연속성이 더 큰 시기로 평가될지 모른다.

정보기술의 지속적인 발전과 인공지능의 도약에 기초하여 기술혁신과 군사혁신이 가속화되고 미국-중국-러시아 간 지정학적 대립과 새로운 군비 경쟁이 심화되고 있는 추세를 볼 때, 자율무기체계의 중요성은 점점 더 커질 것이다. 이에 따라 소위 자율성의 시대가 21세기 중반에는 현실화될 것이라고 생각한다. 자율무기는 아직은 초기 단계에 있지만 무력 사용의 어느 단계에서 자율성을 독립적으로 실행할 수 있는 무기체계는 먼 미래에 속하지 않는다. 필자는 이러한 새로운 군사변환을 이해하고 대비해야 한다는 문제의식에서 이 글을 작성하였다.

재래식 무기체계에서도 부분적인 자율 기능이나 무인 기능은 지난 수십 년 동안 사용되어왔다. 예를 들어 1980년대 중반에 이미 RQ-2 파이오니아 무인기가 실전에 배치되었다. 특히 미국은 2000년대에 들어와 자율 기능을 본격적으로 새로운 무기체계 개발에 반영시키고 있다. 무기의 정밀도를 높이고 비용을 절감하며 정확한 타격으로 전체 피해를 줄일 수 있다고 보았다. 또한 군사작전의 목표를 달성하면서도 더 안정되고 인간 존엄성을 고려하는 군사작전을 실행하고 무엇보다 병력의 인명 피해를 최소화할 수 있다고 인식했다.(Caton, 2015)

미국은 2001년 9·11테러 사태와 2003년 시작된 이라크 전쟁을 계기로 자율무기라고 할 수 있는 로봇 무기와 군사 드론의 사용을 획기적으로 늘렸다. 당시 전쟁 개시 때 이라크에 진공한 미군은 한 대의 로봇도 보유하지 않았다. 하지만 2010년 미군에는 무인기 7,000대, 무인 차량 12,000대가 배치되었다.(사이언티픽 아메리칸, 2017, pp.41-42) 또 이라크 주둔 미군은 자신들에게 많은 피해를 입혔던 사제폭탄(IED)을 제거하는 데 로봇을 사용하여 큰 성과를 거두었다.

자율무기 혹은 군사 로봇의 등장과 확산은 군사기술혁명에서 소위 '게임 체인저game changer'라고 할 수 있을 정도로 화약과 핵무기가 미친 영향 이상으로 중대한 영향을 미칠 것이다.(International Red Cross, 2012) 우선 자율무기의 등장은 근본적으로 인간 중심의 전쟁 주체 관념과 전쟁 수행 방식에 큰 영향을 미칠 것이다. 이러한 영향을 통해서 재래식 군사력에 기반한 전통 안보와 군사전략에 큰 변화가 초래될 것이 틀림없다.

특히 인공지능 기반 정보사회의 전개는 자율무기의 확산을 촉진하는 데 크게 기여하고 있다. 사실 18세기 산업혁명 이래 과학기술과 산업 생산력이 전쟁의 물적 토대, 전쟁 관념 및 군사전략을 근본적으로 변화시킨 동인이었음은 누구도 부인하기 어렵다.(McNeil, 1982) 20세기 중반 이후 정보기술 등 과학기술의 발전과 최근년의 인공지능의 도약적 진보가 군사 분야에서 또 다른 새로운 군사 변환을 촉진시키고 있다는 점을 주목할 필요가 있는 것이다.

장래 이러한 자율무기의 사용이 본격화되면, 여러 가지 까다로운 사회적, 윤리적 이슈가 제기될 것이다. 더 나아가 이제까지의 정당하다고 여겨진 전쟁 규범과 전쟁법의 변화가 불가피하다. 이러한 맥락에서 국제적으로 많은 과학자들과 인공지능 및 로봇 전문가들이 자율무기의 위험성에 대해서 깊은 우려를 표명해왔으며, 국제적십자위원회(ICRC)와 국제인권감시기구(HRW) 등 국제 NGO들도 이러한 로봇 무기의 위험성을 경고하고 나섰다. 최근 국제연합에서도 무인항공기 등 자율무기에 대한 공식 논의를 시작하였고, 이에 대해 가장 최근에는 2017년 8월 일론 머스크Elon Musk와 무스타파 슐레이만Mustafa Suleyman 등 전 세계 정보기술 및 인공지능 전문가 116명이 국제연합에 공동 서한을 보내어 킬러 로봇을 금지할 것을 촉구했다.

여기에서 논할 기본적인 논의 주제는 이러하다. 인공지능, 컴퓨팅, 로봇 기술의 발전에 기반한 자율무기체계의 개발과 운용이 미래 전쟁에 미치는 영향은 무엇인가? 이러한 연구 문제에 대답하기 위해서, 이 글은 이론적 배경으로 우선 자율무기체계의 핵심적 요소인 인공지능의 기능과 관련된 자율성의 개념과 자율무기체계에 대한 논의를 검토한다. 다음, 미래 전쟁의 변화를 분석하기 위해서 미래 전쟁에 관한 문헌들을 검토한다. 미래 전쟁은 막연하고 추상적인 개념이므로 보다 맥락적인 논의를 위해서 이를 전쟁의 정치적 목적에 관련된 '미래의 전쟁'

과 군사기술과 무기체계의 발전에 초점을 둔 '전쟁의 미래'로 구분하고 이 글에서는 주로 전쟁의 미래 측면을 분석하고자 한다.(이근욱, 2010; 2017) 이 글에서는 전쟁의 미래에 대한 영향을 두 가지로 구분하여 분석한다. 즉, 자율무기의 등장과 사용이 인간 중심의 전쟁 행위 주체에 어떤 영향을 미치고 또 전쟁 수행 방식에도 어떤 영향을 미치는지를 중점적으로 분석하고자 한다.

마지막으로 이러한 분석에 이어, 앞으로 로봇 무기 혹은 자율무기가 인간 병사의 통제를 거의 받지 않고 인명살상을 자율적으로 결정할 수 있는 상황에서 제기될 만한 새로운 규범 이슈들을 윤리적, 법적 측면에서 정리해보고자 한다.

2. 이론적 배경

자율무기체계의 이해

1) 인공지능과 자율성의 개념

자율무기에서 자율성은 무엇보다 인공지능과 밀접한 관련이 있다. 자율무기의 자율적 작동이 인공지능에 기반한 알고리즘을 통해서 이루어질 수 있기 때문이다. 사실 인공지능은 1956년에 등장하여 오랫동안 발전이 답보 상태에 있었다. 최근 인공지능의 진보는 2010년 이후 일어난 기술적 도약의 하나인 기계학습(machinery learning)의 발전에 기인한다.(Allen and Chan, 2017) 2016년 봄, 인간 바둑 기사를 격파하여 충격적으로 인공지능 시대를 우리나라에 알린 딥마인드 DeepMind의 인공지능 바둑 프로그램인 알파고는 기계학습과 딥러닝deep learning의 원리를 따라 바둑 실력을 연마했다고 알려져 있다.

이러한 기계학습에 기반해, 인공지능의 지능이 획기적으로 진보하고 있다. 그리하여 최근 일련의 인공지능 충격의 중요한 요인이 되고 있다. 예를 들어 인공지능 알고리즘의 이미지 인식 오류는 2011년 25%에서 해마다 감소하여 2014-2015년 5.5%-4% 수준이 되었다. 인간의 인식 오류는 5% 정도인데, 이미 인공지능이 인간의 이미지 인식 능력을 추월했다는 것이다. 이러한 이미지 인식 기술은 자율무기의 핵심적인 요소 중의 하나이다. 그러나 아직 인공지능의 진보는 약한 인공지능의 수준에 머물고 있다. 바둑을 두는 알파고처럼 특정한 기능을 수행하도록 알고리즘이 설계되어 있다. 강한 인공지능인 범용 인공지능(AGI, artificial general intelligence)으로의 발전은 앞으로 수십 년의 시간이 걸린다고 전망되고 있다. 범용 인공지능이 현실화되면 자율무기는 또 한 차례의 혁명적 변화를 겪게 될 것이다.(Economist, 2016)

자율무기체계에서의 핵심은 자율성의 정도이다. 자율성에 관해 합의된 개념 정의는 없지만, 기본적으로 이것을 실체적 개념이 아니라 관계적 개념으로 이해할 필요가 있다. 말하자면 인간-기계 간 지휘-통제 관계에서 인간이 관여하는 정도로 자율성을 이해할 수 있다는 것이다. 보통 세 가지 형태로 구분되는데, 이 장에서 구분한 세 가지 자율성은 미국 국방부의 '무기체계의 자율성에 관한 지침'에 근거하고 있다.(United States Department of Defense, 2012)

A. human-in-the-loop: 여기에서 루프는 무기체계가 작동하는 과정에서 실행되는 OODA[관측(observation) – 사고

(orient) - 판단(decide) - 행동(act), 이하 OODA]의 고리를 의미한다. 임무 수행의 일정 단계에서 인간의 개입과 통제가 행사되는데 이것은 부분 자율성에 해당된다고 할 수 있다. 일반적으로 사람이 원격 조종하는 무인무기는 여기에 포함된다.

B. human-on-the-loop: 인간이 감독 역할을 수행하는 자율무기에 해당한다. 자율무기가 독립적으로 작동하나 기능 장애나 시스템 고장 등 잘못될 경우 인간 병사가 개입할 수 있다.

C. human-out-of-the-loop: 완전한 자율성이 발휘되는 단계로, 기계가 스스로 독립적으로 작동하는 단계에 해당한다. 사람이 개입하도록 설계된다고 하더라도 개입하는 데 매우 큰 어려움이 생길 수 있다. 이러한 완전한 수준의 자율성을 갖추어서 작동하고 무력을 행사하는 자율무기를 보통 자율살상무기(Lethal AWS, LAWS) 혹은 킬러 로봇이라고 지칭한다. 이 수준의 자율무기가 윤리적으로나 국제법적으로 가장 논란의 대상이 되고 있다.

이러한 세 가지 범주의 구분이 고정되어 있는 것은 아니다. 부분 자율에서 자율로, 자율에서 인간 감독 자율로 왔다 갔다 한다. 이러한 변동은 임무의 복잡도, 외부 환경, 법적 제한, 정책적 제약 등의 영향에 기인한다고 할 수 있다. 또한 자율무기에서 가장 중요한 점은 군사 로봇이나 군사 드론과 같은 자율무기가 무력 사용을 통해 인명 살상을 얼마나 자율적으로 판단하고 실행하느냐 하는 부분이다. 이제까지 전쟁에 관한 관념이나 규범에서는 인명 살상의 판단은 인간의 주체적 판단에 근거하는 것으로 인식되어왔다. 이러한 인간 주체의 관념과 규범이 근본적으로 도전받고 있는 상황이 자율살상무기의 사용이라고 할 수 있는 것이다.

자율성의 개념을 이해하기 위해서 관련 개념인 자동화(automation)

와 비교하는 것이 도움이 된다. 우선 자동화는 무기체계가 센서를 통한 외부의 데이터 입력에 반응하여 미리 정해진 절차에 따라서 작동하는 것을 의미한다. 알고리즘 작동의 폐쇄성이 중요한 특성이다. 자율성 또한 센서를 통해 외부에서 투입된 데이터에 대해 정해진 절차에 따라서 무기체계가 작동하는 것을 의미한다. 그러나 자동화와 다른 점은, 작동의 개방성이 중요한 특성이기 때문이다. 말하자면, 자율성은 무기체계가 기계학습을 통해서 환경의 변이에 대해 스스로 적응할 수 있는 능력을 갖게 되는 것을 의미하며, 이러한 이해와 환경에 대한 인식을 바탕으로 자율무기체계가 바람직한 상태에 이르는 적절한 행동을 취할 수 있다는 것이다.(Cummings, 2017, pp.3-4) 자동화와 자율성의 이러한 구분이 유용하지만, 현실에서는 이 두 가지를 구분하는 것이 어려울 수 있고, 이 두 가지가 겹쳐서 나타나는 회색지대가 많다. 예를 들면 자동화된 방공 무기의 경우에도 상당한 자율적 기능이 내장되어 있다고 볼 수 있다는 것이다.(Altman and Sauer, 2017, pp.118-119)

2) 자율무기체계의 이해

우선 용어가 다양하게 사용되고 있다. 자율무기 혹은 자율무기체계, 자율살상무기, 군사 로봇, 무인무기 혹은 무인무기체계, 무장 드론, 비무장 군사 드론, 킬러 로봇 등이 대표적인 명칭들이다. 이러한 용어들은 기본적으로 유사한 의미로 사용될 수 있지만 맥락에 따라서는 뜻을 구분해서 사용하는 것이 낫다. 감지(sense)-사고와 판단(decide)-행동(act) 혹은 OODA(관측-사고-판단-행동)의 고리(loop)에서 보면, 자율무기체계의 경우 자율성의 능력은 '사고와 판단' 부분에 해당되고 감지, 관측과 행동은 자율무기체계의 몸통 부분으로 각종 센서 등 전자기기와 기계 장치에 해당된다. 여러 용어 중에서 자율무기체계 혹은 자율무기가 일반적이고 포괄적인 용어라고 볼 수 있다. 자율무기는 자율성을 구비한 군사 로봇과 의미가 거의 유사하다고 할 수 있다. 자율무기체계는 인공지능 알고리즘에 기반한 자율성의 기능을 무기체계에 본격적으로 적용하기 시작하면서 사용하게 된 개념이다. 필자는 자율무기체계가 '두뇌' 부분인 인공지능과 '몸통' 부분인 로봇으로 구성되어 있다고 이해한다. 물론 최근 자율무기의 용어가 빈번하게 사용되는 것은 '몸통'보다는 인공지능에 기반한 '두뇌'의 자율성이 더욱 고도화되었기 때문이다.

중요한 것은 무력 사용과 인명 살상을 판단하는 무기체계 내의 자율성의 작동 기능이다. 그렇다고 하더라도 무기체계는 여러 기능의 복합체라는 점을 이해하는 것 또한 중요하다. 표적을 찾아 살상하는 기능이 핵심적이지만 무기체계가 의도하는 대로 제대로 작동하기 위해서는 다른 기능들의 원활한 작동도 필요하다.

A. 이동성(mobility): 운항(navigation), 이착륙, 장애물 회피, 기지로의 귀환 등이 중요한 기능이다.

B. 상태 관리(health management): 기능 장애의 탐지와 발견, 배터리 등 전원의 유지와 관리, 체계의 정비 등 시스템 유지 관리 기능을 포함한다.

C. 상호 운용성(inter-operability): 자연언어 기반 인간-기계 커뮤니케이션이나 많은 무인체 간의 상호 통신 기능을 말하는데, 자율무기 시대에 주목받고 있는 스워밍swarming 전략에 중요하다. 무인무기의 경우, 많은 수를 동원하여 전개하는 스워밍 전략이 매우 효과적이다. 여기에는 많은 수의 소규모 무인비행체를 클러스터링하거나 스마트 더스트smart dust와 같이 수많은 나노급

인공지능, 권력변환과 세계정치

드론을 전개하여 정보를 수집하는 작전이 포함된다.

　　D. 전장 정보의 수집, 분석, 처리, 활용도 중요한 부수 기능이다.

　　E. 마지막으로 무력 사용의 기능이 중요하다. OODA(관측 - 사고 - 판단 - 행동) 혹은 수색, 발견, 식별, 추적, 공격의 고리에서 파괴 혹은 살상을 맡는 핵심 기능을 말한다.

전장 정보와 무력 사용의 기능에서 자율성 이슈가 가장 중요하다. 이 두 가지 중에서는 무력 사용 시 로봇의 자율성의 행사가 핵심적 이슈이다. 이동성, 상태 관리, 상호 운용성 등 세 가지는 군사작전에서 보완적 기능을 수행하는 것으로 이 범주에서는 자율성이 덜 문제된다. 그러나 이러한 기능이 제대로 발휘되어야 무력 사용의 효과가 커진다.

[표 1] 무기 체계 내 자율 기능의 여러 범주

일반 능력 분야	자율 능력	임무
이동성	체계가 일정한 환경에서 방향을 잡고 자신의 동작을 제어하는 능력	운항, 이륙과 착륙, 충돌 회피와 방지, 동행 지시, 기지 귀환
상태 관리	체계가 기능과 생존을 관리할 수 있는 능력	결함 탐지, 자가 정비, 에너지원 유지와 관리
상호 운용성	체계가 다른 기계나 인간과 협업할 수 있는 능력	여러 행위체 간 커뮤니케이션 (스워밍 등) 자연언어 기반 인간-기계 상호작용
전장 정보	전술적, 전략적 중요성을 띤 데이터의 수집, 처리 능력	데이터 수집, 데이터 분석
무력 사용	표적을 수색, 식별, 추적, 선별, 공격하는 능력	표적 탐지, 식별, 추적, 선정, 화력 통제

출처: Boulanin(2016), p.8.

미래 전쟁:
'미래의 전쟁'과 '전쟁의 미래'

자율무기체계가 미래 전쟁에 어떤 영향을 미칠 것인가? 이로 인해 미래 전쟁이 어떻게 변화할 것인가? 미래 전쟁에 관한 논의에서 먼저 한 가지 중요한 흐름을 지적하는 것이 필요하다. '미래 전쟁'이란 말은 주로 수사적인 용어로 사용되어왔지만 최근에 들어 개념어로 사용되기 시작하고 있다는 점을 지적할 필요가 있다. 말하자면 미래 전쟁에 관한 이론적인 논의가 활발하게 이루어지고 있다는 것이다.(Cummings, 2017; Freedman, 2017; Latiff, 2017; Economist, 2018) 미국의 신생 비영리 연구소인 뉴 아메리카New America와 애리조나주립대학이 공동으로 2015년부터 '미래 전쟁'에 관한 정기 학술대회를 개최하고 있다. 물론 많은 요인들이 이러한 미래 전쟁에 관한 담론의 형성에 작용하고 있지만, 인공지능과 자율무기체계와 같은 군사기술혁신의 가속화도 큰 영향을 미치고 있다고 할 수 있다.

그러면 이러한 새로운 군사혁신이라고 할 수 있는 자율무기체계가 미래 전쟁에 어떤 영향을 미칠 것인가? 이러한 질문이 어느 정도의 의미를 가지기 위해서는 영향을 미치는 맥락을 보다 구체적으로 설정할 필요가 있다. 이러한 이유로 미래 전쟁을 두 가지 측면, 즉 '미래의 전쟁'과 '전쟁의 미래'로 나눈다.(이근욱 2010; 2017)

우선 미래의 전쟁은 정치적 차원의 결정이 영향을 크게 미치는 전쟁을 의미한다. 미래의 전쟁은 전쟁이 수행되는 세계 자체의 변화에 따른 전쟁의 변화를 말하며, 이전과는 달리 새로운 정치적 환경에서 누구와 싸우는가, 즉 상대방의 정체성의 파악이 중요한 문제가 된다. 상대방이 누구인가에 따라 다른 방식으로 군사력을 사용해야 할 필요성이 생긴다고 할 수 있다.

반면 전쟁의 미래는 군사기술에 의해 결정되는 미래 전쟁의 차원을 의미한다. 전쟁의 미래에 대비하기 위해서는 군사력 증강이 필수적인데 군사기술과 조직의 차원에서 새로운 군사력을 구축하는 것이 긴요하다. 새로운 무기를 전문적으로 사용할 조직을 창설하고 독자성을 부여하는 것이 중요하며, 이를 통해 군사혁신을 추진해야 한다. 군사혁신은 기술발전과 무기개발에 집중되어 있지만, 군사력의 측면에서 군사혁신은 '새로운 전투병과의 창설'을 핵심적으로 포함한다. 로젠의 논의는 전쟁의 미래 측면을 논의하는 데 유용하다.(Rosen, 1994) 미래 전쟁에 대한 대비에서 국가들이 추구한 기술혁신과 군사혁신에 관한 로젠의 분석은 이근욱(2017)의 '전쟁의 미래'의 측면과 관련된 부분으로 이해될 수 있다.

[표 2] 미래 전쟁의 두 가지 측면

내역 / 두 가지 측면	미래의 전쟁	전쟁의 미래
핵심 사항	정치적 환경의 변화	무기 변화
변화의 대상	변화된 미래세계에서의 전쟁	전쟁 그 자체의 변화
결정 요인	세력균형의 변화	군사기술의 변화
변화의 효과	전쟁 및 군사력 사용 형태	무기 및 군사조직의 변화
고려 사항	정치적 제약 조건 인정	정치적 제약 조건의 무시
핵심 질문	어떻게 누구와 싸우는가?	어떤 무기를 가지고 싸우는가?

출처: 이근욱(2017), p.26.

한 국가는 미래 전쟁의 두 가지 측면에서 모두 성공할 수 있거나 실패할 수 있고, 한 측면에서는 성공하지만 다른 측면에서는 실패할 수도 있다. 예를 들어 두 가지 측면에서 모두 성공한 사례는 1990-1991년 미국의 걸프전을 들 수 있다. 미국은 이라크 정규군을 효과적으로 쿠웨이트에서 격퇴했으며 첨단 기술에 기반한 군사력이 효과를 발휘하였다. 모두 실패한 사례로는 2003년 미국의 침공을 예견치 못하고 미국의 첨단 무기에 효과적으로 대응할 수 있는 능력을 갖추지 못했던 사담 후세인 이라크 대통령의 패배를 들 수 있다. 또한 다른 사례로 프랑스는 2차대전에서 독일을 적국으로 설정하고 군사력을 확보하는 데는 성공했지만, 즉 미래의 전쟁 측면에서는 성공했지만, 마지노선을 중심으로 한 진지 구축에 중점을 둠으로써 탱크를 이용한 독일군의 전격전에 대비를 못했다. 즉, 전쟁의 미래 측면에서는 실패했다는 것이다.(이근욱, 2017, pp.21-28)

그러면 자율무기체계가 '전쟁의 미래'에 어떤 영향을 줄 것인가? 우선 과학기술의 발전이 전쟁에 어떤 영향을 주었는지 오랫동안 연구해 온 크레벨트(2006)가 제시하는 명제를 바탕으로 이러한 영향을 따져보는 것이 유용하다. 그에 따르면 새로운 과학기술과 무기체계는 전략, 전술, 교리, 조직, 규범(윤리와 법)과 통합되어 사용되어야 잠재력이 실현될 수 있다. 예를 들어 탱크는 영국과 프랑스가 제1차 세계대전부터 먼저 개발하여 사용했지만 제2차 세계대전 시 독일의 전격전 전략에서 잠재력이 제대로 실현되었다. 과학기술은 단순히 방법과 수단에 그치는 것이 아니라 일종의 사고의 준거틀이라고 볼 수 있다는 것이다. 이러한 점을 고려하여 이 글에서는 인간 중심 전쟁 행위 주체의 변화와 전쟁 수행 방식의 변화라는 두 가지 측면으로 나누어 각 측면에 대한 자율무기체계의 영향을 분석하고자 한다.

3. 자율무기체계의 확산

자율무기체계의
개발과 운용

여러 가지 자료를 바탕으로 자율무기의 개발과 도입을 정리하고 세 가지 범주의 자율성으로 분류할 수 있는지 검토해보겠다.(류병운, 2016; Boulanin, 2016; Geiss, 2015를 주로 참조)

미 해군 이지스 구축함에 사용되는 팔랑스 근접방어체계(Phalanx close-in weapon system)는 자동 탐지, 추적과 즉각 대응 사격 및 자동으로 대함 미사일이나 항공기를 격퇴할 수 있도록 자체 탐지 기능이 추가된 탐색, 추적 레이더와 20mm포를 통합한 독립형 근접방어체계이다. 이것은 표적을 자율적으로 인식하고 공격할 수 있다. 미국의 C-RAM은 적이 발사한 대포, 로켓과 박격포 등 단거리 발사체를 자동으로 요격하는 단거리 공중 무기 요격 시스템이다.

미 해군은 대표적 무인 항공기인 MQ-4C 트리톤Triton과 함께 수송기로부터 자율 발진, 착륙 능력 및 자율 비행 능력까지 갖춘 전투기 크기의 전투 드론인 X-47B를 운용하고 있다. 이것은 미국 군사 드론의 기본 모형으로서 제1세대 자율무기인데 항공모함에 자율적으로 착륙할 수 있으며 자율적인 항공 운항도 가능하다고 알려져 있다. 미 육군도 원격조종 폭파 전문 로봇(혹은 폭파 전문 무인지상무기차량)인 MARRS를 2007년 이라크전에 사용하였다.

미 해군의 MK-60 캡터Captor의 경우, 어뢰와 기뢰가 발사할 때 폭발하는 것이 아니라 미리 설정된 수심에 자동으로 자리를 잡고 있다가 음향으로 적 잠수함을 탐지해 캡슐을 열고 어뢰를 방출하면 그 어뢰가 목표 잠수함을 선택하여 공격하게 된다. 러시아와 중국의 PMK-2도 기능이 이와 유사하고 영국의 시 어친Sea Urchin도 유사한 기능을 수행한다. 가드보트GuardBot는 미 해군이 보유하고 있는데 자율적으로 상륙할 수 있고 상륙 지점을 확보할 수 있는 무인 수륙 양용 차량이다.

미국은 2016년 원격 조종이 필요하지 않은 인공지능 기반 자율 함정 드론인 시 헌터Sea Hunter를 개발하였다. 또 다양한 크기와 적재량을 갖추고 있어서 유인 잠수함이 접근할 수 없는 얕은 바다에서도 운용이 가능한 무인 잠수 드론인 에코 보이저Echo Voyager를 개발하였다. 그리고 잠수함에서 발사되고 소형 탄두를 탑재하여 공격도 가능한 블랙윙 Blackwing 드론을 실전에 배치하였다.

미국은 LAMs(loitering autonomous munitions, 공중산개폭탄)인 저비용 자율 폭탄도 배치하고 있다. 이것은 센서와 표적 인지 소프트웨어를 내장하고 있으며 이것을 통해 미리 프로그램된 대로 목표를 식별하고 타격할 수 있다. 일정한 기간 동안 지정된 공간 위에 부유할 수 있는데 어떤 것은 스워밍처럼 작동할 수 있다. 이스라엘의 하피Harphy도 유사한 기능을 수행하는 자율무기이며 독일도 유사한 용도의 TARES를 배치하고 있다.

센서로 터지는 자율 폭탄은, 프랑스와 스웨덴이 155mm포에 장착하고 있고 독일도 이것을 보유하고 있다. 자율적 유도 무기의 경우 영국의 브리스톤Brimstone(공대지 발사 미사일), 러시아와 인도의 브라모스 BrahMos(크루즈 미사일), 스웨덴의 RBS-15(대함 미사일) 등이 배치되어 있다.

이외 미국에서는 사이버 공간에서 사용하는 자율 체계인 몬스터마인드MonsterMind를 개발하고 있다. 미국에 사이버 공격을 시도하는 데이터 스트림을 자동적으로 탐지하여 즉각적이고 자동적으로 이를 무력

화시키기 위한 사이버 무기라고 할 수 있다.(Geiss, 2015, p.9)

이스라엘의 경우 우선 아이언 돔Iron Dome이 유명하다. 이것은 단거리 미사일을 방어하기 위한 이동식 방어무기체계이다. 적의 미사일 탐지, 궤도 계산과 추적, 낙하지점 분석 등은 자동적으로 이루어지고 지상의 인간 병사가 대항 미사일 요격 발사를 확인한다. 이스라엘의 가디움Guardium은 국경지대에 배치된 무인순찰차인데 현재는 비무장이지만 필요하면 무장이 가능하고 적의 움직임에 대해 자율적으로 행동을 취할 수 있다. 이스라엘의 하피는 이스라엘이 개발한 것으로 적 레이다 기지를 자율적으로 찾고 공격할 수 있는 드론이다. 이러한 유사한 기능의 무인무기는 터키, 중국, 한국, 칠레, 인도에도 배치되어 있다.(Geiss, 2015, p.9)

영국의 타라니스Taranis 시스템도 잘 알려져 있는 자동 전투 드론인데 표적을 추적하고 식별하는 것은 자율적으로 수행하지만 공격은 인간 병사의 명령이 주어져야 실행된다. 영국의 브림스톤Brimstone은 소위 '발사후 완전히 자율적으로 작동하는(fire and forget)' 미사일로서 적 탱크와 차량을 자동으로 식별하고 자율적으로 표적을 찾아내어 타격하는 기능을 가지고 있다.

불라닌과 베르브루겐은 또한 완전 자율이거나 인간의 감독하에 있는 각국의 대표적인 자율무기들을 소개하였다.(Boulanin and Verbruggen, 2017, p.9) 우선 미사일과 로켓 방어체계로는 네덜란드의 골키퍼Goalkeeper, 이스라엘의 아이언 돔, 러시아의 유사한 자율무기 등이 있다. 자율 차량 무기는 독일의 AMAP-ADS, 남아공의 LEDS-150, 이스라엘의 트로피Trophy가 운용되고 있다. 무인경계무기로는 한국의 SGR-1, 이스라엘의 가디움, 미국의 MDARS-E 등이 운용되고 있다. 한국의 무인경계무기인 SGR-1은 2-3km 반경에서 적 병사의 침투를 탐지하고 식별할 수 있도록 설계되어 있는데 탑재된 기관총의 발사는 경계병이 통제하지만 자율기능을 부여할 수 있다고 한다.

일라친스키도 인간 감독하의 자율무기와 완전한 자율무기의 예를 제시하고 있다.(Ilachinski, 2017, pp.147-151) 인간 감독하 무인체계는 마국의 X-47B, 영국의 타라니스, 이스라엘의 하피를 들고 있고 자율적 공중 미사일 방어체제로는 이지스함 전투체계, 네델란드의 골키퍼, 이스라엘의 아이언 돔, 러시아의 카슈탄Kashtan, 미국의 팔랑스, C-RAM, 패트리어트를 들고 있다. 네덜란드의 골키퍼는 영국, 벨기에, 한국 해군에 도입되어 있다고 보도되었다. 지상로봇보호체계는 독일, 프랑스, 스웨덴, 러시아가 도입하고 있고, 미국의 SWORDS, 이스라엘의 트로피도 이 범주에 속한다.

완전 자율에 가까운 무인무기체계는 인간 병사가 지원도 하지 않고 감독도 하지 않으며 시스템 실패의 경우에도 개입도 하지 않는다고 이해된다. 앞에서 언급한 자율 공중산개폭탄(LAMs)이 이 범주에 속하는데, 이스라엘의 하피가 실전에 배치되어 있고 탱크 파괴무기인 미국의 LOCAAS와 적의 레이더 파괴용인 태시트 레인보Tacit Rainbow가 시험 단계에 있는 것으로 알려져 있다.

자율무기를 파악하는 데 있어서 유의해야 할 사항이 몇 가지 있다. 첫째, 자율무기의 경우 방어용이 더 많이 도입되고 있고 공격용 자율살상무기의 실전 배치는 아직 광범위하게 이루어지고 있지 않다. 둘째, 앞에서 언급했지만 자율성의 정도가 고정되어 있는 게 아니라 상황에 따라 조정될 수 있다. 예를 들어 완전 자율무기도 인간 감독을 받는 자율무기로 운용될 수 있다. 이를테면 휴전선에 부분 배치된 한국의 경계로봇인 SGR-1도 사격 통제는 경계 병사의 감독하에 있지만 사격 발사 기능을 로봇에게 부여할 수 있다고 알려져 있다. 자율 공중산개폭탄의

한 종류인 이스라엘의 하피도 인간 병사의 감독을 받을 수 있거나 독립된 자율 기능을 수행할 수 있다.(표 3 참조) 셋째, 또 하나 중요한 점은 자율적인 무인 무기가 단독으로 작전에 사용되는 경우도 점점 많아지지만 기존의 유인무기체계에 자율 기능을 통합하는 방식도 많이 활용되어왔다는 점이다.

[표 3] 자율성의 범주에 따른 자율무기의 구분

구분 / 무기체계	내역
human-in-the-loop 부분 자율성	- 가드보트, 타라니스(영국), C-RAM, 에코 보이저, 블랙윙, MK-60 캡터, PK-2(중국), 시 어친(영국) - MARRS(무인지상무기차량) - (정찰) RQ-4A 글로벌 호크, RQ-7A 섀도 200 - (정찰, 동굴 수색) 마틸다, 팩봇, 탈론, 레무스
human-on-the-loop 감독하의 자율성	- X-47B, MQ-1B 프레데터, 하피(이스라엘), MQ 4C 트리톤, - 방어체계. 골키퍼(네델란드 개발, 영국, 벨기에, 한국 해군 도입), 아이언돔(이스라엘), 카슈탄(러시아), 팔랑스, 패트리어트, 지상로봇보호체계(독일, 프랑스, 스웨덴, 러시아 도입), SWORDS, 트로피(이스라엘), AMAP-ADS(독일), 가디움(무인순찰차, 이스라엘)
human-out-of-the-loop 완전 자율성	- LAMs, LOCAAS, 태시트 레인보우, 하피(이스라엘), TARES(독일) - 155mm 포로 발사하는 자율폭탄(프랑스, 스웨덴, 독일), 브림스톤(영국), 브라모스(러시아, 인도, 크루즈미사일) - 몬스터마인드(사이버 무기)

* 국가명이 명기되지 않은 것은 미국의 무기체계임. 세 가지 범주 판단은 필자가 했음.

자율무기 분야
국방예산

미국의 경우에도 자율무기 분야 국방예산을 따로 파악하기 어려운데 미국의 한 대학 연구소가 군사 드론 국방예산을 추계하고 있다. 이것을 자율무기 분야 국방예산의 근사치로 사용할 수 있다. 이 자료에서 드론은 육해공 무인 체계를 모두 포함한다. 이런 점을 감안할 때 미국의 자율무기 분야 국방예산의 경우 2018년 정부 요구안은 70억 달러에 조금 못 미치는 규모이다.(Gettinger, 2016; 2017) 2013년 이래 어느 정도 증가했지만 큰 증가를 보인 것은 아니다. 가장 큰 특징은 목적별 예산 중에서 연구개발 예산이 차지하는 비중이 상대적으로 매우 높다는 점이다. 이는 자율무기가 새로운 혁신적인 무기이며 그것의 도입이 아직 초기 단계에 있다는 것을 의미한다. 군별 예산의 경우에도 공군과 해군이 비슷한 규모의 예산을 사용하며 육군은 이에 훨씬 못 미치는 규모를 보인다. 이는 자율무기가 공중 영역에서 가장 효율적으로 운용될 수 있다는 점을 보여주는 것이다. 용도별 예산의 경우, 무인 항공기의 비중이 압도적으로 높다. 미국 해군의 경우 막강한 항공 전력을 보유하고 있는데 자율무기를 위한 예산이 많다는 것은 항공 전력을 자율 무인 무기로 전환하는 비율이 높다는 것을 의미한다. 주요 무인 무기체계별로 예산을 보면 공격용 무인항공기인 MQ-9 리퍼와 MQ-4 트리톤이 대규모로 실전 배치되고 있다는 것을 알 수 있고, 정찰용 무인기의 도입에도 많은 예산이 투입되고 있다. 또 주목해야 할 예산은 자율성, 무인무기 부대 편성(teaming), 스워밍swarming 부분 예산이다. 이것은 특정한 무기체계를 도입하기 위한 예산이 아니고 자율무기를 활용하는 전술 및 작전 알고리즘이나 플랫폼을 개발하고 운용하기 위한 예산이라고 할 수 있다.

　미국의 무인무기체계 국방예산의 규모가 그리 크지 않다고 생각할 수 있다. 무인무기체계의 도입은 인공지능에 기반한 군사 로봇혁명의 한 부분이다. 전쟁에서 무인체계를 부분적으로 사용한 것은 제1차 세계대전까지 거슬러 올라가지만 1980년대에 들어 미국 등 군사 강국들은 전통적인 유인무기체계에 무인무인체계와 로봇의 도입을 추진해왔다. 싱어는 한 인터뷰에서 유인무기체계에 로봇을 활용하고 자율기능을 통합시키는 노력이 오랫동안 이루어져왔고 이러한 통합이 로봇군사혁명의 주요한 부분을 이루고 있다고 주장한다.(Michael and Gettinger, 2016: Interview with Peter W. Singer) 미국의 자율무기 분야 국방예산에서는 이러한 부분들은 반영되지 않았다고 보인다.

[표 4] 군별 드론 예산 (단위: 100만 달러)

각군 / 연도	2013	2014	2015	2016	2017	2018(요구)
공군	2,435.3	1,672.1	2,003	2,662.9	2,018.4	2,468.1
해군과 해병	1,827.3	1,254.7	1,663.7	2,418.7	1,984.6	2,368
육군	1,091.5	1,181.3	989.9	868.3	927.9	1,037.2
국방 전반	275.2	443.1	435.2	743.4	815.2	1,101.1

[출처] Gettinger(2016; 2017).

[표 5] 용도별 드론 예산 (단위: 100만 달러)

구분/연도	2013	2014	2015	2016	2017	2018(요구)
무인항공기	4,553.5	3,671.4	4,197.5	5,498.7	4,420.3	4,887.9
무인지상 체계와 로봇	263	230.7	192.5	208.1	199.8	339.6
무인해양체계	491	308.9	293.5	390.1	533.8	882.9
자율적 teaming 스워밍	211.1	236.6	322.1	394.9	431.	457
무인기 대항	67.2	64.1	67.8	109.9	147.2	401.2
기타	32.7	17.3	14	82.8	7.3	4

[출처] Gettinger(2016; 2017).

[표 6] 주요 무인체계 도입비용　　　　　　　　　　　　　　　　　　(단위: 100만 달러)

범주	2018 (예산요구)
MQ-9 리퍼	1,234.8
RQ-4 글로벌 호크와 AGS	427.9
MQ-8 파이어 스카우트	164.6
MQ-4 트리톤	988.2
RQ-21A 블랙잭	115.8
MQ-1C 그레이 이글	358
RQ-7 섀도	126.4
MK 18 계열 무인지상차량	63.1
MTRS Ⅱ 로봇	53.5

[출처] Gettinger(2016; 2017).

4. 자율무기체계의 확산과 미래 전쟁의 변환

미래 전쟁은 두 가지 측면, 즉 미래의 전쟁과 전쟁의 미래로 구분될 수 있다고 앞에서 언급한 바 있다. 여기에서는 군사기술발전의 요인을 중시하는 '전쟁의 미래'의 측면을 중심으로 자율무기의 발전과 사용이 미래 전쟁에 어떠한 영향을 미치는가를 분석하려 한다. 무엇보다 이러한 영향을 인간 중심 전쟁 행위 주체의 측면과 전쟁 수행 방식의 측면으로 나누어 검토한다. 자율무기를 개발하고 도입하는 국가들이 여럿이 있지만, 이러한 변화를 선도하는 국가는 미국이다. 여기서는 주로 미국의 사례를 중심으로 분석할 것이다.

인간 중심
전쟁 행위 주체의 변화

인공지능과 자율무기가 전쟁에 끼치는 영향이란 측면에서 가장 중요한 부분은 무기체계에서 사고와 판단을 수행하는 두뇌 기능 부분이다. 이러한 두뇌 기능의 자율적인 수행은 인공지능 알고리즘에 바탕을 두고 있다. 이제까지 전쟁을 구성하는 주요 기능은 인간의 정신과 신체 안에서 이루어져왔다. 이제까지 인간 중심으로 이루어져왔던 표적의 확인, 위협 대상 판단, 무기의 발사 결정 등 각각의 과업을 인공지능을 내장한 기계가 대신해주는 시대로 접어들고 있는 것이다.(싱어, 2011, p.118)

그렇다고 해서 군사 로봇이 전장에서 인간 병사를 급격하게 대체하지는 않을 것이다. 대체 과정은 점진적으로 이루어진다고 볼 수 있다. 이런 점에서 가까운 장래에는 인간-로봇 혼성 편성이 전쟁 행위가 수행되는 현실적인 모습이 될 것이다. 전장에서 정찰 등 지원용이나 전투용 로봇은 '인간 병사의 동료' 역할을 할 것이다. 인간 병사는 인명을 살상하고 무기를 파괴하는 전투 행위에 직접 참가하기보다 전투용 로봇 혹은 무인 무기를 지원하고 관리하는 역할을 더 많이 맡게 될 것이다.(싱어, 2011)

'군사 로봇혁명'이라고 말하지만(싱어, 2011), 이러한 변화는 아직은 무인 무기체계가 유인 무기체계로 들어와서 결합되는 방식으로 진전되고 있다. 자율 군사 로봇들이 편대를 이루어 전투를 벌이는 장면은 먼 미래에 일어날 수 있는 일이다. 사실은 기존의 무기체계들이 자율기능을 도입하여 효율성과 효과성을 높이고 있다고 보는 것이 실상에 가깝다.(Michael and Gettinger, 2016, Interview with Peter W. Singer) 이러한 통합 과정에서 일어나는 변화 중의 하나가 군 병력의 소요가 감소한다는 것이다. 예를 들어 미 해군의 구축함인 줌발트Zumwalt호가 2016년 취항했다. 이 함정은 통상적으로는 임무 수행을 위해서 승조원이 1,293명 탑승하는 규모이다. 그러나 현재 승조원은 141명에 불과하다. 통상 소요 인력의 10% 수준에 불과하다. 군 인력이 수행했던 많은 기능들이 로봇에 의해 대체되었다는 것이다. 엔진실의 경우 많은 기능이 자동화되어 두 명의 전문 인력이 관리하고 있다고 한다.

또 미 공군의 F-35는 차세대 스텔스 전폭기이다. 여기에 탑승하는 장교의 역할이 변하고 있다. 조종사는 통상적인 조종과 전투의 기능을 수행하는 '조종사'라기보다는 시스템을 관리하는 '관리자'의 역할을 수행한다. 많은 조종과 전투 기능들이 로봇 혹은 자율체계에 의해서 수행되기 때문이다. 조금 더 보편적으로 이러한 인간 병사의 역할 변화가 진행되고 있다. 2025년 무렵이 되면 미국 군대에서는 인간 병사보다 로봇 병사의 수가 더 많아지게 된다. 또 인간 병사들의 역할은 전투 행위를 직접 하기보다 전투를 직접 수행하는 로봇 병사를 운용하고 관리하는 데 초점을 두게 될 것이다. 이에 따라 전장에 투입되는 인간 병사의 수가 급격히 줄어들 것이다.(The Sun, June 15, 2017)

이러한 변화 추세는 근대 전쟁이 병력 집중의 원칙에서 효과 집중의 원칙으로 변화되어온 경향을 더 강화시킬 것이다. 과학기술에 기반한 첨단무기체계의 도입이 이러한 변화를 촉진하는 중요한 요인으로 작용했다. 첨단무기 중에서도 정밀유도무기의 역할이 직접적인 영향을 미쳤다고 할 수 있다. 예를 들어 미국의 경우 정밀유도무기의 사용률은 1991년 1차 걸프전쟁 당시 7.8%였는데 1999년 코소보 전쟁 35%, 2001년 아프가니스탄 전쟁 60%, 2003년 이라크 전쟁 80%로 크게 증가하였다.(최석철, 2012) 더구나 유도무기에 자율 기능이 확대되면 이러한 경향은 더욱 가속화될 수 있다.

이러한 변화는 전장의 병력 밀도의 감소와 밀접하게 관련되어 있다.(최석철, 2012) 전장 1㎢ 내 병력의 수를 보면 1914년 제1차 세계대전의 경우 404명, 1939년 제2차 세계대전 초기 36명, 1973년 중동 10월전쟁 25명이었는데 1991년 1차 걸프전쟁에서는 두 명으로 크게 감소했다. 걸프전쟁의 경우 사막이라는 전장 환경을 감안하더라도 병력이 크게 줄고 대신 무기체계가 그 자리를 차지했다고 볼 수 있는 것이다. 무인 드론이나 무인 자율무기의 도입이 확산되면 이러한 병력 밀도의 감소는 더욱 현저하게 나타날 것이다.

또한 자율 기능을 갖춘 무인체계의 등장은 새로운 기능을 수행하는 부대 단위와 편제의 형성을 촉진한다. 이를테면 무인기를 원격으로 조종하는 신세대 병사들이 생겨났는데 이러한 전문적인 임무를 수행하는 것을 지원하는 교리, 교범, 지원 인프라, 교육제도가 정비되고 있다. 전투 현장에서 전통적인 전투 임무를 수행하는 군인들도 여전히 있지만 무인기를 조종하는 새로운 유형의 군인들도 생기고 있는 것이다.

우리나라에서도 최근 드론봇 부대를 창설한다는 보도가 있다.(『연합통신』 2017. 12. 5.) 육군은 드론봇 발전을 주도할 전문조직을 신설하고, 표준 드론봇 플랫폼을 개발한 후 기능별로 확장할 계획이다. 이를 위해 우선 드론봇 전투단을 창설해 전장의 '게임 체인저'로 운용할 계획이다. 먼저 드론봇 전투단을 별도 부대로 창설하고 앞으로 그 예하 부대를 야전 사령부급 부대에서부터 대대급까지 배속하는 방안을 고려하고 있다고 알려졌다. 또 육군은 드론봇 전투단을 운영할 전문 전투 요원인 드론봇 전사들을 양성할 계획이다. 육군정보학교에 드론 교육센터를 창설해 드론봇 특기병을 전문적으로 양성한다고 전해지고 있다. 이러한 로봇 부대의 창설은 미국, 중국, 러시아, 이스라엘 등 많은 국가에서 최근년 시작되고 있다.

이러한 병사들은 컴퓨터와 디지털 게임에 익숙한 신세대들이다. 로봇을 이용한 작전을 '게임처럼 생각하게 되는 경향', 즉 플레이스테이션 PlayStation 멘털리티를 갖기 쉽다고 분석되고 있다.(싱어, 2011) 현대 전쟁의 뚜렷한 경향이라고 할 수 있는 전투의 탈영웅화, 전사의 탈영웅화 경향을 조장시킬 수 있다는 우려도 있다. 인명 피해 극소화 필요성과 살상당할 가능성 회피의 심리로 인해 전쟁 영웅을 기리는 고귀한 희생정신, 영웅적 전사, 명예와 영광의 심리와 정신이 약화되고 있다는 분석도 나오고 있다.(싱어, 2011)

또한 플레이스테이션 심리에 익숙한 이러한 로봇 조종 병사들은 인간의 생명을 경시하기 쉽다. 이러한 점으로 인해 윤리적, 법적 규범을 마련하지 않고 군사 로봇을 운용하는 것은 야만적 살인을 방치하는 결과가 될 수 있다. 무인 폭격기인 프레데터의 운용자는 지구 반대편에서 현대적인 건물 속의 작은 사무실에 앉아 멀리 떨어져 있는 전장의 테러리스트를 작은 화면을 통해 확인하고 사살 허가 지시가 떨어지면 미사일 발사 버튼을 눌러 작전을 수행한다. 전쟁에 참여하고 있다는 의식이 있다고 하더라도 상대적으로 느끼는 죄책감이나 부담감도 당연히 적을 수밖에 없을 것이다.(싱어, 2011) 이런 점에서 자율무기체계의 등장으로 새로운 교리와 작전 규칙을 수립하는 것뿐만 아니라 윤리적, 법적 규범의 제정과 교육도 필요하다. 자율무기가 양과 질에서 발전을 거듭하면서 인간 중심의 전쟁 관념에 근본적인 변화가 초래될 수 있을 것이고 이러한 추세는 더욱더 강화될 것이다. 이것이 아마 미래 전쟁에 일어날 수 있는 가장 중대한 영향이라고 볼 수 있다.

전쟁 수행 방식의 변화:
군사전략, 작전, 전술

우선 일반적인 측면에서 본다면 군대가 사용하는 자율무기나 군사 로봇의 발전 방향에서 중요한 부분은 크기, 형상, 성능과 용도가 매우 다양해지고 있다는 점이다. 이러한 다양성은 전쟁 수행 방식의 변화를 야기하는 요인이 되고 있다.(사이언티픽 아메리칸, 2017, pp.45-47)

첫째, 과거의 로봇은 크기나 형상이 사람과 비슷한 무인체계의 이미지로 인식되는 경향이 컸다. 그러나 지금은 이러한 이미지에서 벗어나 형상과 크기가 다양해지고 있다. 록히드 마틴의 무인 고공 비행선은 풋볼 구장 크기의 레이더를 탑재하고 거의 20km 상공에서 1개월 이상 체공할 수 있다. 또 날개가 수십 미터에 이르는 무인 전폭기가 있는가 하면 벌새 모양의 소규모 무인기도 있는 등 다양한 크기의 군사 로봇이 개발되고 있다. 극초소형 로봇이라고 할 수 있는 나노 크기의 로봇도 있다. 나노 로봇의 군집을 '스마트 더스트smart dust'라 하며 정보 수집에 활용하고 있다. 형상도 인간 모양, 동물 모양, 물체 모양 등 매우 다양하다.

둘째, 전쟁에서 수행하는 역할도 증가하고 있다. 예를 들어 2003년에 시작된 이라크 전쟁 초기에는 군사 로봇이 주로 관측 및 정찰 임무를 수행했다. 2007년 무인지상무기차량인 MARRS 로봇이 도입되었고, 이것은 기관총과 유탄발사기를 장착했다. 경비 및 저격 임무를 주로 수행했다. 야전에는 부상병을 안전지대로 이동시키고 치료하는 의무병 로봇도 도입되었다. 이후 무인기들은 게릴라 집결지들을 폭격하고 반란군들을 찾아내어 살상하고 있다. 또 전투가 평원이나 산악 지역이 아닌 도시에서 많이 일어남으로써 군사 로봇의 사용이 크게 증가했다.

셋째, 컴퓨팅 능력, 전자기술의 발전, 인공지능의 발전으로 인해 군사 로봇의 지능과 자율성이 갈수록 증대하고 있다. 예를 들어 프레데터 무인기의 경우 초기 모델은 병사들이 일일이 원격조종을 했다. 나중에 출시된 모델은 자율적으로 이착륙하고 한번에 12개의 표적을 추적할 수 있다. 탑재된 표적 인식 소프트웨어는 특정 발자국이 어디에서 시작되었는지 알 수 있을 정도로 성능이 향상되었다.

이러한 일반적인 경향 속에서 조금 구체적으로 미국이 추진하고 있는 자율무기 활용 정책을 군사전략, 작전, 전술의 수준으로 구분하여 검토한다. 군사전략의 측면에서는 중국과 러시아에 대항하기 위해 추진하고 있는 3차 옵셋offset 전략을 살펴보고 전략과 작전 수준에서 스워밍swarming 전략을 검토하며 작전과 전술 수준에서 자율 무인무기의 효용성과 효과성을 살펴본다.

첫째, 미국은 3차 옵셋 전략의 맥락에서 자율무기 혹은 군사 로봇을 중요하게 인식하고 있다. 특히 미국은 경쟁국가나 적대국가의 군사력 우위를 상쇄하기 위해 군사기술의 우위를 확보하는 것이 매우 중요하다고 인식해왔다. 1차 옵셋 전략은 1950년대 냉전 초기 동유럽 지역에 배치된 소련의 재래식 군사력의 수적 우세를 상쇄하기 위해서 전술핵무기, 중거리 핵미사일의 개발, 항공 및 미사일 방어네트워크 강화를 모색하던 것을 말한다. 핵무기의 소형화가 핵심적으로 군사기술혁신의 대상이 되었다. 2차 옵셋 전략은 1970년대 후반 소련의 핵무장 능력과 미사일 발사체의 발전을 상쇄하고 대칭화하기 위해 미국이 스텔스 기술개발, 정찰위성 도입, GPS(Global Positioning Syste)의 개발과 도입을 추진한 것을 말한다. 디지털 전자기술, 정보기술, 정밀유도무기기술, 스텔스 기술 등이 2차 옵셋 전략의 핵심 기술이 되었다.(Ilachinski, 2017, pp.27-30; Dyer, 2016; Boulanin, 2016, pp.58-59)

2014년 11월에 선언된 3차 옵셋 전략은 중국과 러시아에 대한 군사기술 우위의 약화가 배경으로 작용했다.(Ilachinski 2017: 28-30) 목표는 차세대 기술의 획득이 아니라 기술혁신의 재평가와 새로운 군사전략 개념의 모색이었다. 이를 위해 다섯 가지 세부적 분야가 제시되었다. (i) 자율적 딥 러닝 시스템의 개발, (ii) 인간-기계 협력 의사결정체계, (iii) 웨어러블 기기, 헤드업 디스플레이, 외골격강화기능 등을 활용한 인간 병사의 개별 전투능력 향상(Assisted human operation), (iv) 개선된 인간-무인체계의 혼성 작전, (v) 미래 사이버 및 전자전 환경에 작동하는 부분 자율무기의 개발과 운용이다. 이러한 목표를 위해서 매년 관련 국방예산을 편성하고 있다. 3차 옵셋 전략은 2012년에 설립된 미국 국방부의 전략능력처(Strategic Capability Office)가 중심이 되어 추진해왔다. 인공지능과 로봇기술의 발전이 함축하는 군사기술혁신과 새로운 전략 개념의 통합에 임무의 초점을 맞추고 있는 전략능력처에 2017년 연구개발예산이 9억 달러가 배정되었다. 또 미국 국방부는 실리콘 밸리의 우수한 인공지능과 로봇 기술을 탐색 조사하기 위해 2015년 실리콘 밸리에 DIUx(Defense Innovation Unit-Experimental)을 설치하였다.

현재 미국 국방부가 추진하고 있는 3차 옵셋 전략은 장래 20-30년 기간 나타날 수 있는 군사안보 환경의 변화에 대비하고 특히 잠재적 적대세력에 대한 군사기술의 우위 확보와 군사전략을 고안하기 위한 목적을 띠고 있다. 이러한 잠재적 적대국에는 중국을 위시하여 러시아, 이란, 북한 등이 포함되어 있으며, 국제 테러집단 등 적대적인 비국가 행위자들도 대상이 되고 있다. 3차 옵셋 전략은 트럼프 행정부의 국방예산에서도 살아남아서 계속 추진될 것으로 알려졌다. 한 연구에 의하면 중국 인민해방군도 미국의 3차 옵셋 전략과 국방혁신정책들을 면밀히 검토하여 유사한 군사기술 능력을 보유하기 위해서 노력하고 있다.(Kania, 2017; Markoff and Riseberg, 2017)

둘째, 전략과 작전 수준에서 일어나고 있는 움직임으로 자율무기를 활용하는 로봇 스워밍swarming 전략을 들 수 있다. 구체적인 내용은 다르지만 중국도 군사 로봇을 활용한 스워밍 전략의 잠재성을 높이 평가하고 있다.(Kania, 2017)

현재 대부분의 국가들은 고성능, 다기능을 수행하는 적은 수의 고비용 무기체계를 주력으로 운용하고 있다. 이것을 일반적으로 플랫폼 전략(혹은 모선 전략)이라고 할 수 있다. 예를 들어 F-35 전투기나 이지스 함정의 운용 등이 대표적이다. 그러나 많은 수의 소규모 자율무기(무인 전투기 혹은 무인 전투함정)를 활용하는 스워밍 전략(혹은 무리 전략)이 공격과 방어 측면에서 효과적일 것이라는 인식이 생기고 있다.(싱어, 2011; Dyer, 2016) 싱어에 따르면 플랫폼 전략은 집중된 커뮤니케이션과 지휘통제, 분산된 화력의 특징을 가지고 있고 장점으로는 전통적인 전쟁 수행방식과 어울린다는 것이다.(2011, pp.334-335) 반면 스워밍 전략은 통제와 커뮤니케이션의 탈집중화가 가능하고 화력을 집중할 수 있다. 장점으로는 스워밍에 참여하는 단위들이 보급과 통신 그리고 전투 수행에서 탈중심적인 방식으로 자기조직화된 결정과 행동을 할 수 있다는 것이다.

이러한 스워밍 전략 개념은 일찍이 아킬라와 론펠트에 의해서 논의되었으며 무인무기와 드론의 발전을 배경으로 실제적으로 활용할 수 있는 효과적인 작전의 하나로 주목을 받고 있다.(Arquilla and Ronfeld, 2000) 미국은 플랫폼 전략의 기반인 고도 무기체계의 비용이 급증하고 군사기술적 우세가 상대적으로 약화되고 있는 배경에서 새로운 경쟁국가인 중국의 수적 우세의 군사력에 대응하기 위한 수단으로 스워밍 전략을 특히 강조하고 있다.(Scharre, 2014; Cheng, 2017; Shaw, 2017) 이러한 스워밍 전략은 실전에서 운영되고 있는 수준은 아니다. 그러나 미국에서 최근 F-18 전폭기에서 200여 대의 퍼딕스Perdix 소형 드론을 공중에서 방출하는 실험을 하였는데, 이것이 성공적으로 수행되었다고 보도되었다. 스워밍 전략을 위한 인프라와 운영 인력의 훈련 등 제도적 환경이 갖추어지면 많은 수의 드론을 운용하는 새로운 군사혁신이 가능할 것이다.

　이러한 스워밍 전략의 중시는 군사 로봇을 사용하는 작전과 전술을 아예 상황과 시나리오 별로 인공지능 알고리즘으로 표준화하여 전장에서 활용하는 것과 깊은 관계가 있다. 이러한 작전 및 전술 알고리즘은 자율무기 혹은 군사 로봇의 핵심 기능 중의 하나인 전장 정보의 실시간 수집, 처리, 활용을 포함하고 당연히 타격 대상의 식별, 판단, 사격과 같은 기능도 포함하게 된다. 전장에서 직접 인간 병사의 정신적, 육체적 능력을 토대로 감당했던 힘든 전투 행위가 로봇의 기능으로 대체되고, 더 나아가 전통적으로 군 지휘부의 임무였던 지휘통제 기능도 자율무기와 결합되어 있는 작전 알고리즘에 의해 부분적으로 대체되는 변화가 일어날 수 있다. 이러한 스워밍 전략이 광범위하게 적용되면서 자율무기 중심의 새로운 유형의 전투조직이 나타날 것이다. 역사적인 예를 보면 제1차 세계대전에서 사용하기 시작한 전투 항공기로 공군 조직이 생겨났고 핵무기가 등장하면서 전략사령부가 설립되었다.

　이와 함께 해외 기지를 광범위하게 유지하고 있는 미국의 경우, 드론 등 자율무기의 발전은 해외 군사기지의 지정학을 변화시킬 수 있다는 분석도 나오고 있다.(Shaw, 2017) 미국은 2015년 기준 80여 개국에 약 800여 개의 군사기지를 운영하고 있다. 매년 해외군사기지의 유지비용이 1,650억 달러에 달한다고 한다. 드론과 같은 무인 군사 로봇의 발전과 스워밍 전략의 운용은 해외 군사기지의 필요성을 감소시킬 수 있다. 이러한 자율무기체계의 운용은 군사 작전의 환경 변수가 되었던 물리적 거리의 제약을 완화시킬 수 있기 때문이다.

셋째, 로봇의 유용성과 효과성은 작전과 전술 수준에서도 구체적으로 나타난다. 로봇 무기는 현대전의 특징인 사회전, 비정규전, 시가전 환경에서 유용성이 크다. 여기에서 '사회전'이란 사회경제적 불평등을 직접적인 동인으로 하는 국내 사회세력 간의 내전을 말한다. 뮌클러는 세계 주변 지역에서 일어나는 많은 군사적 갈등은 이러한 사회전의 성격을 가지고 있다고 주장한다.(뮌클러, 2017) 사회전과 비정규전은 도시 환경에서 일어나는 경우가 대부분이다. 숙련된 특수전 병사들도 복잡하고 적에 대한 정보가 부족한 도시 전장 상황에서는 두려움과 위축 심리를 갖기 쉽다. 적이 어디에 있는지, 전투원과 민간인을 어떻게 구별해야 할지, 사제 폭탄이 어디에 숨겨져 있는지를 전투 현장에서 일일이 파악하기 어렵다. 또 많은 경우 대항하는 비정규 무장병들이 민간인이나 심지어 어린아이들을 방패로 삼아 공격하고 방어하는 전술을 구사하기도 한다. 이러한 불확실성과 위험이 높은 도시 전장 환경에서 로봇 병사는 관측, 탐지, 수색, 추적, 사제 폭탄 제거, 살상 등 다양한 역할을 수행할 수 있고 이로써 인간 전투 병사들의 부상 위험과 인명 피해를 줄일 수 있는 것이다.

무엇보다 자율무기의 배치를 통해 얻을 수 있는 군사전략상의 이득은 매우 크다. 이러한 점으로 인해 점점 더 많은 국가들이 인공지능과 로봇의 군사적 이용을 확대하는 정책을 실시하고 있다. 인공지능 기반 자율무기의 개발과 배치는 화약과 핵무기에 이은 제3의 군사기술혁명으로 인식되고 있고, 국제적인 군비경쟁의 추동력이 되고 있다. 미국이 3차 옵셋 전략의 틀에서 군사 로봇의 도입을 추진하고 있듯이 군 인력구조의 재편성, 전략, 작전 등 여러 수준에서 큰 변화를 야기할 수 있는 요인이 되고 있다.

또한 군사작전과 전술의 측면에서 군사 로봇 운용의 이득은 매우 크다. 전장에서 로봇은 배고픔을 느끼지 않는다. 두려움이 없으며 명령을 잊지 않는다. 옆 병사가 총을 맞아도 영향을 받지 않는다. 전장에서 피하기 어려운 병사들의 전사와 부상을 크게 줄일 수 있다.(Docherty, 2012) 특히 민주주의 국가에서 정치가들이 가장 부담스러워하는 전장에 투입된 병사들의 인명 피해를 크게 줄일 수 있다.

그러나 자율무기의 발전과 확산은 국제안보질서에 중대한 위험과 위기 상황을 야기할 수 있다.(Altman and Sauer, 2017) 군사 로봇이 대거 동원될 경우 전쟁 개시는 쉽고 전쟁을 끝내기는 어려워진다. 매일매일의 인명 피해 기사로 여론을 자극하는 언론 보도도 감소하기 때문에 전쟁이 대중의 관심에서 멀어질 수 있다. 이것은 전쟁을 오래 끄는 요인으로 작용할 수 있다. 자율살상 무기는 전쟁의 장벽을 낮춘다. 독재자 혹은 테러 조직이 대규모 군대가 없어도 저렴한 로봇 무기를 구매하여 전쟁을 시작하거나 전쟁에 가담할 수 있다. 스워밍 작전의 경우, 자율무기체계 간 상호작용의 조정 실패로 원치 않게, 의도하지 않게 전쟁이 확대될 수 있다. 또한 자율살상무기들이 해킹당하면 아군을 살상하는 참혹한 결과가 생길 수도 있다.

이러한 배경에서 자율살상무기 혹은 킬러 로봇에 대해 이의 이용을 금지하기 위한 국제 시민사회 운동과 비판적인 문제제기가 활발하게 일어나고 국제연합에서도 관련 규범 이슈를 둘러싼 논의가 시작되고 있다.

5. 자율무기체계와 규범 이슈

킬러 로봇
금지 운동

킬러 로봇 금지를 위한 국제 운동들이 여러 모로 전개되고 있다. 가장 최근 2017년 8월에는 자율자동차로 유명한 일론 머스크와 알파고를 개발한 무스타파 슐레이만이 주도하여 세계 정보기술 전문가 116명(26개국)이 국제연합에 공개서한을 보내 킬러 로봇을 금지할 것을 촉구했다. 이들은 유엔에 보낸 서한에서 "인공지능을 활용한 킬러 로봇이 전쟁에 사용될 경우 제3세대 전쟁이 발발할 가능성이 있다"고 주장했다. 자율무기 개발 경쟁이 '제3의 무기 혁명'을 가속화하고, 이로 인해 인류가 엄청난 피해를 입을 수 있다는 것이다. 영국의 타라니스 드론, 미국 해군의 자율운항 무인 함정 '시 헌터', 보잉의 무인잠수정 '에코 보이저', 러시아의 무인 탱크 'MK-25', 한국의 '보초 로봇' 등을 킬러 로봇의 사례로 지목했다.(『조선일보』 2017. 8. 21.) 엄밀하게 말하면 킬러 로봇은 아니지만 잠재성을 지닌 자율살상무기의 초기 사례라고 할 수 있다. 이러한 공개서한은 지난 몇 년간 소극적으로 진행되어온 국제연합 내 금지 논의를 다시 활성화시키려는 의도에서 나온 것이다.

몇 가지 중요한 국제적인 움직임을 보면, 우선 로봇 군비통제 국제위원회(ICRAC)가 2009년 출범했다. 군사 로봇에 대한 윤리적 논의를 진작하고 자율무기 개발과 배치의 규제를 제도화하려는 목적에서 출발하였다. 군사 로봇은 무력충돌과 전쟁의 문턱을 낮추는 잠재성을 가지고 있어서 자율 무인무기의 개발, 배치 사용을 금지해야 한다고 주장한

다.(Ilachinski, 2017, pp.227-230)

또 2013년 4월 국제 NGO인 킬러로봇 중단운동(CSRK)이 발족했다. 이것은 자율 살상무기의 금지를 주장하는 10개 국가, 지역, 국제 수준의 NGO들의 연합체였다. 여기에는 'Article 36', Human Rights Watch, ICRAC 등이 포함되었다. 이러한 운동과 함께 1,000여 명에 달하는 로봇 및 인공지능 전문가들이 공개서한을 발표하고 공격적인 자율무기의 금지를 촉구하였다. 서명운동은 계속되어 2016년 12월에는 2,000명에 도달했다. 이 공개서한에서는 인공지능 기반 자율무기를 화약과 핵무기에 이은 제3의 무기혁명의 근원으로 보고 있으며 자율무기의 이용이 더 이상 먼 미래의 일이 아니라고 말한다. 핵심적인 문제는 인공지능 군비경쟁이 시작되느냐 아니면 이것을 막느냐 하는 것이라고 주장한다. 만약 인공지능 군비경쟁이 현실화되면 신무기 개발과 도입 비용이 아주 높지 않기 때문에 어지간한 국가들은 쉽게 로봇 군사력을 도입할 것이라고 주장한다.

이러한 운동이 결실을 거두어 2013년 23차 국제연합 총회 인권이사회에서 보고서가 발표됐고 자율무기의 개발과 배치에 관해서 토의가 시작되었다. 24개 참여 국가들은 완전 자율살상무기의 이용에 대해 우려를 표명하고 계속적인 논의에 관심을 나타냈다. 여기에서 특정재래식무기금지협약(CCW)을 논의 기구로 삼아 2013년 11월 완전자율살상무기에 대해 전문가 회합을 개최하기로 결정하였다. 2014년 5월부터 2016년 12월까지 여러 차례 회합이 개최되었으며, 이러한 결과 자율살상무기에 대한 정부 전문가 그룹(GGE)이 출범하였다. 한데 이러한 국제연합 내 논의들이 활발하게만 이어진 것은 아니다. 위에서 언급한, 일론 머스크가 주도한 국제연합에 대한 공개서한 제출도 이러한 침체된 논의를 활성화하기 위한 의도에서 나온 움직임이다.

윤리적,
법적 이슈

　　　　　　　　윤리적 이슈 중에서 가장 핵심적인 것이 전장에서 삶과 죽음에 관한 결정을 기계에게 맡길 수 있는가 하는 점이다. 기계에게 인명 살상의 판단을 완전히 맡기고 실행하게 하는 것은 인류문명의 근본인 인간적 가치(humanity)와 인간적 존엄성의 포기라고 간주된다. 전쟁에서의 병사들의 죽음은 영웅화되어왔고 성문이나 관습의 전쟁 규범을 통해 정당화되어왔다. 기계에 의한 죽음은 이러한 인간 중심의 전쟁 규범과 관념을 근본적으로 붕괴시킬 수 있다.

　또한 자율살상무기가 과연 윤리적으로 바르게 기능하도록 설계되고 작동될 수 있는가 하는 이슈가 제기되고 있다. 이른바 OODA(관측-사고-결정-행동)의 고리에서 인간의 '의미 있는 통제'가 작동하는가가 문제이다. 윤리적 이슈는 주로 완전 자율살상무기를 둘러싸고 제기되고 있으나 인간이 통제하거나 감독하는 자율무기에서도 심각한 윤리적 문제가 생길 수 있다. 이러한 논쟁에는 두 가지 대립하는 입장이 있다.(Docherty, 2012, pp.21-23)

　아르킨은 "윤리성을 갖춘 로봇(Ethical Robot)"의 개념을 제시한다.(Arkin, 2009) 그는 전쟁법을 지킬 수 있도록 자율로봇을 설계할 수 있다고 주장한다. 그는 자율성이라는 개념을 로봇 무기체계의 유용성 극대화라는 차원에서 해석한다. 아르킨 교수가 제시한 자율성 부여의 선결조건은 비윤리적 행위에 대한 사전 억제, 윤리적 제약이 포함된 행위 설계, 비윤리적 행동이 발생했을 때 이런 상황에 적응하면서 운용될 수 있는 일종의 감정적 기능(affective functions)의 사용 등이다. 로봇의 운용에 관여하는 이들의 책임을 강화할 수 있는 개별 운용자 식별 방안과 운용자들에게 조언과 도움을 줄 수 있는 체계를 개발한다는 것이다. 그는 언젠가는 공중 및 지상에서 운용되는 로봇들을 위한 국제적으로 합의된 전쟁의 규칙(rules of war)이 마련될 것이라고 낙관한다.

그러나 많은 로봇 과학자들은 현재의 기술 수준에서 로봇이 인명에 영향을 미치는 복잡한 도덕적 판단을 하기는 불가능하다고 반박한다. 저명한 로봇 공학자인 노엘 샤르키는 이른바 3D 직종(dull, dangerous, dirty)에서 로봇을 대체 노동력으로 활용하는 것에는 동의하나 그 이상은 안 된다고 주장하고 있다.(Noel Sharkey, 2008) 로봇이 복잡한 상황에서 도덕적 판단에 개입할수록 인간의 삶에 미치는 위험도 커지게 된다는 것이다.

다른 한편 브룩은 킬러로봇 금지운동가들을 '윤리주의자'라고 부르면서, 생명이 없는 기계가 스스로 판단하여 사람을 죽이는 것은 인간성의 상실이며 인간적 존엄성을 훼손하는 것이라는 이들의 주장에 대해 반박한다.(Brook, 2015) 브룩에 따르면, 킬러로봇 금지 운동가들은 인간 존재에 관해 지나치게 관대하게 가정한다. 그에 따르면 인간은 연약하고 감정적이어서 좌절하기 쉽고 바른 판단을 하기 어려우며 제한된 능력의 눈과 귀를 가지고 있다. 또 인간의 뇌는 많은 정보를 처리하는 데 제약을 보이고 왜곡된 인식과 판단을 하기 쉽다. 반면 적절하게 설계되고 프로그램으로 구현되면 로봇은 무력충돌과 전쟁법을 의무적으로 준수할 수 있고 많은 데이터를 효율적으로 처리하여 인간보다 더 나은 판단을 할 수 있다는 것이다.(Brook, 2015)

이러한 논쟁에서 쟁점은 로봇이 어떻게 제대로 설계될 수 있는지, 또 오작동의 위험은 없는지, 스워밍 전략의 경우처럼 로봇 간의 상호작용에서 우발적인 사고가 생길 가능성 등이다. 사실 브룩도 '살인자 인간'을 옹호할 수 없듯이 '살인자 로봇'을 옹호하려는 것은 아닐 것이다. 그러나 전쟁 상황에서 전쟁법을 지키고 윤리 원칙을 지킬 수 있도록 설계되어 전장에 투입되는 군사 로봇이 그 자체로 살인자 로봇으로 간주되면 킬러로봇 금지운동이 비판하는 표적이 잘못되었다는 것을 주장하려고 했다고 볼 수 있다.

이러한 윤리적 이슈를 둘러싼 논쟁은 자연히 법적 논쟁으로 이어진다. 자율살상무기의 도입과 활용은 국제인도주의법에 대한 도전을 의미한다.(UNDIR, 2017) 가장 근본적인 원칙이라고 할 수 있는 구별(distinction)의 원칙은, 앞에서도 언급한 것처럼 전투원과 비전투원을 구분하고 군사적 목표에 한정하여 공격을 하고 일반 시민과 그들의 소유는 공격의 대상으로 삼지 않는 것이다.(Docherty, 2012, p.24) 비례(proportionality)의 원칙은 명확한 군사적인 이득이 기대된다고 하더라도 이를 추구하는 과정에서 시민을 다치게 하거나 그들의 소유물을 파괴하여 과도하게 시민의 삶을 해칠 수 있는 가능성이 있는 공격을 금지하는 것을 말한다. 또 군사적 필요성(military necessity)의 원칙은, 군사행동을 계획하는 군대는 일정 순간 군사적 상황의 실제적 요건을 따지고 나서 전투 목적을 추구해야 한다는 것을 말한다. 예를 들어 완전자율 로봇 보초에 의해 한번 사격당한 침입자가 사격 소리에 땅에 쓰러져 가벼운 부상을 당한 상황에 처해 있다고 가정해보자. 자율 보초가 사망에 이르게 될 수 있는 추가 사격을 하지 않고, 빠른 행동으로도 침입자를 체포할 수 있는지 혹은 심하게 부상을 당해서 더 이상 위협이 되지 않는지 결정하기가 매우 어렵다고 볼 수 있다. 그래서 로봇 보초는 (보초 병사라면 죽이지 않았을) 침입자에게 불필요하게 추가 사격하여 침입자를 사망에 이르게 할 수도 있다.(Docherty, 2012, pp.34-35) 또 마르텐스 조항(Martens Clause)은 '인간성의 원칙'과 '보편적 양심(public conscience)'의 명령에 따라서 전쟁 수행 수단이 평가되어야 한다는 것이다. 많은 전문가들과 대중들은 인간의 감독이나 인간의 의미 있는 통제 없이 자율무기에 치명적 공격력을 허용해야 하느냐에 대해서 강한 비판적 의견을 가지고 있다.(Boulanin and Verbruggen, 2017)

다음으로는 대표적인 자율무기 반대 시민단체인 HRW(Human Rights Watch)의 입장을 중심으로 자율무기가 현대의 '새로운 전쟁'의 맥락에서 구별의 원칙과 비례의 원칙을 준수하기 어려운가를 검토한다.(Docherty, 2012, pp.30-34) 새로운 전쟁이란 군사 폭력의 탈국가화와 탈영토화를 함축하는 현대의 파편화한 전쟁을 말한다.(뮌클러, 2017, chap.9) 국가 간 전쟁보다는 비국가 집단이나 민간 세력들이 폭력을 동원하는 비정규전이 전쟁의 새로운 형태로 주목받고 있는 것이다. 새로운 전쟁이 더 빈발함으로써 자율무기의 도입을 선도하는 미국, 이스라엘, 유럽 국가들은 국가 간 전쟁보다는 오히려 반란 진압 전쟁이나 비정규전에 더 많이 관여하고 있다. 군사 로봇이 이러한 전투 상황에서 군인들의 인명 피해를 줄이는 수단으로 효용성이 크다고 볼 수 있다. 그런데 민간 무장 세력들이 연루되는 비정규전이나 시가전의 경우에, 완전자율무기라도 군인들과 민간인의 차이를 알아차리고 해석할 능력을 가지기 어렵다. 내전의 성격을 보이는 시가전 상황에서는 합법적인 공격 대상과 비전투원을 구별하는 것이 어려워지게 되는 것이다.

도시에서 벌어지는 내전이나 비정규전의 전투 상황에서는 민간 무장 세력들은 군복을 입지 않고 전투원 표식을 달지 않는다. 이들은 오히려 의도적으로 민간인들과 섞여서 행동하려고 한다. 물론 이런 상황에서도 인간 병사들은 무장 민간인들의 행동이나 '적대행위에의 직접적 참여'로 전투원인지 비전투원인지를 식별할 수도 있다.(Docherty, 2012, p.30) 그런데 '적대행위에의 직접적 참여'도 합의되기 어려운 개념이지만 이러한 구별을 할 수 있는 능력을 로봇 병사가 습득하기는 매우 어렵다고 할 수 있다. 더구나 민간 반란군들은 주저하지 않고 오히려 의도적으로 로봇의 약점을 이용하여 무기를 숨기거나 로봇을 속이는 방법을 활용한다.

더 심각한 문제는 완전자율무기는 공격 대상을 구분하는 열쇠라고 할 수 있는 인간의 의도를 평가하는 데 필요한 감정과 이해와 같은 인간적 자질을 갖기 어렵다는 점이다. 말하자면 의도의 판별(attribution of intention)이 중요하다는 것이다. 이의 한 방법은 개인의 감정 상태를 이해하는 것인데, 감정을 가진 다른 인간이 할 수 있는 일이지 기계가 할 수 있는 일은 아니라고 할 수 있다. 인간은 이러한 감정을 통해서 서로를 이해할 수 있다. 그러나 자율무기가 완전 자율성을 가지더라도 인간의 감정이나 이해에 도달하기는 어려울 것이다. 예를 들어 무장한 인간 병사 근처에서 장난감 무기를 가지고 서로 장난치는 어린 두 아들을 말리려고 소리치면서 인간 병사 쪽으로 달려가는 어머니가 있는 상황을 설정해보자. 인간 병사들은 그 어머니나 두 아들이 무해하다는 것을 이해할 것이다. 그러나 무장 로봇이라면 달려오는 어머니와 '무장한' 두 개체만을 인지하게 될지 모른다. 군인 병사는 이들을 향해 총을 쏘지 않을 테지만 무장 로봇은 공격을 가할 수 있다. 단순한 예이지만 기계에게 살상 무력이 필요하다고 판단되는 경우에도 상황적 맥락에 따라 그러한 판단이 부적절한 경우가 무수히 많다고 볼 수 있는 것이다.

비례의 원칙은, 무력 사용 시 민간의 피해가 기대되는 군사적 이득을 훨씬 상회하지 않아야 된다는 것을 말한다.(Docherty, 2012, pp.32-34) 구별의 원칙과 마찬가지로 비례의 원칙은 국제인도주의법에서 가장 복잡한 이슈 중의 하나이다. 비례의 원칙은 쉽게 선언할 수 있지만 적용하기는 무력충돌의 국제법 중에서 가장 어렵다고 할 수 있다. 한 군사 로봇 전문가에 따르면, 비례의 원칙은 "추상적이고, 쉽게 계량화할 수 없으며, 특정한 맥락에 의존하고, 주관적인 가치 측정에 관련되어 있다."(Asaro, 2009, p.21)

군사작전이 비례의 원칙에 맞는지 판정하는 것은 그러한 전투행위가 이루어지는 구체적인 상황과 맥락에 거의 달려 있다. 한 상황에서 적절한 전투행위가 상황이 조금 달라져도 비례의 원칙에 맞지 않을 수 있는 것이다. 무력 공격에서 비례의 원칙은 개별적인 사례 별로 판단되어야 현실적 의미를 갖게 된다. 로봇이 실시간으로 해석하고 반응해야 할 무수히 많은 상황에 대해 미리 시나리오를 만들어 대응한다는 것은 거의 불가능하다. 군사적 교전에서 동시에 일어날 수 있는 그러한 상황이 매우 미묘하고 그 수도 아주 방대하므로 이는 군사 로봇의 행동을 혼란에 빠뜨리게 하고 매우 치명적인 결과를 야기할 수 있다.

비례의 원칙을 준수하는 것은 로봇의 자동화된 의사결정의 특징이라기보다는 인간의 주관적인 판단을 수반하는 문제가 된다. 한 전문가에 따르면 군사적 상황을 비례의 원칙에서 판단한다는 것은 군 지휘관들에게는 무엇보다 양식의 문제이며 선의와 신념의 문제이다. 비례의 원칙의 판단은 양적 자료의 균형된 판단 이상을 의미하는데, 이러한 원칙을 평가하는 데 필요한 인간적 판단에서 작용하는 심리적 과정을 복제하도록 로봇을 프로그램화하기 어렵다고 할 수 있다. 예를 들어보자. 적대적인 무장 단체의 지도자를 무인 항공기 공격으로 살해하려는 작전의 경우 비례의 원칙을 평가하는 데 있어서 두 가지 문제에 직면한다. 우선 타격 대상이 수시로 움직이는 도시 공간에서는 많은 민간인과 차량들이 무수히 움직인다. 비례의 원칙에 맞게 타격 장소와 시점을 정하는 것이 매우 어려울 수밖에 없다. 전문가들은 자율 항공기가 그러한 상황을 고려하도록 설계될 수 있을지에 대해서 회의적으로 생각한다. 또한 로봇 항공기가 그러한 공격을 할 때 민간인 인명 피해와 재물 피해가 공격의 이득을 넘어서는지에 대한 판단은 구체적인 상황에 따라 다르게 나타날 수 있다. 이것은 일종의 가치 판단에 해당하는데, 알고리즘으로 환원시켜서 계산할 수 있는 문제를 넘어서는 것이라고 할 수 있다.(Docherty, 2012, pp.33-34)

6. 결론

앞에서 언급한 바와 같이 2000년대 이후는 자율무기체계가 등장하기 시작했다는 의미에서 그 이전 시기의 '자동화의 시대'에 비교해 '자율성의 시대'라고 명명할 수 있을 것이다. 이러한 자율성의 시대는 과학기술의 영향이 커지기 시작한 16세기 이래 20세기에 걸쳐서 일어난 변화보다도 더 근본적인 변화가 일어난 시기로 기록될지 모른다. 앞으로 자율성의 시대가 깊어질수록, 자율무기와 군사 로봇이 역사 이래 전쟁 행위의 주체로 인식되어온 인간들을 서서히 대체해나갈 수 있기 때문이다.

　사실 군사 분야에서 오래전부터 부분적으로 무인체계가 도입되었다. 그런데 2000년대 이후 여러 국가에서 군사 로봇과 자율무인체계의 개발과 도입이 본격적으로 이루어지고 있다. 미국 본토에서 일어난 2001년 9·11 테러 사건과 뒤이은 이라크전쟁을 계기로, 미국은 무인무기체계를 본격적으로 도입하기 시작했다. 특히 2010년대에 들어 인공지능 기술의 도약을 배경으로 자율무기를 둘러싸고 국제 경쟁이 치열해지고 있다. 이러한 변화를 선도하는 미국은 많은 새로운 무인무기를 개발하고 전장에 배치하고 있다.

이러한 자율무기 혹은 무인무기들은 자율성의 수준에서 완전자율무기는 아직 많지 않고 인간이 원격 조종하거나 인간의 감독을 받는 부분 자율무기가 상대적으로 더 많다. 그러나 인공지능과 로봇기술의 발전이 가속화되면 완전 자율무기가 일반화될 것이고 더 많은 자율살상무기가 전장에 배치될 것이다. 미국에서는 군사 드론 등 자율무기의 개발과 도입 그리고 군사작전 개념의 혁신을 위한 군사 예산이 증가하고 있다. 2013-2017년 무인무기의 개발과 도입을 위한 국방예산이 매년 50-70억 달러에 이르고 있다.

이 글은 이러한 군사기술의 발전과 자율무기의 도입을 배경으로 자율무기의 등장과 확산이 미래 전쟁에 어떠한 영향을 미치는지 분석하였다. 미래 전쟁은 '미래의 전쟁'과 '전쟁의 미래'로 구분될 수 있다. 이 글에서는 누가 적인지, 전쟁의 정치적 목적이 무엇인지 논의하는 미래의 전쟁보다 무기의 발전과 군사조직의 변화가 전쟁에 미치는 영향을 중심으로 분석하는 전쟁의 미래에 초점을 두었다. 전쟁의 미래에 대한 영향을 전쟁 수행 주체의 변화와 전쟁 수행 방식의 변화의 측면에서 검토하였다.

첫째, 전쟁 수행 주체의 변화의 측면에서 보면 로봇 무기와 로봇 병사가 인간 병사를 급격하게 대체하지 않고 오히려 보조적인 역할에 머물고 있지만, 이러한 사정은 서서히 변화되어나갈 것이다. 우선 전투 임무에서 로봇 병사의 역할이 커지고 인간 병사가 전장에 직접 투입되는 정도는 줄어든다고 할 수 있다. 인간 병사는 전투 임무보다는 로봇 무기를 관리하고 운용하는 역할을 하게 된다. 이러한 현상은 미국의 경우 해군과 공군에서 더 두드러지게 나타나지만 점차 지상군으로 확산되어나갈 것이다. 이를 위해 미국이나 우리나라를 비롯한 여러 국가에서 로봇 운용 부대조직이 만들어지고 교리나 교육제도가 신설되고 있다. 장기적으로 로봇 무기와 병사들이 주도적인 역할을 하고 인간 병사들은 보조적이고 관리적인 역할을 하게 될 경우 오랫동안 형성되어온 인간 중심의 전쟁 관념과 제도가 변화되는 시기가 도래할 수 있을 것이다.

둘째, 전쟁 수행 방식에도 큰 변화가 예상된다. 이 글은 미국을 중심으로 이러한 변화를 추적해보았다. 우선 미국은 장기적 전망에서 인공지능과 자율무기의 혁신과 발전을 기반으로 새로운 군사기술전략인 3차 옵셋 전략을 추진하고 있다. 미국은 이러한 전략을 무엇보다 '자율성의 시대'에서 군사기술혁신, 자율무기체계 도입, 군사전략의 혁신을 선도하기 위한 목적에서 추진하고 있다. 또 이지스 구축함이나 F-35 스텔스 전폭기 등 고가의 무기체계를 기반으로 한 현재의 플랫폼 전략을 다수의 무인 무기들을 통합하여 군사 작전을 전개하는 스워밍 전략으로 전환하는 노력들이 이루어지고 있다. 또한 군사작전과 전술 수준에서 무인 무기체계와 운영 전술을 결합한 작전 알고리즘의 도입을 추진하여 군 인력 소요를 크게 줄여나가고 있다.

이러한 군사 로봇의 등장, 특히 살상용 완전자율무기인 킬러 로봇의 개발과 도입은 중대한 윤리적, 법적 이슈를 제기한다. 이에 따라 킬러 로봇 사용의 금지를 촉구하고 주장하는 국제적인 시민사회 운동들이 다양하게 나타나고 있으며, 제한적이나마 국제연합에서도 이에 대한 토의가 시작되었다. 우선 윤리적으로는 금지운동의 주장에 의하면, 기계가 독립적인 판단으로 사람을 살상하도록 허용될 수 있는가의 문제가 생긴다. 이러한 판단은 실용적 판단이 아니라 도덕적 판단이라고 할 수 있는데, 이러한 도덕적 판단을 로봇에게 맡기는 것은 인류문명의 윤리적 토대를 붕괴시킬 만한 일이라고 볼 수 있다. 또 무력충돌과 전쟁에 관련된 국제인도주의법에서 볼 때 킬러 로봇은 전장에서 전투원과 민간인을 구별하여 전투행위를 해야 한다는 구별의 원칙과 전투를 수행할 때 전투부대는 수반되는 민간인 인명 살상이나 재산 피해가 군사적 목적을 상회하지 않아야 한다는 비례의 원칙에 대해 중대한 도전을 제기하고 있다.

특히 킬러 로봇의 확산은 사회전, 비정규전, 시가전의 특징을 보이는 새로운 전쟁의 맥락에서 훨씬 더 큰 부정적 영향을 미칠 수 있다. 킬러 로봇이 전장에 배치되는 인간 병사의 수를 줄이고 전투 임무를 더 많이 수행할 수 있다. 그렇지만, 군인과 민간인들이 섞여 있고 민간인과 민간 전투원이 거의 구분되지 않는 도시 전장 상황에서 발생할 수 있는 다양한 맥락을 사전에 프로그램화하여 군사 로봇의 살상과 파괴기능을 조절할 수 있느냐의 문제는, 강한 인공지능의 시대에서도 계속 제기될 것이다. 더구나 킬러 로봇이 이러한 전장에서의 수많은 상황과 맞닥뜨리면서 인간의 복잡한 심리에서 나오는 의도와 감정을 바르게 이해하고 공감하여 판단하고 행동할 수 있는가의 문제는, 완전히 해결되기가 매우 어렵다고 볼 수 있다.

참고문헌

류병운, 「드론과 로봇 등 자율무기의 국제법적 적법성」, 『홍익법학』 17(2), 2016, pp.61-80.

마틴 반 크레벨트, 『과학기술과 전쟁: B.C. 2000부터 오늘날까지』, 이동욱 옮김, 황금알, 2006.

사이언티픽 아메리칸 편집부, 『미래의 전쟁: 과학이 바꾸는 전쟁의 풍경』, 이동훈 옮김, 한림출판사, 2017.

이근욱, 「미래의 전쟁과 전쟁의 미래: 이라크 전쟁에서 나타난 군사혁신의 두 가지 측면」, 『新亞細亞』 17권 1호, 2010, pp.137-160.

이근욱, 「전쟁과 군사력, 그리고 과거와 미래」, 『미래 전쟁과 육군력』, 한울, 2017, pp.18-39.

최석철, 「미래전은 5차원 전쟁」, 『과학동아』 10호, 2010.

피터 W. 싱어, 『하이테크 전쟁: 로봇 혁명과 21세기 전투』, 권영근 옮김, 지안, 2011.

헤어프리트 뮌클러, 『파편화한 전쟁: 현대와 전쟁 폭력의 진화』, 장춘익·탁선미 옮김, 곰출판, 2017.

Andrew Ilachinski, *AI, Robots, and Swarms: Issues, Questions, and Recommended Studies,* CNA Analysis & Solutions, 2017. Jan.

Arthur Holland Michael and Dan Gettinger, "The Drone Revolution Revisited: An Assessment of Military Unmanned Systems in 2016," *The Center of the Study of the Drone at Bard College,* 2016. 9.

Bonnie L. Docherty, *Losing Humanity: The Case against Killer Robots,* Human Right Watch/International Human Right Clinic, 2012. 12. 5.

Dan Gettinger, "Drone Spending in the FY 2017 Defense Budget," The Center of the Study of the Drone at Bard College, 2016.

Dan Gettinger, "Drone Spending in the FY 2018 Defense Budget," The Center of the Study of the Drone at Bard College, 2017.

Elsa B. Kania, *Battlefield Singularity: Artificial Intelligence, Military Revolution, and China's Future Military Power,* Center for a New American Security. 2017. 11.

Geoff Dyer, "US Military: Robot Wars," Financial Times, 2016. 2. 8.

Greg Allen and Taniel Chan, *Artificial Intelligence and National Security,* Harvard Kennedy School Belfer Center Study, 2017.

Ian G. R. Shaw, "Robot Wars: US Empire and Geopolitics in the Robot Age," *Security Dialogue,* 48(5), 2017, pp.451-470.

International Committee of Red Cross(ICRC), *Autonomous Weapon Systems: Implications of Increasing Autonomy in the Critical Functions of Weapons,* Expert Meeting, Versoix, 2016. 3. 15-16.

International Red Cross, "Interview with Peter W. Singer," *International Review of the Red Cross* 94(886), 2012. Summer.

Jeffrey L. Caton, "Autonomous Weapons Systems: A Brief

Survey of Developmental, Operational, Legal, and Ethical Issues," Strategic Studies Institute, US Army College, 2015. Dec.

Joey Cheng, "The Micro-Robots Are Coming," *Military Periscope,* 2017. 1. 24.

John Arquilla and David Ronfeld, *Swarming: the Future of Conflict,* National Defense Research Institute, RAND, 2000.

John Markoff and Matthew Riseberg, "China's Intelligent Weaponry Gets Smarter," New York Times, 2017. 2. 3.

Jürgen Altman and Frank Sauer, "Autonomous Weapon Systems and Strategic Stability," *Survival* 59(5), 2017, pp.117-142.

Lawrence Freedman, *The Future of War: A History,* PublicAffairs, 2017.

M. L. Cummings, "Artificial Intelligence and the Future of Warfare," *Research Paper,* Chatham House, The Royal Institute of International Affairs, 2017.

Matthew Fuhrmann and Michael C. Horowitz, "Droning On: Explaining the Proliferation of Unmanned Aerial Vehicles," *International Organization,* 71(2), 2017, pp.397-418.

Noel Sharkey, "The Ethical Frontiers of Robotics," *Science,* 322(5909), 2008. 12. 19.

Paul Scharre et al., "Global Perspectives: A Drone Saturated Future," *Center for a New American Security,* 2016.

Paul Scharre, *Robotics on the Battlefield Part II: The Coming Swarming,* Center for a New American Security, 2014.

Peter M. Asaro, "Modelling Moral User," *IEEE Technology and Society Magazine,* 2009. Spring, pp.20-24.

Peter W. Singer, "Robots at War: The New Battlefield," *Wilson Quarterly,* 2009. Winter, pp.30-48.

Robert H. Latiff, *Future War: Preparing for the New Global Battlefield,* Alfred A. Knopf, 2017.

Robin Geiss, "The International-Law Dimension of Autonomous Weapon Systems," *Friedrich Ebert Stiftung,* 2015. October.

Ronald C. Arkin, "Ethical Robots in Warfare," *Georgia Institute of Technology,* College of Computing, Mobile Robot Lab, 2009.

Rosa Brook, "In Defense of Killer Robots," *Foreign Policy,* 2015. 5. 18.

Stephen P. Rosen, *Winning the Next War: Innovation and the Modern Military,* Cornell University Press, 1994.

UNDIR(United Nations Institute of Disarmament Research), *The Weaponization of Increasingly Autonomous Technologies: Concerns, Characteristics and Definitional Approaches, A Primer,* UNDIR Resources No. 6. 2017.

United States Department of Defense, *Directive on Autonomy in Weapon Systems,* Nr. 3000.09, 2012. 11. 21.

Vincent Boulanin and Maaike Verbruggen, *Mapping the Development of Autonomy in Weapon Systems,* SIPRI(Stokholm International Peace Research), 2017.

Vincent Boulanin, *Mapping the Development of Autonomy in Weapon Systems: A Primer on Autonomy,* SIPRI(Stokholm

International Peace Research), 2016.

William H. McNeil, *The Pursuit of Power: Technology, Armed Forces, and Society since A.D. 1000*, University of Chicago Press, 1982.

"'AI' special report," *Economist*, 2016. 6. 25th.

"The new battlegrounds: The future of war," *Economist*, 2018. 01. 25th.

8장

인공지능 시대 제조업 변환과 개도국 발전

배영자

인공지능에 기반한 스마트 팩토리Smart Factory의 부상으로 인해 노동 수요가 감소할 것으로 예측되면서 향후 노동시장과 고용구조의 변화, 복지제도 개편에 대한 논의가 진행 중이다. 이제까지는 선진국을 중심으로 자국 제조업 경쟁력 강화나 노동구조 변화에 대한 대응을 논의해 왔다. 현재와 같이 상품 생산이 세계 생산네트워크 안에서 통합된 구조로 이루어지고 개발도상국들이 저임금에 기반하여 노동집약적인 부분을 담당하는 상황에서, 인공지능과 스마트 팩토리의 부상, 이로 인해 선진국으로 생산시설이 이전되는 리쇼어링의 진행은 개발도상국의 경제발전에 지대한 영향을 미칠 수밖에 없고, 이들 국가들의 경제발전 전략과 산업정책의 대대적인 조정이 불가피해 보인다. 그럼에도 불구하고 현재 4차 산업혁명과 인공지능의 부상이 개도국에 가져오는 변화와 대응에 관한 문제제기와 논의는 활발하게 이루어지지 않고 있다.

이 장에서는 인공지능에 토대한 스마트 팩토리 확산과 리쇼어링 현황을 간단히 소개하고 4차 산업혁명과 인공지능의 부상이 개도국 발전에 주는 기회와 위협을 정리하였다. 아울러 향후 제조업 생산을 둘러싼 다양한 시나리오에 대한 개도국의 대응 방향을 논의하고 국제기구와 선진국 지원의 필요성을 강조하였다.

1. 문제제기

4차 산업혁명을 이끄는 인공지능, 사물인터넷 등 기술의 발전으로 상품 생산방식과 제조업에 중대한 변화가 진행되고 있다. 4차 산업혁명의 진행으로 생산과정이 기계화·자동화되면서 노동 집약적 제조 부문이 자본 및 기술집약적 부문으로 변모되고 있다. 독일, 미국, 일본 등 선진국들은 다양한 ICT기술들을 활용하는 생산과정 자동화를 중심 내용으로 소위 '인더스트리Industry 4.0' 전략을 추진하고 있으며, 스마트 팩토리의 구체적 내용과 함의에 대해 많은 논의가 이루어지고 있다. 현재까지의 논의는 주로 선진국을 중심으로 어떻게 제조업 경쟁력을 다시 확보할 수 있을지와 이로 인한 국내 수준의 산업구조나 고용구조의 변화에 초점이 맞추어져 있다.

이제까지 상품의 생산과 유통은, 일반적으로 연구개발과 디자인 부문을 선진국이 담당하고, 실제 제품생산은 중견국과 개도국이 담당하는 세계생산네트워크(Global Production Network) 안에서 노동 분업 구조하에서 진행되어왔다. 일반적으로 개도국들의 산업정책은 국내 저임금 노동시장을 토대로 세계생산네트워크 내에서 노동 집약적인 부문을 담당하면서 생산체제에 진입하고 이후 기술발전 등을 통해 보다 부가가치가 높은 부문으로 이동하는 내용으로 추진되어왔다. 현재 진행 중인 인더스트리 4.0으로 선진국 본국에서 스마트 팩토리가 부상하면서 여기에서 생산을 직접 담당하게 되고 기존에 개도국으로 아웃소싱되었던 부문들이 선진국으로 되돌아오는 리쇼어링Reshoring 현상이 가속화될 것이라는 예측도 제기된다.(Foerstl et al., 2016)

이 장에서는 4차 산업혁명의 진행과 함께 실제로 어느 정도나 스마트 팩토리가 확대되고 있으며, 상품의 조립을 담당하던 개도국이나 선진국 제조업의 중간 공정을 담당하던 일부 국가들로부터 선진국 기업이 철수하고 본국으로 이동하는 리쇼어링 현상이 어느 정도 진행되고 있는지, 이러한 변화를 포함한 4차 산업혁명의 진행이 개도국의 발전과 산업정책에 시사하는 바가 무엇인지를 고찰하고자 한다.

2. 세계생산네트워크와 개도국 발전

20세기 후반 이후 생산 과정의 세계화가 가속화되면서 특정한 유형의 노동 분업구조에 토대한 세계생산네트워크가 발전되어왔다.(Gereffi et al., 2011)[1] 특정 상품의 생산과 관련된 전후방 연계(backward and

---

1 세계생산네트워크도 논자에 따라 Transnational(Global) Production Network, Global Commodity Chains(GCC), Global Value Chains(GVC) 등 다양한 개념으로 불리고 있다.

forward linkage)를 통합적으로 생산네트워크, 가치사슬 등으로 명명하고 특정 상품의 생산과 관련된 지배구조를 파악하는 다양한 유형의 이론들이 등장하였다. 이 가운데 특히 세계생산네트워크 이론은, 산업발전을 세계 경제 수준에서 분석하면서, 세계화된 산업구조 안에서 특정 국가의 정책이나 기업구조가 그 산업의 생산네트워크의 특징적 성격과 조응하여 개별 국가의 산업 발전이 이루어져왔다고 주장한다.

이 이론의 주요한 특징을 요약하면 다음과 같다. 첫째, 원자재 공급에서부터 부품 제조, 완성품 조립, 판매에 이르는 과정에 대한 구체적 서술을 기반으로 한다. 둘째, 각 단계의 과정이 구체적으로 어느 지역 (국가)에서 어떤 기업에 의해서 수행되는지, 그 기업이나 국가가 왜 그리고 어떻게 특정한 역할을 수행하게 되었는지를 초국적 기업, 국내기업, 국가 간의 역동적인 상호작용을 통해 설명하고자 한다. 셋째, 어느 부문에 참여하고 있는 기업 혹은 국가가 전체 네트워크를 주도하고 통제하면서 가장 높은 부가가치를 획득하는지 소위 산업의 거버넌스 양상을 분석한다. 세계생산네트워크는 다양한 국가의 다양한 기업들이 어우러진 촘촘한 네트워크로 구성되어 있으며, 각 기업들은 네트워크 안에서 특정한 역할을 수행하고, 산업에 따라 네트워크를 주도적으로 운영하는 기업들의 특성이 다르게 나타난다.

일반적으로 세계생산네트워크 내에서 높은 부가가치가 창출되는 새 상품 개발을 위한 연구개발, 디자인 그리고 브랜드 마케팅은 자본과 지식 측면에서 진입장벽이 매우 높아 선진국 기업들이 주로 수행하고 있고, 상대적으로 저부가가치 부문인 상품 제조는 인건비가 저렴한 개발도상국 기업들이 맡고 있는 구조를 보이고 있다. 예컨대 [그림 11]에서와 같이 직물의류산업에서 직물 및 의류 브랜드와 마케팅은 이탈리아 미국 기업이, 직물제조 기계류는 일본이, 원사 및 직물제조는 한국, 대만, 중국이, 의류 제조는 인건비가 상대적으로 낮은 베트남, 방글라데시, 인도네시아 기업이 담당하고 있다.

[그림 11] 직물의류산업 생산네트워크

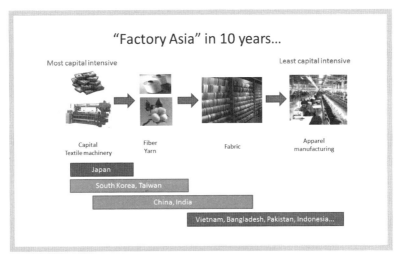

[출처] Sheng Lu, "Global Apparel & Textile Trade and Sourcing," Worldpress.com, 2015.

현재 진행 중인 인더스트리 4.0과 스마트 팩토리의 부상으로 인해 노동 수요가 감소할 것으로 예측되면서 향후 노동시장과 고용구조에 미치는 영향에 대한 논의가 진행 중이다. 이제까지 논의는 국내적 차원의 노동시장과 실업 문제 등을 중심으로 이루어져왔다. 현재와 같이 상품의 생산이 글로벌한 차원에서 통합된 구조로 이루어지고 개발도상국들이 저임금에 기반하여 생산과정에서 노동집약적인 부분을 담당하는 구조에서, 인더스트리 4.0 전략과 스마트 팩토리의 부상은 개발도상국의 발전에 지대한 영향을 미칠 수밖에 없고 이들 국가들의 경제발전 전략과 산업 정책의 대대적인 조정이 불가피한 상황으로 보인다. 그럼에도 불구하고 현재 4차 산업혁명이 개도국에 가져오는 변화와 대응에 관한 문제제기와 논의는 활발하게 이루어지지 않고 있는 실정이다.

3. 4차 산업혁명과 제조업의 변화:
스마트 팩토리와 리쇼어링

스마트
팩토리

정보통신기술 발전과 제조업 생산방식의 변화는 비교적 오래전부터 논의되어왔지만 최근 인더스트리 4.0 개념은 4차 산업혁명과 연계되면서 더욱 주목받고 있다.(슈밥, 2016; 송성수, 2017) 4차 산업혁명 논의는 2011년 독일인공지능연구소(DFKI)가 제기한 인더스트리 4.0에 관한 논의의 연장선상에 놓여 있다.(BMBF, 2013) 엄밀하게 말하면 4차 산업혁명 논의는 인더스트리 4.0 논의와 다소 차이가 있지만 일반적으로 양자는 비슷한 맥락에서 이해되고 있다.[2]

18세기 증기기관 발명과 기계식 생산방식 도입(1784년 최초의 기계식 방직기)으로 생산성이 크게 향상되어 1차 산업혁명(인더스트리 1.0)이 시작되었다. 19세기 컨베이어벨트(1870년 신시내티 도축장 최초의 컨베이어벨트)가 자동차 공장에 도입되고 증기기관을 대신하는 전기 동력

---

2 예컨대 인더스트리 4.0 논의에 따르면, 이전 인더스트리 1.0, 2.0, 3.0 단계 각각의 핵심기술은 역직기, 도축장 해체라인, PLC이다. 이는 일반적으로 1차, 2차, 3차 산업혁명의 핵심기술이라 인식되는 증기기관, 백열등, 컴퓨터와 인터넷과 차이를 보이고 있다.

이 공장에 도입되면서 분업과 자동화 생산이 급속히 확산되는 2차 산업혁명(인더스트리 2.0)이 도래하였다. 1970년대부터 현재까지 IT와 로봇, 컴퓨터를 통한 자동화 대량생산체계(1969년 최초의 Programmable Logic Controller)가 중심이 되고 있는 3차 산업혁명(인더스트리 3.0) 시기이다. 인더스트리 4.0은 기계와 사람, 인터넷 서비스가 상호 연결되어 유연한 생산체계를 구현하여 다품종 대량생산이 가능한 생산 패러다임을 일컫는다.

인더스트리 4.0은 제조업 혁신을 위해 독일 정부가 발표한 제조업 전략에서 유래하였다. 인더스트리 4.0에는 사물인터넷(IoT), 기업용 소프트웨어, 위치정보, 보안, 클라우드, 빅데이터, 심지어 3D, 증강현실에 이르기까지, ICT 관련 기술들이 대거 동원되고 있다. 이제까지의 공장 자동화는 미리 입력된 프로그램에 의해 생산시설이 수동적으로 움직이는 것을 의미했다.

인더스트리 4.0에서는 생산설비 스스로 작업 방식을 결정하는 스마트 팩토리의 부상이 주목된다. 스마트 팩토리는 센서, 증강현실 등의 ICT가 결합된 생산시설로서, ICT 사물인터넷과 융합 생산공정, 스마트메모리 등의 무선통신 등을 이용하여, 설비 자재 상품이 각각 정보를 주고받아 스스로 생산, 공정 통제 및 수리, 작업장 안전 등을 관리하는 것을 말한다. 스마트 팩토리는 기계설비뿐만 아니라 소재·반제품에 센서와 메모리를 부착하여, 주문에 따라 설비에 가공한다. 즉, 명령을 주면 생산 공정의 병목현상을 자가 진단해 유연하게 최적 생산 경로를 결정하여 작동한다. 아울러 메모리를 기계가 읽고 소비자 선호도, 공정상태, 가공방향 등을 스스로 분석해 실시간으로 최적 경로를 계산해서, 현시점에서 가장 효율적인 경로를 선택하고 적용한다. 이에 따라 고객 맞춤형 유연한 다품종 소량생산이 가능하며, 물류와 유통 현황이 실시간으로 파악되고, 제품의 사용 및 재활용 과정 추적조사 등으로 제품 전 주기에서 최적화 상태에 대한 검토가 가능해진다.

각국은 4차 산업혁명 전략을 마련하고 스마트 팩토리를 확산하며 자국 제조업 경쟁력을 향상시키기 위해 노력하고 있다. 중국의 제조업이 급부상하면서 상대적으로 경쟁력이 약화되었던 선진국 제조업체들은 인더스트리 4.0을 통해 제조업 경쟁력을 회복하려고 노력하고 있다. 선진국들의 제조업 육성정책의 대표적인 모델은 2011년 미국의 첨단 제조 파트너십 정책과 2012년 독일의 인더스트리 4.0정책이다. 그리고 미국, 독일의 제조업 첨단화에 보조를 맞추고 대응하기 위해 한국 제조업 3.0전략(2014년), 대만의 생산력 4.0계획(2015년), 중국의 중국제조 2025(2015년) 등이 뒤따라 발표되고 시행 중이다. 각국의 정책들은 조금씩 차이가 있지만 중심 내용은 대동소이하다. 4차 산업혁명이 아우르는 신기술들을 제조업에 접목하여 자국의 제조업 경쟁력을 향상시키려는 것이다.

실제로 4차 산업혁명과 스마트 팩토리는 어느 정도 진행 중인가? 현재 스마트 팩토리에 관한 논의는 활발하지만 기업 수준의 스마트 팩토리 현황에 대한 자료는 제한적이다. 2017년 초반에 이루어진 연구에 따르면 미국 및 유럽 지역 제조업체의 경우 절반 정도가 이미 스마트 팩토리를 도입하고 있거나 곧 도입할 예정이며, 미국과 독일 기업이 가장 적극적인 것으로 나타나고 있다.

[그림 12] 세계 지역별 스마트 팩토리 침투율

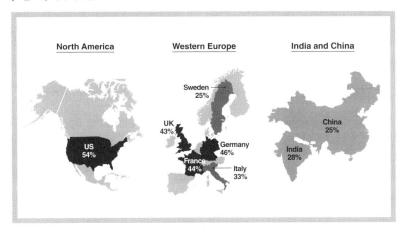

[출처] Capgemini, "Smart Factories: How can manufacturers realize the potential of digital industrial revolution," 2017.

스마트 팩토리 현황에 대한 자료가 희소한 상황에서 스마트 팩토리의 핵심적인 요소 가운데 하나인 산업용 로봇에 대한 통계가 스마트 팩토리의 구체적인 현황을 파악하는 자료로 활용되고 있다. 엄밀하게 말하면 산업용 로봇 활용이 스마트 팩토리 그 자체는 아니다. 그러나 공정과정에 로봇을 도입하는 것이 전체 스마트 팩토리 운영의 내용 가운데 하나인 것은 사실이다. 자료에 따르면, 산업용 로봇은 1990년대 이후 본격적으로 도입되기 시작하였고 2010년 후반 이후 급증하고 있는 것으로 나타나고 있다. [표 7]에 드러난 바와 같이 국가와 부문별로 다용도 산업로봇 도입 현황을 보면, 미국, 독일, 일본, 한국 등이 산업로봇 활용에 가장 적극적이며 특히 자동차 분야에서 활발하게 도입되고 있는 것으로 나타나고 있다.

[표 7] 국가별 부문별 산업용 로봇 현황

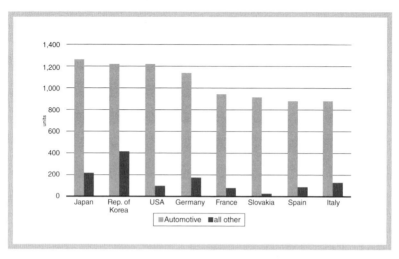

[출처] International Federation of Robotics, World Robotics Industrial Robots, 2016.

독일 아디다스는 스마트 팩토리의 확산을 주도하고 있는 대표적 기업
으로 알려져 있다.(김광석 외, 2018) 아디다스는 독일 남부 바이에른 주 안
스바흐에 독일 정부, 아헨 공대와 협력하여 자동화 시스템을 이용해 운동
화를 생산하는 스피드 팩토리를 건설했다. 스피드 팩토리는 소비자에게
최적화된 제품을 최단 시간에 공급한다는 목적하에 로봇 자동화를 통해
연간 50만 켤레의 운동화를 생산하고 있다. 아디다스 스피드 팩토리는 신
발끈부터 깔창, 뒷굽 등 다양한 옵션 중 소비자가 원하는 것을 선택하면 5
시간 내에 그 제품을 생산해내고 있으며, 3D 프린팅 기술을 활용하여 고
객 맞춤형 생산 시스템을 구축하기 위해 노력하고 있다. 테슬라의 미국 캘
리포니아 주 공장 역시 스마트 팩토리의 대표적 사례이다. 로봇 카트가 공
장 바닥에 깔린 자석 띠를 따라 제품을 이동하는 스마트 무브가 설치되어
있으며, 레이저 절단 로봇이 부품을 자르고 조립 로봇이 알루미늄과 철제
부품들을 조립해 차체를 제작한다. 로봇의 작업 내용은 데이터로 축적되며

지속적으로 업데이트될 수 있고, 새로운 작업 내용을 입력할 수 있어 지능형 유연 생산을 실현한다. 테슬라의 생산라인은 배치된 인력을 점차 줄여 나가도록 설계되어 있으며 궁극적으로는 완전 무인화 공장을 목표로 한다.

일부 국가들을 중심으로 인더스트리 4.0과 스마트 팩토리 도입이 활발함에도 불구하고, 이것이 고용구조나 해외직접투자의 흐름, 세계생산네트워크의 실질적인 변화로 이끌어지고 있는지를 확인하기는 쉽지 않다. 스마트 팩토리를 가장 빠르게 도입하고 있는 기업인 아디다스의 경우, 생산 자동화는 생각보다 빠르게 그리고 완벽하게 진행되지 않을 것이며 현재 스마트 팩토리는 아디다스 전체 연간 생산물량 3억6천만 켤레의 신발 가운데 백만 개 정도를 담당하고 있는 수준이라고 밝히고 있다.(『중앙일보』 2017. 5. 1.) 약 120단계의 과정을 거치는 운동화 제조 작업 중에서 운동화 끈을 끼우는 것과 같은 섬세한 작업은 로봇이 담당하기 어렵기 때문에 반자동 생산시설이 완전 자동화된 로봇 기반의 생산 시설보다 훨씬 더 생산성이 높고, 이런 맥락에서 대량 생산시설의 리쇼어링은 진행되지 않을 것이라는 예측도 제기된다. 즉, 스마트 제조는 대량 생산보다는 소수를 위한 맞춤형 고급 제품을 만드는 데 더 적합하기 때문에 대량 생산은 여전히 저임금 지역에, 스마트 팩토리는 프리미엄 제품 시장 가까운 곳에 위치하게 되리라는 것이다. 이런 측면에서 보면, 스마트 팩토리의 확산으로 기존 생산네트워크가 단기적으로는 프리미엄 제품 생산과 대량 생산으로 나뉘는 방식으로 조정되고, 장기적으로 스마트 팩토리가 확산되면서 저임금에 기반한 개도국에 위치한 생산시설이 감소하는 개편이 진행될 것으로 예측해볼 수 있다.

리쇼어링

자동화된 생산 시스템은 기존에 높은 인건비 등

으로 인해 오프쇼어링offshoring 정책을 펴왔던 선진국들의 인건비 문제를 해결하게 되어, 일부 선진국들에서 제조업 리쇼어링 현상을 가속화시킬 것이라는 주장이 제기되어왔다. 미국에서는 제조업 강화 전략의 일환으로 최근 몇 년 전부터 리쇼어링 정책을 추진하기 시작했으며, 이러한 제조업 리쇼어링 현상은 자국 일자리 창출에는 직접 기여하지 못하지만 연관 산업들을 파생시켜 관련 산업을 활성화시킨다고 논의된다. 오바마 정부는 리쇼어링 유인책으로 법인세 상한선을 35%에서 28%로 낮추고 제조업체의 경우 25%의 특별세율을 적용받을 수 있도록 했으며, 미국으로 공장을 이전할 경우 이전 비용의 20%를 지원하고, 도로 보수, 교량 재건 등을 위한 인프라 확충계획을 통해 제조업 환경을 개선하기 위한 노력을 기울여왔다.(임두빈, 2016) [표 8]에서와 같이 2010년 이후 실제 미국에서 리쇼어링이 활발하게 진행되었다.

[표 8] 미국 기업 리쇼어링 사례

기업명	원생산처	내용	발표연도
Ford	멕시코	트럭 제조공장 이전	2011
GE	중국	세탁기, 냉장고, 히터공장 이전	2012
Google	국내 신설	Nexus Q 제조공장 이전	2012
Lenovo	중국	컴퓨터 제조공장 이전	2012
GM	국내 신설	조립공장 신설	2013
Otis	멕시코	엘리베이터 공장 신설	2013
Apple	중국	스마트폰 부품 직접 생산	2013
Dow Chemical	국내 신설	화학제품 생산공장 신설	2013
Chevron Philips	국내 신설	에탄, 폴리에틸렌 가공 설비 신설	2013
Exxon Mobile	국내 신설	에탄, 폴리에틸렌 가공 설비 신설	2014
Whirlpool	멕시코, 중국	세탁기 등 가전공장 이전	2014

[출처] 임두빈, 「제조업 투자의 패러다임 시프트, 뉴쇼어링」, 2016.

현재 리쇼어링에 대한 연구가 활발하게 진행되고 있다. 선행 연구들에 의하면, 리쇼어링은 선진국에서 이미 2010년 전후로 진행되어왔으며 다양한 동기가 작용하는 것으로 알려져 있다. 리쇼어링의 원인으로 제품의 질, 운송비, 인프라 부족 등이 노동 비용보다 더 중요한 것으로 나타나고 있다.(De Backer et al, 2016) 생산 자동화나 스마트 팩토리의 확산도 리쇼어링의 한 원인이기는 하지만, 현재까지 이로 인한 리쇼어링은 그리 높지 않게 나타나고 있다. 2011년에서 2014년까지 실제 리쇼어링이 이루어진 통계를 보면, 주로 미국 유럽(독일, 이탈리아) 기업들이 중국, 아시아, 동유럽 등으로부터 리쇼어링하고 있는 것으로 나타난다.

[표 9] 리쇼어링 현황(2011-2014년)

Host country's region	West Europe (NO.) SMEs	West Europe (NO.) Large	North America (NO.) SMEs	North America (NO.) Large	Asia(other than China) (NO.) SMEs	Asia(other than China) (NO.) Large	Total (NO.) SMEs	Total (NO.) Large
China	86		132		5		223	
	45.3%	54.7%	62.9%	37.1%	–	100.0%	54.7%	45.3%
Asia(other than China)	22		25		1		48	
	27.3%	72.7%	52.0%	48.0%	–	100.0%	39.6%	60.4%
Eastern Europe	44		1		–		45	
	36.4%	63.6%		100.0%			35.6%	64.0%
Western Europe	26		5		–		31	
	3.0%	96.0%	20.0%	80.0%	–	–	6.0%	93.0%
Central and South America	7		11		–		18	
	28.0%	71.0%	18.0%	81.0%	–	–	22.0%	77.0%
North Africa and Middle East	6		1		–		7	
	–	100.0%	–	100.0%		100.0%	–	100.0%
North America	3		1		–		7	
	–	100.0%	–	100.0%	–			100.0%
Oceania	–		1		–		1	
	–	–	100.0%	–	–	–	100.0%	–
Total	194		177		6		377	
	33.0	67.0	56.5	43.5	–	100.0	43.5	56.5

[출처 Fratocchi et al., "Motivations of manufacturing reshoring: an interpretative framework," 2016.

오프쇼어링의 주요한 원인인 노동비용과 시장 요인은 아직도 리쇼어링이 전면적으로 진행되기 어려운 상황임을 시사해준다. 2016년 통계에 따르면, 제조업에서 시간당 노동비용이 인도에서 1.7달러인 반면 중국 3.3, 한국 20.7, 일본 24.0, 미국 38.0, 독일 45.5달러로 나타나고 있다.(Majumdar et al., 2016) 즉, 미국 및 유럽 국가들과 중국 인도의 노동비용의 차이는 여전히 큰 편이며, 아디다스의 경우와 같이 완전 자동화된 생산보다 노동과 결합된 반자동 생산이 당분간 유지될 것이고, 중국, 인도 등의 잠재적 시장 성장률이 상대적으로 빠르게 증가하고 있음을 고려할 때 제조업에서는 오프쇼어링이 지속될 것임을 예측해볼 수 있다.

현재 인더스트리 4.0의 확산으로 인한 제조업 변화가 가져올 변화에 대한 시나리오를 몇 가지로 생각해볼 수 있다.(UNCTAD, 2017) 첫째, 스마트 팩토리를 장착한 선진국을 중심으로 제조업 생산시설이 대거 옮겨가는 것이다. 즉, 리쇼어링이 활발하게 진행되면서 선진국이 제조업의 구심점으로 부상한다. 둘째, 스마트 팩토리가 확산은 되지만 유연성도 함께 증대하고 시장의 중요성이 인식되면서 성장하는 시장 가까이에 생산시설이 위치하는 것이다. 이 경우 개도국, 특히 방대한 시장을 가진 중국이나 인도 등에 스마트 팩토리가 확산되어 제조업의 구심점이 된다. 셋째, 선진국은 스마트 팩토리를 중심으로 하는 소규모 첨단 제조시설이 운영되고, 개도국에는 생산 자동화와 저임금 노동이 결합된 반자동 생산시설이 운영된다. 선진국은 프리미엄 시장, 개도국은 대량생산의 생산 거점으로 이분화되거나 아니면 선진국 개도국에 맞는 소규모 생산시설이 산재하는 형태가 된다. 넷째, 스마트 팩토리의 급속한 확산과 생산성의 증대로 선진국이든 개도국이든 인간의 노동이 들어가는 생산시설이 사라지는 것이다.(McAfee and Brynjolfsson, 2016;

UNCTAD, 2017)

자동화된 물류 공급과 생산 시스템의 확대가 개도국의 저임금 노동에 미치는 영향을 중심으로 글로벌 생산네크워크가 어떤 변화를 거치게 될지 인지하고 예측하는 것이 중요하다. 현재 각국의 4차 산업혁명과 제조업 변환을 위한 노력을 고려해볼 때, 스마트 팩토리는 선진국은 물론 개도국에까지 지속적으로 확산될 것이며, 이 과정에서 개도국의 저임금 노동에 전적으로 의존하고 있는 현재의 생산네트워크가 일정 부분 조정되어갈 것이 분명하기 때문이다.

4. 4차 산업혁명과 개발도상국의 발전

현재 4차 산업혁명에 관한 논의는 주로 선진국들을 중심으로 진행되고 있다. 선진국의 경우 현재 기술혁신을 주도적으로 이끌며, 보다 생산성 높은 경제로 이동하는 과정에서 불가피한 고용구조나 복지제도의 조정을 논의하고 있다. 4차 산업혁명이 초래할 경제사회 변화는 선진국은 물론 개발도상국에서도 매우 클 것으로 예상된다. 상대적으로 개발도상국에서 4차 산업혁명에 관한 논의는 활발하지 못하며 4차 산업혁명이 초래하는 변화에 대해 다소 수동적으로 대응하고 있다. 4차 산업혁명이 선진국과 개발도상국의 격차를 더 벌릴 수 있기 때문에 개도국 발전에 가지는 함의와 대응방안에 대한 보다 적극적인 논의가 필요하다.

4차 산업혁명이
개도국에게 주는 기회

4차 산업혁명으로 인한 개도국 일자리 위협과 부정적인 전망에도 불구하고, 4차 산업혁명과 관련된 ICT 인프라 투자가 확충되면서 개도국들이 발전을 위한 기회를 가질 수 있는 측면이 있음도 간과되어서는 안 된다. 4차 산업혁명을 추동하고 있는 기술들은 개도국들이 산업발전의 전통적인 단계들을 뛰어넘을 수 있는 기회를 창출하고 있다. 휴대폰, 모바일 뱅킹, 지역 태양열발전소, 드론 등은 모두 선진국이 오랜 시간과 높은 비용을 들여 구축해온 물리적 인프라를 넘어설 수 있는 가능성을 제공한다. 값비싼 물리적 설치비용 없이 취약한 인프라를 갖춘 지역의 기업 활동을 지원할 수 있게 되었고, 이러한 새로운 기술들을 개도국이 적극 활용하면서 보다 효율적인 인프라를 갖출 수 있는 여건이 마련되고 있다. 현재 미얀마와 필리핀에서 은행 계좌를 가진 국민이 3분의 1에서 절반 수준이다.(WEF, 2017) 이들은 뉴스나 시장에 대한 정보는 물론 교육의 기회도 가지지 못하고 있다. ICT에 토대를 둔 새로운 형태의 교육, 금융 서비스, 뉴스 서비스 등이 개도국에 도입되고 확산되면서 이를 활용한 새로운 사업들이 개도국에서 활성화될 수 있는 기회가 마련될 수 있다. 예컨대 2011년 필리핀에서 시작된 소액대출 기업 렌도Lenddo는 기존 금융권의 대출을 받기 어려웠던 소규모 기업이나 서민들을 대상으로 그들의 온라인 활동에 관한 알고리즘과 데이터 분석 방법을 적용하며 신분을 확인하고 신용을 체크하고 있다. 렌도의 신용평가나 소액대출이 성공적으로 운영되면서 현재 타일랜드와 캄보디아에까지 확산되고 있다.

개발도상국 경제의 대부분은 중소기업에 의해 운영되고 있다. ASE-AN 지역의 경우, 전체 기업의 90% 내외가 중소기업이며 국가에 따라

이들이 전체 고용의 52-97%를 차지하는 것으로 나타나고 있다.(WEF, 2017) 이들 중소기업들은 대부분 충분한 시장 정보나 금융 자원을 가지고 있지 못하다. 온라인 시장의 부상과 온라인 활동의 증가는 이러한 중소기업들에게 유용한 정보와 플랫폼을 제공하면서 지역 경제를 활성화시킬 수 있는 기회를 부여하고 있다. 실제로 아세안 지역 많은 국가에서 온라인 마켓이 빠르게 성장하면서, 기존에 오프라인 지역 시장에서만 판매가 이루어지던 물품들이 온라인 마켓을 통해 국경을 넘어 아세안 지역으로까지 확대 판매되고 많은 중소 판매업자나 기업들이 이에 참여하고 있다.

소매나 도매 온라인 시장의 확대는 시장 진출의 진입장벽을 낮추고 개발도상국 중소기업이나 중소 판매업자들에게 혁신의 기회를 제공하고 있다. 막대한 자본, 기술, 숙련노동력을 바탕으로 높은 진입장벽이 존재했던 기존 생산네트워크에 개발도상국의 참여는 쉽지 않았다. 기존의 오프라인 생산네트워크가 4차 산업혁명의 진행과 함께 각종 디지털 기기나 플랫폼을 통해 온라인으로 연결되면서 창의적이고 혁신적인 아이디어를 가진 개도국의 중소기업이나 판매업자들이 오픈 플랫폼을 활용하여 참여할 수 있는 기회가 증대되고 있다. 몇몇의 성공적인 사례에도 불구하고 상대적으로 기술 수준이 낮은 개발도상국에서 오픈 플랫폼을 활용한 성공이 용이하지만은 않은 것이 사실이다. 개발도상국 스스로가 인프라의 확충과 적절한 대응을 통해 이러한 기회들을 구체적으로 실현시킬 수 있는 전략을 마련하여야 하며, 동시에 국제사회가 이를 지원하면서 4차 산업혁명이 개도국 발전의 기회의 창이 될 수 있도록 노력을 기울여야 한다.

4차 산업혁명이
개도국에게 주는 위협

18세기 영국에서 산업혁명이 진행될 때, 방적산업에 기계가 도입되면서 소위 러다이트들을 중심으로 인간 노동력을 대신하는 기계의 도입에 반대하는 움직임이 있었다. 그러나 결과적으로 산업혁명으로 새로운 산업이 부상하면서 더 많은 일자리가 필요하게 되고 더 많은 종류의 직업이 창출되었다. 그러나 현재 진행 중인 4차 산업혁명이 새로운 산업의 창출을 통해 새로운 일자리를 창출할 것이라는 것에 대해 부정적인 견해가 압도적이다. 세계은행은 개발도상국 일자리의 3분의 2가 자동화로 인해 사라질 것으로 예상하고 있으며, 세계노동기구는 캄보디아, 인도네시아, 베트남, 타일랜드, 필리핀 등 5개국에서 자동화로 인해 향후 수십 년 동안 56%의 일자리가 사라지게 될 것이라 예측하고 있다.

개도국의 산업화는 해외투자기업의 저임금 저숙련 노동을 토대로 하여 진행되어왔다. 인공지능과 로봇, 3D프린터 등은 특히 개도국이 담당해온 저숙련 노동을 대체하게 될 것이고, 스마트 팩토리의 확산으로 유연한 맞춤생산이 가능해지면서 굳이 임금이 싼 개발도상국에 생산시설이 위치할 동기가 사라지게 된다.

개발도상국 경제 발전 전략은 세계생산네트워크에 저렴한 노동력을 토대로 진입한 후, 이를 토대로 기술축적과 산업발전을 꾀하는 것이었다. 4차 산업혁명의 진행으로 제조업에서 노동집약적 부문이 축소되고 자본과 기술집약적인 부문이 강화되고 있으며 고용 잠재력이 급감하고 있다. 이러한 변화는 현재의 세계생산네트워크에 큰 변화를 가져올 것이며, 특히 노동집약적 부문을 담당하고 있는 개발도상국들 경제 성장 전략에 큰 영향을 미치게 될 것이다. 이는 개발도상국 경제발전 전략의 수정을 요구하고 있으며, 장기적인 정치경제 발전에도 영향을 미치게 될 것이다.

로드릭Rodrik에 따르면, 서구에서 제조업에 기반한 산업화는 고용 및 생산력 증대와 노동 숙련도 및 소득 향상의 기회를 제공했고, 이는 견고한 중산층으로 성장하여 서구 국가에서 민주주의 발전의 핵심 토대가 되었다.(Rodrik, 2015) 그러나 현재 제조업이 기술발전으로 자동화되고 고용 감소가 진행되면서, 특히 개도국의 경우 선진국과 같은 산업화의 기회를 가지지 못한 채, 생산력이 낮은 서비스 부문의 고용이 급증하는 조숙한 탈산업화 현상이 진행되고 있어 경제발전은 물론 정치민주화 측면에서도 우려의 여지가 있음이 지적되고 있다. UNCTAD 역시 생산 자동화의 속도가 국가별 부문별로 차이나는 점에 주목하면서, 특히 생산자동화로 인한 개도국의 고용 및 소득 양극화에 대해 비관적인 전망을 내놓고 이에 대한 대응방안을 모색하고 있다.(UNCTAD, 2016)

4차 산업혁명의 진행으로 개도국과 선진국과의 경제적 격차가 더 크게 벌어질 위험도 존재한다. 4차 산업혁명을 주도하는 구심점 가운데 하나가 온라인 플랫폼이다. 현재의 주도적인 온라인 플랫폼은 구글, 페이스북, 아마존과 같은 선진국 기업에 의해 제공되고 있다. 구글은 검색 광고의 90%, 페이스북은 SNS의 77%, 아마존은 e-book 시장의 75%를 차지하고 있다. 개도국의 중소기업이나 중간 판매자들은 이러한 플랫폼을 활용하여 이득을 취할 수 있다. 하지만 막강한 선진국의 온라인 플랫폼 기업과 경쟁할 만한 개도국 자체의 플랫폼 기업들이 출현하고 성공하기 매우 어려운 구조이다. 아울러 개도국들은 사이버 보안에 매우 취약한 형편이고 개도국 온라인 활동의 안정성이나 사이버 범죄에 대한 우려가 증대되고 있다.

4차 산업혁명의 진행으로 인한 개도국의 기회와 위협이 위와 같이 논의되는 상황에서, 특히 현재 스마트 팩토리 확산과 리쇼어링 진행 등 제조업 변화는 세계생산네트워크 변화로 이어질 것이며, 이는 개발도상국에 기회보다는 위협 요인으로 작용할 것으로 보인다. 현재 생산네트워크 안에서 일반적으로 선진국은 브랜드 디자인과 연구개발, 개발도상국은 조립과 제조 등에 특화한 수직적 노동 분업구조를 유지해왔다.

앞에서 제시된 네 가지 시나리오 가운데, 스마트 팩토리의 확산에 힘입어 선진국이 연구개발은 물론 자동화된 생산까지 담당하며 제조업의 구심점이 되는 경우나, 완전한 생산자동화로 인한 생산성 급증으로 개도국은 물론 선진국에서도 제조와 관련된 노동력 투입이 소멸되는 경우에 대응하여 개발도상국이 취할 수 있는 전략은 많지 않다. 이제까지 제조업에 투입되었던 저임금 저숙련 노동력들이 대량 실업 상태가 되거나 일부 서비스직으로 이동하게 될 것이다. 대부분의 노동자가 1차산업이나 3차산업에 종사하게 되고, 로드릭이 주장한 바와 같이 숙련노동과 소득향상의 기회를 갖는 탄탄한 중간층을 형성할 기회를 가지지 못한 채 기술과 지식에 따른 소득불평등이 더욱 심화되는 사회로 진행될 가능성을 내포한다.

반면, 스마트 팩토리가 유연성과 결합하여 잠재시장이 거대한 개도국이 제조업의 구심점이 되는 경우나, 선진국은 스마트 팩토리에 기반한 첨단제품의 맞춤생산에, 개도국은 스마트 팩토리와 노동이 결합된 반자동 생산시설에서 표준적인 제품의 대량생산 및 지역에 특화한 상품을 생산하게 되는 경우에는 개도국이 4차 산업혁명을 기회의 창으로 활용할 수 있게 될 것이다. 이 경우에도 개도국이 현재와 같은 저임금 저숙련 노동을 중심으로 한 경제발전을 지속할 수 있는 가능성은 높지 않다. 스마트 팩토리를 활용한 새롭고 유연한 생산방식에 요구되는 기술과 숙련도를 갖춘 노동력이 요구되며, 전반적인 노동력의 질을 제고

하기 위한 다양한 교육과 훈련이 제공되어야 한다. 개도국이 여전히 제조업 생산을 담당하게 되는 경우에도 생산의 자동화와 스마트 팩토리 확산으로 인한 고용 감소 역시 피할 수 없다. 한편으로는 스마트 팩토리와 결합된 제조업 생산에 필요한 노동력 훈련과 교육을 제공하면서, 다른 한편으로는 노동력 재배치와 복지제도를 통한 조정이 요구된다.

　인공지능, 로봇, 사물인터넷 등의 기술이 이끄는 4차 산업혁명으로 인한 생산방식과 생산네트워크의 변화는, 개도국은 물론 선진국에서도 고용 구조의 변화에 따른 새로운 일자리 창출과 복지제도 개편을 요구하고 있다. 개도국의 경우는 두 가지 측면에서 4차 산업혁명으로 인한 변화에 더욱 취약하다. 첫째, 기존의 개도국 경제성장이 로봇이 쉽게 대체할 수 있는 저숙련 노동에 의존해왔다는 점에서 생산자동화와 스마트 팩토리 확산에 따른 제조업과 생산네트워크 변화에 더욱 민감할 수밖에 없다. 둘째, 개도국의 경우 저숙련 노동자의 훈련이나 대량 실업과 복지제도 개편 등을 위한 재원이 상대적으로 불충분하고 이러한 조정을 주도할 거버넌스가 효과적으로 운영되기 어려운 상황이다. 선진국의 경우, 1990년대 초반 이후 개도국으로 생산시설 이전이 활발하게 진행되면서 기술혁신을 통한 경제성장이 추구되어왔고, 서비스업 종사자 증대, 저숙련 저임금 노동자의 훈련, 복지제도의 확충이 꾸준히 진행되어왔다. 반면, 개도국의 경우, 경제성장의 성과가 자리 잡고 확산되기도 전에 새로운 경제체제가 도입되면서 변화에 더욱 민감하고 취약할 수밖에 없다.

　현재 WEF를 중심으로 4차 산업혁명에 관한 논의가 진행되고 있으며, 신기술의 변화를 주도하고, 나아가 신기술을 담는 새로운 경제의 틀을 짜기 위한 선진국 간의 경쟁에 관한 논의가 대부분이다. 신기술 도입으로 인한 새로운 경제체제의 확산 과정에는 항상 승자와 패자가 있었다. 20세기 후반 신자유주의의 확산과 몇 차례의 금융위기로 선진국과 개도국의 경제적 격차는 더욱 벌어져왔고, 선진국 혹은 개도국 내부의 빈부 격차도 함께 증대하면서 세계 수준에서는 물론 선진국 및 개도국 내부에서 사회적 불안정성과 민주주의의 쇠퇴가 경험되고 있다. 4차 산업혁명이 이러한 선진국 대 개도국 및 각 국가 내부의 기술, 지식, 소득 격차에 대한 고려 없이 진행되면서, 경제적 혜택이 지금보다 더욱 편중된다면 세계 수준의 지속적 발전과 민주주의 발전에 오히려 위협이 될 수 있다.

유엔산업개발기구(UNIDO)의 경우, 4차 산업혁명이 가져올 수 있는 기회와 도전들에 대한 인식을 개도국들이 공유하면서 개도국 노동력 훈련과 기타 경제 정책 조정 등에 관한 논의가 보다 활발하게 진행되어야 함을 강조하고 있다.(UNIDO, 2017) 개도국 스스로 4차 산업혁명에 적합한 경제성장 전략을 모색하면서, 적극적인 인프라 확충, 노동력 재교육, 복지제도 확충 등을 통해 변화에 대응하는 것이 필요하다. 아울러 선진국과 국제기구 등 국제사회가 개도국의 4차 산업혁명에 대한 대응을 지원하기 위해 노력해야 한다.

참고문헌

김광석 외, 「4차 산업혁명과 제조혁신: 스마트 팩토리 도입과 제조업 패러다임 변화」, 삼정 KPMG 경제연구원, 2018.

송성수, 「역사에서 배우는 산업혁명론: 제4차 산업혁명과 관련해서」, 『STEPI Insight』, Vol. 207, 2017.

클라우스 슈밥, 『클라우스 슈밥의 제4차 산업혁명』, 새로운현재, 2016.

임두빈, 「제조업 투자의 패러다임 시프트, 뉴쇼어링」, 삼정 KPMG 경제연구원, 2016.

「아디다스의 리쇼어링 회군, 제조업이 유럽으로 돌아온다는 건 환상」, 『중앙일보』, 2017. 5. 1.

K. De Backer et al., "Reshoring: Myth or Reality?" *OECD Science, Technology and Industry Policy Papers,* No. 27, OECD, 2016.

BMBF, "Securing the Future of German Manufacturing Industry: Recommendations for Implementing the Strategic Initiative INDUSTRIE 4.0," 2013.

Capgemini, "Smart Factories: How can manufacturers realize the potential of digital industrial revolution," 2017.

Foerstl, Kai, Jon F. Kirchoff, Lydia Bals, "Reshoring and insourcing: drivers and future research directions," *International Journal of Physical Distribution & Logistics Management,* Vol.

46(5), 2016.

Fratocchi, Luciano et al., "Motivations of manufacturing reshoring: an interpretative framework," *International Journal of Physical Distribution & Logistics Managemet,* Vol.4(2), 2016.

Gereffi, Gary et al., *Global value chain analysis: A Primier,* Center on Globalization, Governance & Competitiveness(CG-GC) Duke University, 2011.

International Federation of Robotics, *World Robotics Industrial Robots,* 2016.

Lu, Sheng, "Global Apparel & Textile Trade and Sourcing," Worldpress.com, 2015.

Majumdar, Rumki and Aijaz Hussain, "Reshoring manufacturing jobs to the United States: Myth or reality?" Deloitte University Press, 2016.

McAfee, A. and E. Brynjolfsson, "Human Work in the Robotic Future: Policy for the Age of Automation," *Foreign Affairs,* 2016.

OECD. "Enabling next production revolution—an interim project report," 2016.

Rodrik, Dani, "Premature Deindustrialization," *School of Social Science Institute for Advanced Study,* Princeton, 2015.

UNCTAD, "Robots and industrialization in developing countries," *Policy Brief 50,* 2016.

UNCTAD, "The 'New' Digital Economy and Development," UNCTAD Technical Notes on ICT for Development, 2017.

UNIDO, "Industry 4.0 Opportunities and Challenges of the

New Industrial Revolution for Developing Countries and Economies in Transition," 2017.

WEF, "ASEAN 4.0: What does the Fourth Industrial Revolution mean for regional economic integration?" White Paper, 2017, 11.

9장

포스트 휴머니즘과 인공지능의 국제정치
계몽주의와 인간중심주의를 넘어서

민병원

이 장에서는 인공지능이 전통적인 근대국가체제와 근대 국제정치질서에서 어떤 의미로 받아들여지는가를 다룬다. 이를 위해 이성과 합리성을 바탕으로 구축된 근대의 정치질서 전반을 먼저 개괄한다. 그리고 이러한 지구적 경험이 계몽사상에 기반을 둔 '인간중심주의(anthropocentrism)' 현상이라고 진단한다. 그리하여 근대의 끝자락인 21세기에 들어와 인공지능으로 대표되는 첨단기술의 발전은 인간을 만물의 중심에 위치시켜온 전통적인 사고방식으로 더 이상 이해할 수도, 관리할 수도 없다는 점을 부각하려 한다. 이러한 논의는 오늘날의

• 이 글은 2018년 『한국정치학회보』 제52집 1호에 게재된 것으로서 단행본의 취지에 맞게 수정 및 보완한 것임.

인공지능과 컴퓨터를 이용한 기계가 인간중심주의를 어떤 방식으로 무너뜨릴 수 있는지, 그리고 어떤 대안의 프레임워크를 요구하고 있는지를 중심으로 전개될 예정이다.

　무엇보다도 인간중심주의의 한계에 도달해 있는 오늘날, 인공지능의 기술적 함의는 시스템 사고 및 네트워크 패러다임과 같은 복합적이고 통합적인 프레임워크를 통해 인간을 원래의 자리로 되돌려놓을 수 있다는 점을 강조한다. 이를 통해 21세기 국제정치에서 어떤 방식으로 포스트 휴머니즘이 가능할 것인지를 탐색해본다.

1. 들어가며

오늘날 인공지능에 대한 새로운 관심은 두 가지 차원, 그러니까 첫째로 인간의 일자리 감축에 대한 위협, 두번째로는 인간의 생존에 대한 실존적 위협(existential threats)이라는 면에서 논의의 대상이 되고 있다.(Economist, 2016) 경제적 차원에서 인공지능이 인간의 일자리를 위협하는 것도 중요한 이슈라 할 수 있지만, 무엇보다도 인공지능과 이를 활용한 첨단기술이 인간의 본래 의지를 넘어서 통제할 수 없는 사태를 야기할 수도 있다는 우려의 목소리가 커지고 있다. 말하자면 인간을 위해 만들어진 기계가 인간의 존재 자체를 위협할 수도 있다는 공포가 현실화되고 있는 것이다. 이와 같은 우려는 국제정치에서 어떤 의미를 갖는 것일까? 만약 인공지능의 위협이 거부할 수 없는 하나의 실재라면, 우리는 이에 어떻게 대응해야 할 것인가? 이 논문에서는 최근 불거지고 있는 인공지능에 대한 심층적 논의가 국제정치 전반에 어떤 의미를 갖는가를 짚어보고자 한다.

인공지능은 다양한 첨단기술의 복합체라 할 수 있다. 만약 인공지능이 인간의 통제를 벗어나 인간의 복지에 기여하는 대신 생존에 위협을 제기한다면, 이는 그것의 '존재 이유'가 무엇인가에 대한 심각한 의문을 제기하는 것이다. 이 글에서는 인공지능이 전통적인 근대국가 체제와 근대 국제정치질서에서 어떤 의미로 받아들여지는가를 다룬다. 이를 위해 이성과 합리성을 바탕으로 구축된 근대의 정치질서 전반을 먼저 개괄한다. 그리고 이러한 지구적 경험이 계몽사상에 기반을 둔 '인간중심주의' 현상이라고 진단한다. 그리하여 근대의 끝자락인 21세기에 들어와 인공지능으로 대표되는 첨단기술의 발전은 인간을 만물의 중심에 위치시켜온 전통적인 사고방식으로 더 이상 이해할 수도, 관리할 수도 없다는 점을 부각하려 한다.

이러한 논의는 오늘날의 인공지능과 컴퓨터를 이용한 기계가 인간중심주의를 어떤 방식으로 무너뜨릴 수 있는지, 그리고 어떤 대안의 프레임워크를 요구하고 있는지를 중심으로 전개될 예정이다. 무엇보다도 인간중심주의의 한계에 도달해 있는 오늘날, 인공지능의 기술적 함의는 시스템 사고와 네트워크 패러다임과 같은 복합적이고 통합적인 프레임워크를 통해 인간을 원래의 자리로 되돌려놓을 수 있다는 점을 강조한다. 즉, 존재론적으로나 윤리적으로 인간을 만물의 한가운데에 놓기보다는 인간을 둘러싼 다양한 존재와 자연의 위상을 동시에 고려한 시스템적 사고가 필요하다는 점을 논하고자 한다. 이를 통해 21세기 국제정치에서 어떤 방식으로 포스트 휴머니즘이 가능할 것인지를 탐색해본다.

2. 국제정치, 인간의 탈을 쓴 학문?

근대의 불완전한 작품,
국제정치체제

21세기 국제정치의 뿌리는 그 역사가 짧다. 인류 역사의 긴 그림자에 비추어볼 때, 중세 이후 지난 500여 년간 전개되어온 근대화의 역사가 상대적으로 짧다는 뜻이다. 이 기간 동안 국제정치는 국가라는 정치 단위체를 만들어냈고, 그들의 집합체라고 할 수 있는 국제정치체제를 형성해왔다. 오늘날 우리가 '국제정치(international politics)'라 일컬을 때에는 바로 이러한 '근대'의 역사를 전제로 한다. 근대의 정치사는 이런 맥락에서 매우 독특한 특징을 지닌다. 오랜 인류의 역사 속에서 가장 효율적이고 강력한 제도인 '근대국가(modern states)'를 만들었는데, 이는 대부분 서유럽의 경험을 바탕으로 시작되었으며, 이후 서유럽 문명의 팽창과 더불어 전 세계의 '문명표준(civilizational standards)'으로 자리 잡았다. 그리하여 오늘날 '국제정치'라 함은 '국가들 사이의(inter-state)' 관계라는 속성을 함축하고 있으며, 근대의 작품으로서 근대국가라는 행위자야말로 가장 중심적인 위상을 차지하고 있다.

동서양의 문명을 통틀어 '넓은 의미의' 국가는 항상 존재해왔다고 할 수 있지만, 서유럽의 지역적 경험을 바탕으로 형성된 '근대국가'의 역사는 짧다. 물론 중세의 역사가 근대국제정치의 질서에 밑바탕을 형성해왔다는 점은 부인할 수 없다. 예를 들어 고대 그리스와 로마의 정치제도 및 전통을 발전시키면서 근대로 이식한 주체는 중세였다. 또한 교회의 세속질서 사이의 갈등을 봉합하면서 인간 정신세계의 보편성을 확보함으로써 훗날 계몽주의와 진보의 관념을 가능하게 만든 것도 중세였다. 중세의 해양법 전통과 '정의로운 전쟁(just war)'의 사고는 오늘날 국제연합과 '인도주의적 개입'의 근본을 형성하는 역할을 수행했다.(Bain, 2017) 그럼에도 불구하고 근대국가는 여러 가지 면에서 '중세'를 뛰어넘는 시대정신의 산물이었다. 치열한 경쟁과 갈등이 지배하던 500여 년 전의 유럽이라는 공간 속에서 등장한 '근대국가'는 분명 근대라는 새로운 시대정신의 산물이었다.

인류 역사를 거치면서 사람들이 만들어온 정치체제의 표준적인 모습은 통치의 주체와 대상을 결합한 것으로서, 그 형태가 어떤 것이든 간에 정치적 투쟁을 통한 '타협'의 결과로 이해할 수 있다. 통치자의 권력이 강했던 시기에는 제국이나 절대국가가 지배했으며, 프랑스혁명 이후 '통치를 받는 자'의 목소리가 커지면서 '시민'과 '국민'의 개념을 바탕으로 하는 오늘날의 '민주주의'와 '공화국(republics)', 그리고 '국민국가(nation-states)' 등의 이데올로기와 제도적 장치들이 자리를 잡기 시작했다. 이러한 속성을 갖추게 된 근대국가의 모습은 과거 고대의 도시국가와 제국, 중세의 기독교 왕국과 장원 등 역사적으로 앞섰던 다양한 정치단위체에 비교해볼 때 압도적으로 효율적이었다. 무엇보다도 근대국가는 '신'에 대한 복종과 하늘로부터 부여받은 '섭리'를 통치 정당성의 기반으로 삼던 중세에서 벗어나 과학과 인간의 이성을 신뢰하는 '인간의 시대'로 넘어섰다는 상징적인 변화의 산물이었다.

근대국가가 새로운 대안 패러다임으로 받아들여질 수 있었던 중요한 요인은 세속주의(secularism)의 특성을 내포했기 때문이었다. 인간의 인식능력과 지식이 점차 발전하면서, 중세의 삶을 지배하던 기독교 세계(Christendom)는 한계에 부딪히게 되었는데, 이러한 종교적 전통을 유지하면서 동시에 새로운 인간중심적 세계를 가능하게 만든 절묘한 해법이 바로 정교 분리였다. 즉, 정신세계를 지배하는 '종교'의 세속의 일상을 지배하는 '세속주의'의 전통이 서로 간에 간섭하지 않는 방식으로 타협이 이루어지면서 이후 유럽이 내부의 갈등을 극복하고 대외적으로 확장되는 결정적인 계기를 만들었기 때문이다. 17세기 초의 '30년전쟁'과 이를 봉합했던 웨스트팔리아Westphalia 조약은 바로 이러한 정교 분리의 원칙이 유럽 대륙에서 합의되고 정착하는 결정적인 전환점이 되었다. 1648년의 웨스트팔리아 조약을 근대 국제정치질서의 원년으로 삼는 이유도 바로 여기에서 찾을 수 있다.

근대국가는 유럽의 산물이자 목표이기도 했다. 막스 베버Max Weber는 이러한 '근대국가'의 이상형을 이론화하였는데, 그에 따르면 근대국가는 도구적 합리성과 정당성을 갖춘 효율적인 정치 주체였다. 칸트와 헤겔의 관념철학과 마키아벨리의 현실주의 정치철학에 뿌리를 둔 베버의 '국가'는, 통치의 수단으로서 '권력(Macht)'과 상대의 복종을 이끌어내는 '권위(Herrschaft)'의 개념을 바탕으로 한 정치적 주체로서, 무엇보다도 '폭력'을 합법적이고 독점적으로 보유함으로써 사회질서를 유지하는 유일한 단위체였다.(Lebow, 2017, pp.17-18) 이를 통해 근대국가는 법을 제정하고, 공공의 질서를 유지하며, 재산권과 보건, 교육, 사회복지, 문화, 군대 등 다양한 기능을 수행한다는 것이 그의 생각이었다. 이와 같은 표준적인 근대국가의 위상과 역할에 관한 이념은 서유럽뿐 아니라 20세기 이후 전 세계로 확산되면서 오늘날 국제정치의 주된 행위자로 자리 잡게 되었다.

베버가 개념화한 근대국가의 이상형은 합리성의 화신으로 자리 잡았다. 근대국가에 구현된 도구적 합리성은 이것을 최적화된 정치 공동체 유형으로서 전 세계에 걸쳐 문명 표준으로 자리 잡게끔 해주었다. 물론 이러한 '합리성'의 정신이 항상 바람직한 것만은 아니었는데, 이는 합리성이 근대국가의 내부에서만 작동하는 원칙이었기 때문이다. 근대국가를 구성하는 국민, 영토, 주권의 요소는 국경선 바깥에 대한 '배타성(exclusiveness)'으로 연결되었는데, 특히 정치적 공간의 개념으로서 등장한 '영토성(territoriality)'은 근대국가의 근간을 이루는 것이었다.(Ruggie, 1993, p.148) 웨스트팔리아 조약의 근간을 이룬 '주권(sovereignty)'의 개념은 이러한 배타적 공간 내에서 작동하는 최고의 권리를 의미하는 것이었는데, 이처럼 근대국가를 떠받치는 '이데올로기'로서 주권은 피지배자의 동의를 바탕으로 한 절대권력의 필요성을 옹호하면서 통치행위에 정당성을 부여하는 중요한 기능을 담당해왔다.

문제는 이러한 주권이 국경선 바깥에서는 다른 국가의 주권과 충돌할 수밖에 없는 딜레마를 안고 있다는 점이었다. 이러한 딜레마는 웨스트팔리아 조약을 통해 임시방편으로 해결되었는데, 대내적 주권의 최고성은 대외적으로 다른 주권국가의 그것과 평등한 위상을 갖는 것으로 합의되었다. 즉, 주권을 보유하고 있는 모든 국가들은 서로의 주권을 상호 인정하면서 이를 인정하기 위한 외교(diplomacy) 관계를 설정하기로 동의한 것이다. 아울러 주권자를 대표하는 모든 사람과 영토는 그 자체로서 불가침성(immunity)을 지니고 있는 것으로 간주되었고 주권국가들 사이에는 불개입(non-intervention)의 원칙이 작동했는데, 이러한 외교적 장치를 통해 대내적 주권의 최고성과 대외적 주권의 복수적 존재가 공히 보장될 수 있는 해법에 이르게 된 것이다.(Falk, 2002, p.313) 이처럼 근대의 국제정치질서가 근대국가라는 새로운 정치 단위체를 근간으로 생성되었다는 사실은 분명하지만, 그 이면에는 '주권' 개념에 내포된 본연의 딜레마가 자리 잡고 있었다.

근대 국제정치체제의 또 다른 딜레마는 중세에 비해 '인간'의 요소가 강화되었음에도 불구하고 과거의 패러다임으로부터 완전하게 벗어나지 못했다는 점을 꼽을 수 있다. 즉, 중세의 종교 공동체에서 전해 내려온 요소들이 세속화된 근대국가의 틀 속에서도 면면히 유지되어온 것이다. 정교 분리의 원칙에 따라 정치는 세속의 권력에 맡겨졌지만, 종교는 여전히 사람들의 정신세계를 지배해왔고, 더 나아가 합리성의 정점에 도달했다고 간주되는 현대문명 속에서 새롭게 부활하고 있기까지 하다. 예를 들어 '문명의 충돌' 테제나 종교적 근본주의의 도래, 그리고 9·11 테러 등은 유럽 중심의 근대 국제정치체제에서는 제대로 설명하기 어려운 현상들이었다.(Huntington, 1996) 이는 웨스트팔리아 체제가 '근대국가'라는 제도적 장치와 '합리성'과 '이성'의 원칙을 전면에 내세우면서도 중세의 기독교 전통으로부터 완전하게 자유롭지 않았다는 점을 반증한다. 사실 1648년 이후 정치는 '공적 영역'으로, 종교는 '사적 영역'으로 구분되었다고 간주되었지만, 후자가 결코 근대의 물결 속에서 사라진 것은 아니었다. 근대에 들어와 '인간'이 전면에 나서면서 중세의 '신(God)'이 잠시 수면 아래로 가라앉기는 했지만 이것이 곧 인간중심주의의 완벽한 구현이었다고 볼 수는 없는 것이다.

근대국가를 중심으로 한 질서는 19세기에 들어와 '민족주의(nationalism)'와의 결합으로 더욱 공고해지게 되었다. 나폴레옹 전쟁 이후 유럽에서 확산된 민족감정은 정치권력을 지닌 지도자들의 이해관계와 맞아떨어지면서 국가체제로 흡수되기 시작했다. 근대 초기의 국가체제가 하나의 통치도구로서 출발한 것이라면, '국민' 또는 '민족'이라는 감정적 요소는 오랜 인간 공동체의 역사를 거치면서 유지되어왔다고 할 수 있다. 다만 고대의 제국이나 중세의 분산형 정치체제 아래에서는 크게 부각되지 않았던 이러한 공동체 의식이 19세기 초 프랑스혁명과 나폴레옹 전쟁을 거치면서 새로운 이데올로기로서 자리 잡게 된 것이다. 특히 하나의 민족이 하나의 국가를 형성하는 것이 바람직하다는 '국민국가'의 관념이 유럽을 휩쓸면서 '주권' 관념이 내포하고 있는 배타성은 더욱 강화되기 시작했다. 주권을 보유한 근대국가, 즉 '국민국가'는 19세기 이래로 전 세계의 문명표준이 되었는데, 이는 곧 그동안 임시방편의 웨스트팔리아 체제 안에 잠재되어 있는 분할과 갈등의 요소들을 새롭게 노출하기 시작했다.

민족주의라는 이데올로기를 바탕으로 한 국가의 변환은 이들을 배타성과 더불어 갈등과 충돌을 해결하는 데 있어 더욱 극단적인 방향으로 내몰았다. 근대국가와 국민의 결합은 통제하기 어려운 역동성을 낳은 것이다. 국민의 관념은 이제 국경 내에 거주하는 사람들이 서로 '정체성(identity)'과 소속감을 공유하면서 폭발적인 힘을 발산하게 해주었다. 이러한 모습은 나폴레옹 전쟁에서 시작하여 20세기 초 양차대전의 불길 속에서 더욱 거세게 드러났다. 이와 같은 추세는 20세기를 거쳐 오늘날 국제정치에도 그대로 지속되고 있다. 지난 수백 년간에 걸쳐 국제정치의 무정부 상태는 근대 국민국가의 효율성에도 불구하고 그들 사이의 관계가 끝없는 다툼과 적자생존의 세계를 벗어나지 못하게끔 만들었으며, 오히려 그 역동성과 통제 불가능성으로 인하여 국제정치의 양상은 과거 어느 때보다도 더욱 치열하고도 비관적으로 바뀌어왔다. 근대국가의 인간적인 모습을 대표한다고 간주되던 '국가이성(raison d'etat)'의 관념과 그것을 기반으로 한 '세력균형(balance of power)'의 역사는 사실상 비타협적이고 무자비한 상상의 관념을 잔인한 현실로 바꾸는 데 크게 기여해왔다.(Nexon, 2009, pp.9-10)

근대국가는 이러한 과정을 거치면서 합리적이고 냉철하면서 무자비하게 자신의 이익을 추구하는 '인간'의 모습을 상징적으로 구현해왔다. 마키아벨리로부터 19세기 후반 독일 통일에 이르기까지, 이러한 '국가이성'의 이념은 현실정치인들에게 '권력(Kratos)'과 '도덕(Ethos)'의 통합을 추구하도록 주문했으며, 국가의 본질이 궁극적으로 '권력'에 놓여 있다는 점을 한시라도 잊지 않게끔 요구하였다.(Paddock, 1999, p.103) 이러한 역사는 근대 국제정치질서와 그 구성요소로서 근대국가가 얼마나 비극적인 결말을 초래했는가를 잘 보여준다. 인간의 이성과 합리성을 전면에 내세웠지만, 그것을 판단하는 진정한 기준은 경쟁에서 살아남고 갈등에서 승리할 수 있도록 해주는 '권력'에 놓여 있었다. 다시 말해 근대국가의 본질은 오로지 권력이었고, 권력을 기반으로 한 정치적 현실은 민족주의 이데올로기와 더불어 근대 국제정치체제가 무정부적 갈등과 비극으로부터 벗어날 수 없다는 점을 명백하게 입증해왔다.

이런 점에서 근대 국제정치질서의 출발점으로 인식되고 있는 웨스트팔리아 체제의 속성에 관한 재평가가 이루어져왔다. 17세기 초의 30년전쟁은 종교적, 정치적 혼란 속에서 수많은 정치단위체들 사이에 새로운 질서가 생성되는 계기를 만들었는데, 이 과정을 거치면서 대내적인 질서와 안정을 도모하던 근대국가들 사이에 무한경쟁이 일어나기 시작했다. 이 전쟁은 종교적 다툼에서 비롯되었지만, 세력 확산을 도모하던 근대국가들 사이의 정치적 싸움으로 전환하였다.(Phillips, 2011, pp.130-136) 결국 1648년의 웨스트팔리아 조약을 통해 국가들 사이에 무정부 상태를 극복하고 서로의 주권적 공존을 인정하는 합의가 이루어졌다. 하지만 최근에 들어와 학계에서는 웨스트팔리아 합의의 가장 핵심적인 원칙인 '주권'의 속성이 근본적으로 하나의 '조직적 위선(organized hypocrisy)'에 불과했다는 견해를 받아들이고 있는 추세이다. 근대 국제정치질서를 떠받치는 '주권'의 원칙은 대부분의 경우 위반되기 일쑤였으며, 어디까지나 명목상으로만 존재해왔다는 것이다.(Krasner, 1999, pp.7-9)

이와 같은 근대의 '기획,' 즉 웨스트팔리아 조약을 통해 형성된 근대

국제정치체제의 핵심 원칙은 향후 수백 년간에 걸쳐 문명 표준으로 자리 잡으면서 지구촌의 불행과 비극을 초래하는 주요 동인이 되어왔다. 강대국 간의 세력경쟁과 제국주의, 이념의 대립과 갈등, 세계대전과 냉전, 끝없는 내전과 대량학살, 경제적 다툼에 이르기까지, 근대 국제정치체제는 바람 잘 날 없는 격투장이 되어왔다. 근대 국제정치의 거창한 기획은 심각한 부작용과 비참한 결말을 향해 질주해온 것이다. 이러한 '근대'의 흐름과 그 정치적 파급효과에 대한 피로감은 20세기 후반에 들어와 정점에 도달했으며, 자본주의 질서와 자유주의 정치체제의 승리감에 도취된 '역사의 종언(End of History)' 테제 역시 새로운 비극의 시작이었을 따름이다.(Fukuyama, 1992) 근대 국제정치의 경쟁에서 승자로 떠오른 미국의 정치와 제도가 인류의 문제에 대한 새로운 대안이기는커녕 새로운 문제의 시작에 불과하다는 점이 명백해지고 있기 때문이다. 포스트모더니즘과 계몽 이후의 시대에 대한 정치적 관심은 바로 이 점에서 시작되었다.

계몽주의 기획,
인간중심주의를 향한 무한질주

근대국가를 중심으로 하는 국제정치질서의 기획은 18세기에 들어와 '계몽주의'의 사조를 타고 한층 더 세련된 방식으로 개편되기 시작하였다. 근대에 들어와 '인간'의 부상과 '이성'에 대한 확신이 한층 명백해졌지만, '계몽(Enlightenment)'의 관념이 발전하면서 인간중심의 정치질서는 더욱 빠르게 발전하기 시작했다. 인간의 이성을 기반으로 한 당시의 '계몽'은 지식을 축적하고 진보를 이루겠다는 신념을 바탕으로 하였다. 근대의 정치질서는 이러한 계몽주의를 하나의 어젠다로 삼으면서 국가와 통치행위의 가장 중요한 목적으로 간주하였다. '인간의 이성을 활용하려는 의지'야말로 계몽주의의 핵심적인 모토였으며, 이성과 과학을 통한 인간 정신의 진보와 합리성에 대한 확신이 그것의 자연스러운 가르침이었다. 이러한 시대정신은 모두 '이성'의 발견을 기반으로 하는 것이었다.

계몽주의 철학의 완성자로서 칸트는 인간의 합리적 탐구와 자기비판으로서 계몽의 프로젝트를 제시했다. 인간을 위한 계몽주의는 단지 합리적 확신을 갖는 데 그치는 것이 아니라 공동의 담론에 참여하는 자유를 그 목적으로 한다. 즉, '이성의 시대'에 들어와 인간은 미몽에서 깨어나 과학을 기반으로 하는 지식을 증진함으로써 과거의 미신을 타파하고 지적 진보와 행복을 이루어야 한다는 것이 계몽주의의 과제였다.(Ruggie, 1993, p.145) 그만큼 계몽주의는 인간의 존엄성에 대한 인식을 기반으로 한, 그리고 인간을 위해 추진되는 거대한 기획이었다. 계몽주의는 '진보'에 대한 낙관적 전망과 열정을 보여야 했고, 인간의 '이성'은 행동의 준거로서 모든 것의 우위에 놓여야 했다.(Deligiorgi, 2005, pp.13-14) 결국 근대 정치질서를 공고하게 만들어준 이데올로기로서 계몽주의는 '인간'의 위상과 가치를 가장 중시하는 정신적 기준으로 작동하기 시작했다. 근대 정치질서는 점점 더 '인간중심주의'의 늪으로 빠져들기 시작한 것이다.

근대의 계몽주의는 모든 인류에게 공통적인 '보편성(universality)'을 탐구하는 데 주안점을 두었다. 칸트가 중시했던 '이성'은 인간의 경험 이전에 존재하는 선험적이면서 보편적인 인간정신을 떠받치는 개념이었다.(Kant, 1991, pp.54-55) 그에 따르면, 역사를 통해 구현되는 인간정신에 대한 믿음이 궁극적인 인간의 해방과 세상의 진보에 대한 기대를 가능하게 해주는 것이었다. 이처럼 계몽주의의 기획은 유럽의 근대 정치질서 속에서 철학과 삶을 위한 표준적인 프레임워크를 제공하기 위한 것이었고, 그럼으로써 사람들의 정신과 사회적 제도의 표준적인 지향점을 만들어내는 것을 목적으로 하였다. 이처럼 근대 유럽의 계몽주의 프로젝트는 이성과 진보를 향한 시대정신을 대변하는 것이었지만, 여기서 우리가 유의해야 할 점은 이것이 지나치게 인간중심주의적인 경향으로 흘렀다는 사실이다.

인간중심주의적인 계몽주의가 안고 있는 가장 심각한 문제는, 칸트의 기획이 아무리 근사하다고 할지라고 어디까지나 추상적인 추론의 결과로서 현실 세계의 진짜 모습을 제대로 반영하지 못했다는 점이다. 즉, 보편성에 관한 칸트의 논의는 인간을 우주의 중심에 둔 '이상주의'의 차원에서만 작동할 뿐 낮은 수준에서 작용하는 복잡한 현실과 동떨어진 것이었다. 또한 칸트의 기획은 서유럽의 경험에만 한정된 것이라는 제약을 안고 있었는데, 근대국가를 중심으로 한 인간중심주의와 계몽주의는 강대국의 정치 이데올로기와 지배정신, 그리고 백인 남성 중심의 오만함과 편견을 바탕에 깔고 있는 제국주의 팽창과 더불어 세계대전에 이르기까지 근대의 정점에서 전 세계적인 비극을 초래했다는 비판을 받고 있기도 하다. 다시 말해, '이성'과 '보편성'에 대한 근대의 성급한 합의와 집착은 서유럽 중심의 근대 국제정치질서에 내재된 위계질서에 대한 진지한 성찰로 이어지지 못한 채 유럽 중심주의라는 편협하면서도 배타적인 착취구조로 전락하고 만 것이다.

이와 같은 계몽의 프로젝트가 인간중심주의의 한계로 이어졌다는 철학적 인식에도 주목할 필요가 있다. 근대에 들어와 철학적 존재론은 인간중심주의를 당연한 것으로 간주하고 있었는데, 사실 지구와 인간이 더 이상 우주의 중심이 아니라는 사실을 코페르니쿠스가 증명한 이후 유럽의 철학은 이러한 곤경을 타파하기 위해 인식론적 혁명을 추진해왔다. 칸트를 중심으로 한 근대철학자들은 '지구'와 같은 물질적 요소가 아닌 인간의 '마음'을 인식의 한가운데에 놓음으로써 이전에 비해 더욱 인간중심주의적인 경향으로 치달았다. 데카르트는 이러한 인식론적 전환의 선두주자였는데, 그는 우주 속에서 인간의 위상을 묻기보다는 그것은 '인식(knowing)'하는 데 더 치중했다. 그럼으로써 '존재하는 것(what there is)'에 관한 질문을 '우리가 알 수 있는 것(what we can know)'에 대한 질문으로 치환하였고, 인간중심주의적 존재론을 더욱 강화할 수 있었다.(Collier, 1999, p.80) 이처럼 우주 만물의 '중심'에서 밀려난 인간의 위상을 존재론이 아닌 인식론적 차원에서 복구하려는 대안 시도는 근대 철학의 근본적인 한계로 남게 되었다. 그리고 이러한 한계는 인공지능으로 대표되는 기계가 등장하면서 다시 철학적 논쟁의 전면으로 떠오르게 된 것이다.

이런 맥락에서 우리는, 근대의 국제정치질서가 효율성과 최적화의 논리를 기반으로 하면서, 인간의 이성을 도구로 하여, 그리고 인간의 행복을 궁극적인 목표로 삼아 발전해온 계몽주의의 산물이라는 점을 확인할 수 있다. 중세가 '신의 시대'였다면 근대는 바로 '인간의 시대'를 천명한 것이었고, 인간의 최종적인 승리를 향해 나아가는 시대정신을 부각하였던 것이다. 신과 대비되는 인간 존재의 부상은 근대에 들어와 '자연'을 대척점에 놓는 또 다른 특징을 보여왔다. 근대의 인간은 나머지 모든 것들과 구분되어야 했으며, '인간'과 '자연'의 이분법이 당연한 전제로 자리 잡았다. 이와 같은 이분법적 사고가 고착화되면서 과거 '신 대 인간'의 구도에서 승리한 인간이 이제는 '자연'을 대상으로 한 싸움에 나서게 된 것이다. 근대의 정치질서에서 인간 이외의 모든 존재는, 그것이 생물이건 무생물이건 관념적 존재이건 간에 인간을 위해 봉사해야 하는 대상으로 전락해버렸다. 인간은 만물의 영장으로서, 최고의 정점에서 나머지 존재들을 활용하고 착취하며 통제하는 주체이어야만 했다.

이처럼 인간 중심의 계몽주의 프로젝트가 구현되면서 인간과 경쟁 관계에 놓이게 된 '비非인간'들, 예를 들어 동물이나 자연은 모두 인간의 성공과 행복을 위한 도구로 전락하고 말았다. 이러한 인간중심의 사고와 생활양식으로 말미암아 근대는 '인류세(Anthropocene)'에 도달했다는 평가를 받게 되었다. 인류세의 관념은 인간이 지구와 환경을 바꿔놓기 시작했다는 인식을 통해 인간중심의 삶에 대한 성찰의 기회를 제공해왔다. 이러한 성찰은 인간만이 유일하고 가치를 지닌 생명이 아니며, 우주만물과 함께 공진화를 거듭해온 '물리적 환경'의 맥락에서 인간의 가치를 이해해야 한다는 주장으로 이어졌다. 예를 들어 기후변화의 담론은 인류세가 자연에 지나치게 개입한 결과 초래된 위험이라고 인식하기 시작했는데, 그로부터 사람들은 인간중심주의가 인간의 모든 문제를 이해하고 해결하는 데 결코 만능의 접근법이 아니라고 인식하게 되었다.(Sayre, 2012, pp.61-63)

인간중심주의에 대한 이와 같은 비판적 사고는 사실 20세기에 갑작스럽게 등장한 것이 아니라 근대 전 기간에 걸쳐 지속적으로 야기된 도전의 산물이기도 했다. 예를 들어 근대 초기 코페르니쿠스의 지동설은 지구가 우주의 중심이라는 고전적 세계관을 무너뜨림으로써 인간 생존의 공간이 안고 있는 존재론적 한계를 과학적으로 입증한 바 있다. 다시 말해, 인간은 우주의 중심에서 밀려나게 된 것이다. 19세기에 들어와 근대 초기의 계몽주의 기획에 대한 반격이 더욱 거세기 일기 시작했는데, 다윈의 진화론이 그 단초를 제공했다. 진화론은 인간과 동물의 진화 메커니즘을 밝혀냄으로써 인간이 더 이상 신의 창조물이 아니며 자연의 선택에 의한 적응의 결과라는 충격적인 주장으로 이어졌다. 나아가 프로이트의 정신분석은 인간의 무의식에 잠재해 있는 비非이성적인 모습의 정체를 드러냄으로써 계몽주의적 인간의 이성적이고 합리적인 전제가 완벽하지 않다는 점을 보여준 바 있다. 이런 변화는 모두 근대 정신의 기초를 이루었던 인간중심주의가 20세기에 들어와 더 이상 온전하게 유지되기 어려운 상황에 처하게 되었음을 의미한다.

이처럼 20세기에 들어와 인간중심주의에 대한 도전이 시작된 데에는 환경보호운동, 동물해방운동, 대안세계화운동 등, 기존의 위계질서와 그 부작용에 저항해온 사회운동 및 비판이론들이 자리 잡고 있다. 근대 정치 질서의 내부로부터 비롯된 이와 같은 저항운동들은 기존의 질서를 변증법적으로 타파하고 만물의 지배자로서 인간이 지닌 편협함을 극복하면서 한층 더 포괄적인 대안의 세계를 추구하려는 염원을 반영하고 있다. 문제는 이러한 '대안'이 과연 어떻게 가능할 것인가에 달려 있다. 근대의 인간중심주의가 한계에 봉착했다면, 그리고 그러한 정신을 바탕으로 하는 근대국가와 국제정치질서의 패러다임 변환이 필요하다면 우리는 어떤 방법을 통해 이를 달성할 수 있는가? 그리고 오늘날의 인공지능과 다양한 첨단기술은 이러한 대안의 모색과 관련하여 어떤 의미를 갖는가?

3. 인공지능의 도전과 인간중심주의의 한계

가상공간과 무인기, 로봇 시대의 인간중심주의

오늘날 국제정치에서 벌어지고 있는 여러 현상들은 근대 국제정치질서의 핵심인 인간중심주의에 대하여 심각한 도전을 제기하고 있다. 사이버공간에서 일어나는 해킹과 봇넷bot net의 공격,

무인기와 로봇을 활용한 군사작전은 전통적인 근대 국제정치질서의 한 가운데 자리 잡고 있는 '인간'의 위상에 대하여 근원적인 질문을 던지고 있기 때문이다. 먼저 사이버공간에서 벌어지고 있는 분쟁의 양상을 보면, 그 행위주체가 인간이 아닌 경우가 자주 나타나고 있다. 예를 들어 2007년 러시아가 에스토니아에 대하여 가한 대규모의 디도스 공격은 가상공간에서 벌어진 침해 행위였는데, 이러한 공격은 해킹 등과 마찬가지로 컴퓨터 네트워크를 활용한 인간의 의도적인 공격이었다. 다만 사람에 의한 직접적인 공격행위가 아니라 자동화된 컴퓨터 네트워크를 이용한 일종의 '준準무력행위'에 해당하는 것이었다. 당시 에스토니아는 이와 같은 공격행위에 대하여 북대서양조약기구(NATO)의 회원국으로서 군사적 지원을 요청했지만 사이버공간에서 컴퓨터 네트워크를 대상으로 일어난 이런 행위가 국제법에서 금지하고 있는 '무력 사용'에 해당하는가를 둘러싸고 논란이 계속되고 있다. 2008년 러시아는 조지아에 대해서도 무력공격과 더불어 사이버공격을 감행하였는데, 오늘날의 분쟁은 이와 같이 '인간'과 '비非인간'의 복합적 행위주체에 의해 동시적으로 이루어지는 특성을 보이고 있다.

2010년에 전모가 드러난 미국과 이스라엘의 대對이란 사이버 공격도 전쟁 수행의 양태가 크게 바뀌고 있음을 보여준 대표적인 사례였다. 당시 '올림픽게임Olympic Games' 작전으로 명명되었던 이 공격은 산업통제시스템(ICS)의 오작동을 유도하는 '스턱스넷Stuxnet'이라고도 불렸는데, 이를 통해 이란이 핵무기 개발에 활용하던 핵시설에 타격을 가하려는 목적을 띠고 있었다. 이 공격은 순수한 소프트웨어적 방법을 통해 거대한 산업시설 인프라를 대상으로 이루어진 것으로, 재래식 무기의 물리적 지원 없이도 사이버 공간의 수단만으로도 직접적인 영향을 미칠 수 있다는 점을 보여준 최초의 사건이었다.(Valerino and Maness,

2015, pp.137-163) 특히 자동화된 봇넷을 이용하여 상대방의 시스템 네트워크에 침입하여 오작동을 유발함으로써 인간들의 감시망을 우회하여 공격을 가했다는 점에서 공격의 수단과 수행방법이 점차 바뀌고 있다는 점을 잘 보여주었다.(Middleton, 2017, pp.99-104) 웨스트팔리아 시대의 영토주권의 관념만으로는 상상할 수 없는 가상공간의 공격 행위들이 오늘날에는 일반적으로 관찰할 수 있는 현상이 되어가고 있는 것이다.

이와 같은 스턱스넷 등 컴퓨터를 이용한 공격은, 이제 국제정치와 사이버공간에서도 인간의 능력을 넘어서는 새로운 첨단무기들이 본격적으로 활용될 수 있다는 예측을 가능하게 해주고 있다. 걸프 전쟁과 아프가니스탄 전쟁, 그리고 이라크 전쟁에서 두드러진 활약을 수행한 무인기와 로봇 등 자동화 기기들은 인간 병사가 없이도 적진에 침투하여 직접적인 피해를 입힐 수 있는 충분한 능력이 있음을 보여주고 있다.(Krishnan, 2009; Galliott, 2015) 또한 스턱스넷과 같은 소프트웨어 공격 장치들이 산업통제 시스템에 미치는 영향은 이제 기계가 인간의 통제를 벗어나 예측하기도 어렵고 피해 규모를 짐작하기도 어려운 정도로 위협적인 존재로 부상하였다. 특히 사이버 공간에서 수시로 이루어지는 다양한 공격행위들은 '책임소재(attribution)'를 가리기 어렵다는 근본적인 문제가 있기 때문에 책임과 보복, 처벌을 둘러싸고 국제정치의 중요한 논쟁 요소가 되고 있다. 사이버 공간의 공격행위들을 규제할 수 있는 국제규범이 제대로 마련되지 않은 상황에서 고도로 발달된 기술을 이용한 적대행위의 가능성은 매우 크다. 결국 현대 기술의 지배를 받고 있는 국제정치의 현실을 근대의 프레임워크로 규제하는 데에는 많은 한계가 있다. 인공지능으로 대표되는 첨단기술이 기존의 인간 중심적인 근대 국제정치질서에 미치는 영향은 그만큼 크다 하겠다.

최근 들어와 나라마다 활발하게 개발이 진행 중인 전투용 로봇과 드론 역시, 앞서 언급한 문제들에 더하여 그것들에 잠재되어 있는 새로운 도전의 가능성으로 말미암아 오늘날 국제정치에 중요한 문제를 제기하고 있다. 로봇과 무인기는 전투행위에 필연적으로 동반되는 '인간의 생명'에 대한 위협을 감소시킨다는 점에서 획기적인 변화로 간주될 수 있다. 또한 이러한 변화는 전쟁수행방식을 변화시킨다는 점에서 일종의 '포스트 휴머니즘'적 전환점이라고 할 수 있다. 그런데 만약 로봇과 무인기, 사이버공격 수단과 같이 '아군의 피를 필요로 하지 않는' 수단들이 점차 주력 공격수단으로 활용된다면 어떤 결과가 초래될까? 이러한 자동화 기기들을 이용하여 전쟁을 용이하고 효과적으로 수행할 수 있다는 장점은 전쟁에 대한 반대 여론을 잠재우는 데 도움을 줄 수 있다. 하지만 근대 이후 지속적으로 확대되어온 '총력전(total war)'에 대한 두려움, 그리고 클라우제비츠가 경고했던 '절대전쟁(absolute war)'의 가능성은 오히려 커지고 있다. 다시 말해, 인간적인 상황 판단 대신 사전에 입력된 알고리즘을 기반으로 한 공격무기들은 정해진 목표를 달성할 때까지 무제한적으로 활용될 가능성이 높다. 비록 그것이 '적'을 향해 사용된다 할지라도, 가공할 만한 파괴력과 그것의 무절제한 사용은 현대 전쟁이 더 이상 '인간중심적' 모습을 띨 수 없다는 점을 명백하게 보여준다.

전쟁 수단의 파괴적 속성뿐 아니라 그것을 규제하려는 국제사회의 노력에서도 이러한 첨단기술의 발전은 많은 난점을 제기해오고 있다. 앞서 논의한 탈린 매뉴얼의 사례와 같이, 전통적인 국제법과 규범으로 규제 또는 통제할 수 없는 새로운 법적, 윤리적 문제들을 제기하고 있다. 예를 들어 무인기나 로봇을 동원한 공격으로 민간인 살상이 이루어졌을 경우 그에 대한 책임을 누구에게 물을 것인가의 문제에 대하여 기존의 법체계로 쉽사리 답할 수 없다. 또한 이러한 장비에 의한 공격이 이루어질 경우 재래식 무기나 핵무기로 보복하는 것이 국제법적으로 정당화될 수 있는지의 문제 역시 까다로운 이슈가 되고 있다. 과거의 전쟁법들이 재래식 분쟁의 상황에서 '인간'의 측면에 초점을 맞추어 발전되어온 것에 비교해볼 때, 인간이 아닌 '기술'의 측면이 강화되면서 그것을 규제할 수 있는 국제규범은 아직 걸음마 단계에 놓여 있다고 할 수 있다.

이처럼 현대의 분쟁은 전통적인 인간중심주의 패러다임으로는 다루기 어려운 양상을 보이고 있다. 국제정치 전반에 걸쳐 이와 같은 한계점들이 자주 드러나고 있는데, 이는 앞서 언급한 대로 근대의 국제정치 질서에 내재되어 있는 계몽의 프로젝트와 인간중심주의의 근원적인 딜레마를 잘 보여주는 모습들이다. 21세기의 기술은 이제 '인간'의 가치와 규범 대신에 '기계'를 이용한 합목적성과 효율성을 더 중시하기 시작했으며, 근대의 인간중심주의 패러다임으로는 더 이상 해결하기 어려운 복합적 현상들을 양산해내고 있다. 인공지능은 이러한 첨단기술의 정점에서 인간의 지위를 위협하고 있다. 인공지능을 필두로 하는 다양한 무기체계와 침해도구들은 이제 국가 간의 분쟁과 외교정책의 도구로서뿐 아니라 판단과 지향성에서도 인간을 대체할지 모른다는 예측도 가능하다. 인공지능과 다양한 '비非인간' 무기체계들은 이제 '인간 흉내내기' 게임에서 인간을 모사하거나 초월하고 있는 실정이다. 이와 같은 상황은 근대에 들어와 '신의 세계'를 밀어내고 '이성의 세계'를 구축했던 인간이, 탈근대의 시기에 들어와 '기계의 세계' 또는 '비非인간의 세계'로 주도권을 넘겨주어야 할지 모른다는 우려로 이어지고 있다. 포스트 휴머니즘은 이런 점에서 기존의 국제정치 패러다임에 변화를 가져오고 있다.

인공지능과 포스트 휴먼:
시스템과 네트워크 패러다임

20세기 중반 학계를 휩쓸었던 사이버네틱스 cybernetics의 열풍은 기계의 진보가 인간을 뛰어넘을 것이라는 전망을 가능케 했다. 컴퓨터가 등장하면서 인간의 계산과 판단능력이 확장되었는데, 인간과 기계의 결합을 통한 '사이보그cyborgs'의 등장은 인간이 더 이상 근대의 인간 유형에 머무르지 않고 끊임없이 개량을 거듭하여 '초超인간'으로 거듭날 수 있다는 '트랜스 휴머니즘transhumanism'의 사조로 이어졌다. 이러한 풍조의 바탕에는 기술의 발전이 인간의 능력 확대를 위한 도구로 활용될 수 있다는 안일한 전제 조건이 깔려 있었다.

지나친 낙관론에 대한 진지한 성찰과 비판적 목소리도 이어졌다. '튜링기계(Turing Machines)'와 '중국어 방(Chinese Room)'의 비유는 컴퓨터가 인간의 능력을 모사할 수 있는가에 대한 관심의 단초를 제공한 바 있는데, 그에 대한 결론은 아직도 미정인 상태로 논쟁이 지속되고 있다.(Matthews, 2017, pp.152-169)

사이버네틱스의 역사가 제법 오래되었음에도 불구하고, 한동안 인공지능의 전통이 되살아나지 못한 채 '인공지능의 겨울(Winter of AI)'에 머물러 있어야만 했던 가장 큰 이유는 컴퓨터의 계산능력이 지닌 한계였다. 인간의 두뇌 수준으로 컴퓨터가 작동하기 위해서는 상당한 수준의 IT 기술이 등장할 때까지 기다려야만 했던 것이다. 컴퓨터가 현실의 복잡성을 반영하기 위해서는 이전 세대에 비해 훨씬 더 강력한 계산능력이 요구되었는데, 이는 궁극적으로 '상태 폭발(state explosion)'을 유발함으로써 컴퓨터가 버틸 수 없는 상황을 초래할 것이라는 신중론도 등장했다. 인간 전문가가 지니고 있는 '양상논리(modal logic)', 즉 서술의 당위성이나 서술할 수 있는 능력을 과연 컴퓨터에게 가르칠 수 있는가도 중요한 한계로 인식되었다. 전문가 시스템이 지니고 있는 '직관'을 컴퓨터 알고리즘으로 구현하는 일은 불가능한 것으로 보였다. 인간에게는 쉬운 일이 컴퓨터에게는 불가능에 가까운 계산량을 요구하기도 한다.

인공지능이 인간의 능력을 얼마나 모방할 수 있는가의 문제는 판단기준을 어떻게 설정하는가에 그 답이 달려 있다. 그동안 특수한 목적을 지닌 인공지능, 예를 들어, 체스 게임이나 전문가 시스템을 겨냥한 인공지능을 '약한 인공지능(weak AI)'이라고 부르고 있는데, 적어도 이 영역에서는 인공지능이 인간의 능력을 추월하는 것으로 평가된다. 하지만 인공지능이 인간 두뇌의 보편적 속성을 모두 모방할 수 있는지를 가늠하는 '강한 인공지능(strong AI)'의 수준에 도달했는지에 대해서는 아직 회의적이다. 예를 들어 컴퓨터나 인공지능이 인간 언어의 '의미'를 제대로 이해할 수 있는가에 대하여 판단하기는 여전히 이르다고 할 수 있다.(Kaplan, 2017, pp.125-126)

그렇지만 장기적인 관점에서 인공지능과 첨단기술의 발달이 근대의 '인간중심주의' 패러다임에 상당한 도전을 제기할 것임은 분명하다. 인공지능 연구에서는 이처럼 기계의 능력이 인간의 보편적 능력을 뛰어넘어 인간에게 실존적 위협으로 작동하게 되는 시점이 언제 가능할 것인지에 대한 논의가 계속되고 있다. 아직은 '약한 인공지능'의 단계에 머물러 있지만, 컴퓨터와 기술의 발전 속도를 고려할 때 '강한 인공지능'의 시대가 조만간 도래할 수도 있기 때문이다. 아직은 가설적인 논의에 불과하지만, 이러한 수준의 기술력이 인간의 능력을 초과하여 만들어내는 '지능의 대확산' 또는 '슈퍼지능(superintelligence)'은 여러 가지 면에서 정치적 의미를 지닌다. 슈퍼지능이 가능해지는 '기술적 특이점(technological singularity)'을 넘어서게 되면 무엇보다도 기술이 더 이상 인간을 위한 '도구'에 머물러 있지 않을 것이라는 전망이 지배적이다.(커즈와일, 2007; Bostrom, 2017, pp.19-20) 이렇게 기계의 역량이 인간의 역량을 초과하게 되면 기계는 인간의 통제로부터 벗어날 가능성이 크다.(켈리, 2015) 인간을 위해 존재해야 할 수단이 스스로의 존재 목적을 위해 자원을 동원하게 된다면 이는 분명 '인간중심주의'가 지배하던 근대의 정신을 심각하게 위협할 것이라는 점은 분명하다.

초기의 인공지능 기술은 점점 가속화되는 컴퓨터의 빠른 계산능력에 의존하는 일종의 '계산주의(computationalism)' 패러다임에 의존하고 있었다. 이를 위해 인간의 두뇌가 일연의 논리적인 기호들을 조작하는 계산과정이라고 전제하였으며, 인간의 생각은 문제 해결을 위한 알고리즘에 불과하며 두뇌는 이를 실행하는 장치라는 생각이 지배적이었다. 계산주의 인공지능 모델은 추상적인 기호 조작을 위한 두뇌 활동에 초점을 맞추면서 엄청난 양의 데이터 저장 공간을 확보하는 데에만 치중했다. 그로 인해 인간의 현실 세계와 상호작용하는 데 큰 성공을 거두지 못하게 되었다. 최근에 들어와 이러한 한계를 극복하기 위해 새롭게 부상하고 있는 대안이 '연결주의(connectionism)'이다. 연결주의 패러다임에서는 지능이 하나의 강력한 논리적 체계가 아니라 간단한 기능을 가진 작은 단위들이 서로 복잡하게 연결된 상태라고 보고, 지능 활동은 그러한 단위들 사이의 상호작용에서 비롯된 '창발(emergence) 현상'이라고 이해한다. 인간의 두뇌활동에 대한 이론화가 비록 완벽하지는 못하지만, 이러한 연결주의 패러다임은 과거의 계산주의 패러다임에 비해 훨씬 더 인간의 두뇌활동과 유사한 것으로 판명되고 있다.

이와 같은 인공지능의 발전 추세를 감안할 때, 장기적으로 근대 국제 정치질서를 지탱해온 '인간중심주의'가 상당한 정도로 위축될 것이라는 점은 분명하다. 그동안 포스트모더니즘과 같이 근대의 한계를 논의한 사조들이 생겨나기도 했지만, 만물의 중심을 차지하고 있는 '인간의 위상'에 대한 도전에 대해서까지 관심을 가지지는 못했다. 하지만 기술적 특이점에 근접할수록 인간의 '통제'로부터 벗어난 무기체계나 산업 시스템이 등장할 가능성은 점차 커지고 있다. 그리고 이러한 '실존적 위협'은 근대의 정치 패러다임에 심각한 문제로 작용할 것이다. 인간들 사이의 타협과 이성적 판단이 더 이상 이러한 문제를 해결할 수 없을 것이기 때문이다. 예를 들어 전쟁 수행의 양상이나 국가적 통치수단으로서 인공지능과 사이버공격 등의 첨단 기술은 다양한 자원들을 상호 연결시킴으로서 시너지 효과를 높이는 방향으로 운용될 것이다. 그로부터 야기되는 통제 불가능성과 오작동의 우려는 조만간 현실화될지도 모른다.

그렇다면 이러한 가능성을 이해하고 그에 대비하기 위한 대안의 패러다임은 어떤 것이어야 하는가? 앞서 언급했듯이, 인공지능 연구에 있어 '연결주의'가 기술적 타개책으로서 널리 확산되고 있다. 국제정치에서도 이런 맥락에서 기존의 '인간중심주의' 패러다임을 넘어 네트워크 및 시스템 사고가 관심을 끌고 있다. 기존의 근대적 패러다임이 '인간'과 '국가'에 초점을 맞추었다면, 새로운 대안의 패러다임에서는 다양한 '비非인간'의 존재, 그리고 '인간-비인간 관계'를 강조한다. 인간 이외의 주체(subjects)에 대한 관심은 자연, 동물, 외계인, 기계 등 다양한 존재를 대상으로 한다. 인공지능은 인간에 의해 만들어진 기계로서, 나아가 인간의 생존에 영향을 미칠 수 있는 가능성이 큰 대상으로서 중요한 의미를 지닌다. 이러한 생명과 비非생명 모두를 포괄하는 통합적 프레임워크는 '시스템 이론(systems theory)'을 통해 제시되어왔는데, 인간중심주의의 한계가 노정되고 있는 이 시점에 이와 같은 대안적 접근에 대한 진지한 관심이 요구된다.(Von Bertalanffy, 1969; Luhmann, 2013;

Fritjof and Luisi, 2014)

   또한 시스템의 구성요소들 사이에 복잡하게 작동하는 연결망의 메커니즘과 속성을 강조해온 네트워크 패러다임 역시 시스템 이론과 더불어 인공지능의 시대에 중요한 대안의 관점을 제공해주고 있다. 네트워크 패러다임은 인간과 사회 시스템의 행위주체, 즉 '노드nodes'보다는 그들 사이의 관계, 즉 '링크links'에 더 많은 관심을 가진다. 앞서 언급했던 연결주의 접근법과 마찬가지로, 네트워크 패러다임은 거시적 현상의 이면에서 작동하는 미시적 시스템의 속성을 '관계'의 특징에서 찾는다.(바라바시, 2002; Caldarelli and Cantazaro, 2012; Rainie and Wellman, 2012) 이처럼 시스템 사고와 네트워크 패러다임은 세상을 바라보는 체계적이고 통합적인 대안의 시각을 제시하고 있다. 이러한 대안은 인공지능 기술의 발전이 폭로한 인간중심주의의 한계를 뛰어넘어 보다 복잡한 현실세계를 적실성 있게 이해하기 위한 노력의 일환이라고 할 수 있다.

   결국 인공지능 기술이 촉발시킨 반反인간중심주의 또는 포스트 휴머니즘은 하나의 인식론적 유행이 아니라 근대의 사회질서를 뒤흔드는 '실존적(existential) 선택'이다. 이러한 대안의 사조는 기왕의 사회와 국제정치를 뛰어넘어 보다 나은 미래를 위한 윤리적 선택이기도 하다. 왜냐하면 생태적 위기와 유전자 기술, 나노 기술, 로봇, 인공지능과 같은 급속한 기술 발전에 따른 문제들에 대처하기 위한 글로벌 차원의 '큰 그림(big picture)'을 그려낼 수 있게 해주기 때문이다.(Domanska, 2010, pp.119-120) 오랫동안 근대의 기획은 제도적, 문화적, 정치적 차원에서 오늘날의 국제정치질서를 완성해왔지만, 갈등과 파괴로 점철된 근대의 역사는 그러한 기획에 내포되어 있던 모순을 드러냈다. 칸트의 계몽주의는 이러한 근대의 기획이 지닌 이성과 인간중심주의의 철학적 기반을 제공했지만, 근대의 후유증에 대한 진지한 고찰로 이어지지 못한 채 '인간의 탈'로 위장한 무자비한 근대의 국제정치라는 괴물을 옹호하는 결과를 초래하고 말았던 것이다.

4. 맺으며: 포스트 휴머니즘 시대의 국제정치

인공지능은 인간을 위해 만들어졌지만, 기존의 인간중심주의 프레임워크로는 설명할 수도 없고 또 통제할 수도 없는 방식으로 존재할 가능성이 커지고 있다. 이럴 경우 중세의 '신'이나 근대의 '자연'과 같이 '기계' 역시 인간중심주의의 패러다임에 대한 하나의 도전으로 간주될 수 있을 것이다. 이처럼 '비非인간'으로서 인공지능은 인간과 비인간을 하나로 묶어 이해할 수 있도록 해줄 통합적 프레임워크를 요구한다. 이런 맥락에서 포스트 휴머니즘은 비인간 체제로 이루어진 환경을 강조하고, 그것이 인간과 어떻게 상호작용하는가를 밝힘으로써 복합체로서의 '인간-비인간 관계'를 재정립할 수 있게끔 해준다. 이러한 세계관 재편의 작업을 통해 인공지능은 전통적인 정치공동체의 새로운 '변환'을 가능하게 만들어줄 수 있는 잠재력을 보유하고 있는 것이다.

인간과 자연을 포함한 시스템 전체를 조망하려는 이러한 노력은 가이아Gaia 프로젝트나 생태계 프로젝트를 통해 구현된 바 있다. 가이아 프로젝트는 지구 전체가 하나의 거대한 자기조직적인 유기체로서 인간, 자연, 유기체, 무기물이 모두가 상호작용함으로써 시스템의 생명을 유지한다고 본다. 이처럼 다양하고 복잡한 요소들 중 어느 하나라도 배제될 경우 전체 시스템이 제대로 작동할 수 없기 때문이다.(Lovelock, 2000) 그리하여 포스트모더니즘 시대의 인간은 더 이상 '비인간'의 '생활세계(lifeworlds)'를 자신들만의 목적에 맞게끔 활용하는 '착취적(exploitative)' 관계를 중단하고 이들이 유기적으로 상호작용할 수 있게 해주어야 한다는 윤리적 가이드라인을 제시하고 있다. 이런 점에서 "우리는 결코 근대인이었던 적이 없다"는 라투르(Bruno Latour)의 주장은 타당하다.(Latour, 1993) 인간과 자연은 결코 분리된 적이 없었으며, 우리가 겪어온 근대는 단지 '하나의 근대'에 불과한 것이었기 때문이다. 마찬가지로 우리는 결코 (근대의) 인간이었던 적이 없었다고 말할 수 있는데, 이것은 칸트 철학이 전제로 삼았던 독립적이고 고유한 존재로서의 인간은 존재할 수 없음을 함축한다. 그렇다면 우리는 '인간 이상(more-than-human)'의 존재로서, 즉 자연과 인간, 기계가 함께 어우러진 '코스모 정치(cosmopolitics)'의 공동체를 지향해야 할 것이다.(Domanska, 2010, pp.122-125; Stengers, 2010; Stengers, 2011)

그런 만큼 인공지능의 기술은 이제 포스트 휴머니즘이라는 새로운 시각의 전조로서 국제정치에서도 나름대로 중요한 의미를 함축하고 있다. 지금까지 '인간'을 중심으로 구축되어왔던 국제정치를 '인간-비인간' 그리고 '행위자-구조'의 상호적 틀 속에서 이해할 수 있게 된 것이다.(Cudworth and Hobden, 2013, pp.443-447) 나아가 인공지능과 첨단기술의 등장은 그동안 '국가 간(inter-national)' 관계에 치중해온 기존의 국제정치 프레임을 벗어나 다양한 행위주체를 고려한 일종의 '종제種際(interspecies)관계'의 가능성도 열어주고 있다.(Youatt, 2014, pp.219-222) 이러한 변화는 근대의 주권 개념이 인간중심적 계몽주의로 말미암아 신과 자연이라는 '비인간'을 배제할 당시부터 내포하고 있었던 모순의 당연한 귀결이었다. 무엇보다도 인공지능이라는 첨단기술의 등장으로 인간중심주의의 허상이 드러나면서 이제 인간을 우주의 중심이 아니라 훨씬 더 크고 복잡한 시스템의 한 구석으로 되돌려놓아야 하는 포스트 휴머니즘의 과제를 분명하게 인식하게 된 것이다.

참고문헌

닉 보스트롬, 『슈퍼인텔리전스: 경로, 위험, 전략(Superintelligence: Paths, Dangers, Strategies)』, 조성진 옮김, 까치, 2017.

레이 커즈와일, 『특이점이 온다(The Singularity Is Near)』, 김명남·장시형 옮김, 김영사, 2007.

바라바시, 『링크: 21세기를 지배하는 네트워크 과학(Linked: The New Science of Networks)』, 강병남·김기훈 옮김, 동아시아, 2002.

앤토니오 다마시오, 『스피노자의 뇌: 기쁨, 슬픔, 느낌의 뇌과학』, 임지원 옮김, 사이언스북스, 2007.

에릭 매튜스, 『그대에게 마음은 무엇인가(Mind: Key Concepts in Philosophy)』, 안수철 옮김, 펄침, 2017.

제리 카플란, 『인공지능의 미래(Artificial Intelligence: What Everyone Needs to Know)』, 신동숙 옮김, 한스미디어, 2017.

케빈 켈리, 『통제 불능: 인간과 기계의 미래 생태계(Out of Control)』, 이충호·임지원 옮김, 김영사, 2015.

Andrew Collier, *Being and Worth*, Routledge, 1999.

Andrew Phillips, *War, Religion and Empire: The Transformation of International Orders*, Cambridge University Press, 2011.

Armin Krishnan, *Killer Robots: Legality and Ethicality of Autonomous Weapons*, Ashgate, 2009.

Brandon Valerino and Ryan Maness, *Cyber War versus Cyber*

Realities: Cyber Conflict in the International System, Oxford University Press, 2015.

Bruce Middleton, *A History of Cyber Security Attacks: 1980 to Present,* CRC Press, 2017.

Bruno Latour, *Reassembling the Social: An Introduction to Actor-Network Theory,* Oxford University Press, 2005.

Bruno Latour, *We have Never Been Modern,* Harvard University Press, 1993.

Daniel Nexon, *The Struggle for Power in Early Modern Europe, Religious Conflict, Dynastic Empires, and International Change,* Princeton University Press, 2009.

Elizabeth Hurd, *The Politics of Secularism in International Relations*, Princeton University Press, 2008.

Erika Cudworth and Stephen Hobden, "Complexity, Ecologism, and Posthuman Politics," *Review of International Studies,* 39, pp.643-664, 2013.

Erika Cudworth and Stephen Hobden, "Of Parts and Wholes: International Relations beyond the Human," *Millennium,* 41(3), pp.430-450, 2013a.

Ewa Domanska, "Beyond Anthropocentrism in Historical Studies," *Historein,* 10, pp.118-130, 2010.

Francis Fukuyama, *The End of History and the Last Man,* Free Press, 1992.

Friedrich Meinecke, *Machiavellism: The Doctrine of Raison d'Etat and Its Place in Modern History,* Douglas Scott(Tr.), Yale

University Press, 1962.

Fritjof Capra and Pier Luisi, *The Systems View of Life: A Unifying Vision,* Cambridge University Press, 2014.

Guido Caldarelli and Michele Catanzaro, *Networks: A Very Short Introduction,* Oxford University Press, 2012.

Hubert Dreyfus, "A History of First Step Fallacies," *Minds & Machines,* 22, pp.87-99, 2012.

Immanuel Kant, *Political Writings,* Hans Siegbert(Ed.), Cambridge University Press, 1991.

Isabelle Stengers, *Cosmopolitics I,* University of Minnesota Press, 2010.

Isabelle Stengers, *Cosmopolitics II,* University of Minnesota Press, 2011.

Jai Galliott, *Military Robots: Mapping the Moral Landscape,* Ashgate, 2015.

James Lovelock, *Gaia: A New Look at Life on Earth,* Oxford University Press, 2000.

John Gerard Ruggie, "Territoriality and Beyond: Problematizing Modernity in International Relations," *International Organization,* 47(1), 1992, pp.139-174.

Jon Lindsay, "Stuxnet and the Limits of Cyber Warfare," *Security Studies,* 22, 2013, pp.365-404.

Jürgen Habermas, "Modernity versus Postmodernity," *New German Critique,* 22, 1981, pp.3-14.

Katerina Deligiorgi, *Kant and the Culture of Enlightenment,*

State University of New York Press, 2005.

Lee Rainie and Barry Wellman, *Networked: The New Social Operating System,* The MIT Press, 2012.

Ludwig Von Bertalanffy, *General System Theory: Foundations, Development, Applications,* George Braziller, 1969.

Luke Muehlhauser and Nick Bostrom, "Why We Need Friendly AI," *Think,* 2014. (Spring), pp.41-47.

Marc Ebner Mark Shackleton and Rob Shipman, "How Neural Networks Influence Evolvability," *Complexity,* 7(2), pp.19-33, 2001.

Michael Schmitt, *Tallinn Manual 2.0 on the International Law Applicable to Cyber Operations,* Cambridge University Press, 2017.

Michael Schmitt, *Tallinn Manual on the International Law Applicable to Cyber Warfare,* Cambridge University Press, 2013.

Nathan Sayre, "The Politics of the Anthropogenic," *Annual Review of Anthropology,* 41, 2012, pp.57-70.

Nick Bostrom, "Human Genetic Enhancements: A Transhumanist Perspective," *Journal of Value Inquiry,* 37, pp.493-506. 2003.

Nick Bostrom, "In Defense of Posthuman Dignity," *Bioethics,* 19(3), pp.202-214, 2005.

Nick Bostrom, "The Superintelligent Will: Motivation and Instrumental Rationality in Advanced Artificial Agents," *Minds & Machines,* 22, pp.71-85, 2012.

Niklas Luhmann, *Introduction to Systems Theory,* Peter

Gilgen(Tr.), Polity Press, 2013.

Peter Brown, "Ethics for Economics in the Anthropocene," *Ecological Economics for the Anthropocene: An Emerging Paradigm,* Peter Brown and Peter Timmerman(eds.), Columbia University Press, pp.66-88, 2015.

Rafi Youatt, "Interspecies Relations, International Relations: Rethinking Anthropocentric Politics," *Millennium,* 43(1), 2014, pp.207-223.

Richard Falk, "Revisiting Westphalia, Discovering Post-Westphalia," *Journal of Ethics,* 2002. 06, pp.311-352.

Richard Ned Lebow, "Max Weber and International Relations," *Max Weber and International Relations,* Richard Ned Lebow(Ed.), Cambridge University Press, 2017, pp.10-39.

Samuel P. Huntington, *The Clash of Civilizations and the Remaking of World Order,* Touchstone, 1996.

Stephen Krasner, *Sovereignty: Organized Hypocrisy,* Princeton University Press, 1999.

Troy Paddock, "Rethinking Friedrich Meinecke's Historicism," *Rethinking History,* 10(1), pp.95-108, 2006.

William Bain(ed.), *Medieval Foundations of International Relations,* Routledge, 2017.

"The Return of the Machinery Question," *Economist,* 2016. 06. 25.

김상배

서울대학교 정치외교학부 교수. 서울대학교 외교학과 학사 및 석사, 미국 인디애나 대학교 정치학 박사. 저서에 『정보화 시대의 표준경쟁: 윈텔리즘과 일본의 컴퓨터 산업』(한울, 2007), 『정보혁명과 권력변환: 네트워크 정치학의 시각』(한울, 2010), 『아라크네의 국제정치학: 네트워크 세계정치이론의 도전』(한울, 2014), 『버추얼 창 과 그물망 방패: 사이버 안보의 세계정치와 한국』(한울, 2018) 등이 있다.

김평호

단국대학교 커뮤니케이션학부 교수. 고려대학교 사학과 학사, King Alfred's College, UK 개발커뮤니케이션 석사, 미국 인디애나대학교 매스컴 박사. 주요 논 문으로 「이동성, 그리고 사인주의—이동전화의 사회적 함의」(2002), 「미디어 서 비스 실패사례가 희소한 원인에 대한 지식사회학적 고찰」(2015), 영문 논문으 로 "The Apple iPhone shock in Korea"(2011), "Is Korea a strong Internet nation?"(2006) 등이 있다.

백욱인

서울과학기술대학교 기초교육학부 교수. 서울대학교 사회학과 석사 및 박사. 저서 에 『한국사회운동론』(한울, 2009), 『정보자본주의』(커뮤니케이션북스, 2013), 『인 터넷 빨간책』(휴머니스트, 2015) 등이 있다.

최은창

서울대학교 법과대학 석사 및 박사 수료, 예일대학교 로스쿨석사(LLM) 졸업, 옥스퍼드대학교 비교미디어 법정책(PCMLP) 방문학자, 예일대학교 정보사회 프로젝트(Information Society Project) 펠로우, 프리 인터넷 프로젝트Free Internet Project 펠로우. 저서에 『레이어 모델』(커뮤니케이션북스, 2015), 『인공지능 거버넌스』(한울, 2018), 역서에 『네트워크의 부』(커뮤니케이션북스, 2015), 『사물인터넷이 바꾸는 세상』(한울, 2017), 『디지털 문화의 전파자 밈Meme』(한울, 2018) 등이 있다.

송태은

서울대학교 국제문제연구소 선임연구원 및 서울대학교 · 성균관대학교 · 건국대학교 강사. 서울대 외교학 박사(2016) 및 미국 University of California, San Diego(UCSD) 국제관계학 석사(MPIA), 성균관대 정치외교학과 학사. 저서 및 논문으로 『미국 공공외교의 변화와 국제평판: 미국의 세계적 어젠다와 세계여론에 대한 인식』(2017), 『외교정책에 대한 시민의 관심과 정치적 관여: 2008년 미 쇠고기 수입협상과 2011년 한미 FTA 협상 사례』(2017), 『4차 산업혁명과 외교의 변환』, 『4차 산업혁명과 한국의 미래전략』(공저, 2017) 등이 있다.

최항섭

국민대학교 사회학과 교수. 서울대학교 사회학과를 졸업한 뒤 프랑스 파리 5대학에서 사회학 박사 학위를 받음. 저서 및 논문으로 『지식검색과 미래일상생활의 변화』, 『IT와 인적연결망의 변화』, 『이동전화 소비에 대한 사회문화적 연구』, 『미래예측방법론』, 『집단지성의 정치경제』(공저, 한울, 2011) 등이 있다.

조현석

서울과학기술대학교 교수. 서울대학교 외교학과 정치학 박사. 전공 분야는 국제정치경제와 국제정치이며, 주요 관심 분야는 IT와 국제정치경제 및 신흥 군사안보이다. 논문에 「빅데이터 시대 미국-EU 간 개인정보보호 분쟁과 정보주권에 대한 함의」(『21세기정치학회보』, 2016), 「디지털 보호주의와 정책 대응」(『평화학연구』, 2017)과 「미중 사이버 안보 협약 연구」(『21세기 정치학 회보』, 2017) 등, 저서에 『데이터 사회의 명암』(공저, 한울, 2017) 등이 있다.

배영자

건국대학교 정치외교학과 교수. 서울대학교 외교학과 학사 및 석사, 미국 노스캐롤라이나대학교 정치학 박사. 저서 및 논문으로 「사이버안보 국제규범 연구」(『21세기정치학회보』, 2017), 「미중 패권 경쟁과 과학기술혁신」(『국제·지역연구』, 2016), 『중견국 공공외교』(사회평론, 2013) 등이 있다.

민병원

이화여자대학교 정치외교학과 교수. 미국 오하이오 주립대학교 정치학 박사, 서울과학기술대학교 IT정책대학원을 거쳤다. 주요 연구 분야는 국제정치이론과 안보연구, 문화연구, 정보기술의 국제정치 등에 걸쳐 있다. 저서에 『복잡계로 풀어내는 국제정치』(삼성경제연구소, 2005), 『네트워크 지식국가』(공저, 을유문화사, 2006), 『동아시아 공동체』(공저, EAI, 2008), 『집단지성의 정치경제』(공저, 한울, 2011) 등이 있다.